KB261524

재벌개혁의 현실과 대안 찾기

민주주의 총서08

재벌개혁의 현실과 대안 찾기

1판1쇄 펴냄 2008년 4월 10일

지은이 | 송원근

펴낸이 | 정민용
주간 | 박상훈
편집장 | 안중철
책임편집 | 박미경, 최미정
편집 | 성지희, 박후란
디자인 | 서진
경영지원 | 김용운
제작·영업 | 김재선, 박경춘

펴낸곳 | 도서출판 후마니타스
등록 | 2002년 2월 19일 제6-0449호
주소 | 서울 종로구 홍파동 42-1 신한빌딩 2층(110-092)
편집 | 02-739-9929·9930 제작·영업 | 02-722-9960 팩스 | 02-733-9910

값 15,000원

ⓒ 송원근, 2008
ISBN 978-89-90106-59-9 04300
     978-89-90106-39-1(세트)

이 도서의 국립중앙도서관 출판시도서목록(CIP)은 e-CIP홈페이지(http://www.nl.go.kr/cip.php)에서
이용하실 수 있습니다(CIP 제어번호: CIP2008001045).

민주주의 총서 08

재벌개혁의 현실과 대안 찾기

송원근

후마니타스

차례

제1장 서론: 재벌은 개혁의 대상인가 9

제2장 **재벌의 성장과 그늘**
1. 재벌의 경제력 집중 22
2. 재벌의 소유구조와 소유·지배의 괴리 41
3. 계열사 간 내부거래와 그 효과 66
4. 금융계열사 성장과 금융자본의 산업자본 지배 79

제3장 **재벌개혁의 성과와 한계**
1. 기업 구조조정과 기업 지배구조 개혁 94
2. 주식시장의 발전과 은행의 역할 113
3. 기관투자가의 역할과 경영권 시장 122
4. 기업의 주주 가치 경영 실상 134

제4장 **정부의 재벌개혁과 재벌의 대응**
1. 정부의 재벌 정책과 대안 142
2. 지주회사제도와 재벌의 지주회사 전환 검토: LG재벌의 사례 171
3. 전문 그룹화의 이면: 현대자동차재벌의 사례 184
4. 금융지주회사 전환 가능성: 삼성재벌의 금융지주회사화? 198

제5장 **기업 지배구조 대안 모색을 향해**
1. 주주자본주의 기업지배모델을 넘어서 214
2. 노사 대타협과 새로운 자본주의모델 225
3. 사회책임경영과 새로운 기업모델의 한계 240
4. 재벌 체제 대안으로서 벤처기업 체제의 역기능 254
5. 대안적 기업 시스템 형성과 정부의 역할 267
6. 결론 277

참고문헌 289
찾아보기 300

표 차례

2-1 경제력 일반집중도 변화 추이 25

2-2 GDP 대비 30대, 5대 재벌, 삼성재벌의 비중(금융보험업 제외) 26

2-3 8대 재벌 매출액 및 총자산의 GDP 대비 비중 추이 29

2-4 1980년대 이후 산업집중도(CR3) 추이 31

2-5 산업 규모별 가중평균 집중도 31

2-6 시장지배적 사업자 추정요건 산업의 비중 변화 32

2-7 시장지배적 사업자 추정요건 품목의 비중 변화 33

2-8 한미 간 평균 산업집중도 비교 34

2-9 기업집단 소속 금융계열사들의 시장 점유율(2002~2005년) 36

2-10 삼성전자(주)의 사업부별 매출액과 수출액 비중 38

2-11 삼성전자(주)와 주요 대규모 기업집단 규모 비교(2004년 말 기준) 40

2-12 출자총액제한 기업집단의 출자 현황 43

2-13 상위 9~11개 재벌의 취득가 기준 출자 현황 44

2-14 순환출자 형성 기업집단 46

2-15 상호출자제한 기업집단 등의 소유지분 구조 52

2-16 주요 재벌의 내부지분율 평균(1995년 4월~2006년 4월) 53

2-17 대기업집단의 소유지배 괴리도/의결권 승수 현황 55

2-18 2006년 기업집단의 소유지배 괴리도와 의결권 승수 분포 58

2-19 상위 10~13개 기업집단의 소유지배 괴리도 60

2-20 상장/비상장사의 소유지배 괴리도/의결권 승수 현황(2005년, 2006년 4월) 62

2-21 유럽 기업 지배주주의 소유권과 의결권 지분 현황 64

2-22 결합재무제표로 본 재벌의 내부거래 규모(1999~2001년) 68

2-23 외환금융위기 이전과 이후의 상품 내부거래 비중 변화 70

2-24 삼성재벌의 계열사 간 내부매출 규모 및 비중(1997년 말~2004년 말) 71

2-25 삼성재벌의 업종별 상품 내부거래 현황과 비중 73

2-26 공정거래위원회의 부당 내부거래 조사 결과 및 과징금(1998~2001년) 77

2-27 대우그룹의 유형별 부당지원행위 78

2-28 금융계열사와 비금융계열사 간 지원 유형 83

2-29 상호출자제한 기업집단 소속 금융보험사의 변동 현황 84

2-30 상호출자제한 기업집단 내 금융보험업의 자산 비중 분포(2005년 4월 1일) 85

2-31 재벌 소속 금융보험계열사의 내부지분율 변동 현황(2002~2006년) 87

2-32 금융보험사의 주식 보유 계열회사 변동 현황 89

2-33 금융보험사의 계열사 주식 보유 현황 90

3-1 30대 대기업의 종업원 수 추이 97

3-2 공적자금의 수혜율과 부담률 99

3-3 외환금융위기 전후의 사외이사와 감사위원회 제도 강화 100

3-4 내부견제 시스템 평가지수 추이(2003~2006년) 101

3-5 기업집단 여부별 내부견제 시스템 평가 지표(2003~2006년) 103

3-6 외환금융위기 전후의 투명성 관련 제도 변화 106

3-7 외환금융위기 이후 소수주주권 행사요건의 변동 110

3-8 기업 자금조달 구조의 변화 114

3-9 기업의 외부 자금조달 추이 115

3-10 상장기업의 자사주 매입과 배당금 지급 117

3-11 연도별 해외 직접투자 추이(2001~2005년) 119

3-12 국내 은행의 주요 주주 현황(2005년 12월 31일) 120

3-13 기관투자가의 의결권 행사 현황(2005년) 125

3-14 외국인 지분율 분포별 회사 수 현황 128

3-15 기업의 배당성향 추이(1999~2004년) 135

4-1 공정거래법상의 재벌 규제 추이 143

4-2 재벌정책의 분야별 목표와 수단 144

4-3 시장개혁 3개년 로드맵(2004년 1월 2일) 146

4-4 산업자본의 금융지배에 따른 부작용 방지 로드맵 추진 과제 148

4-5 출자총액제한 기업집단의 출자여력(2004~2006년) 157

4-6 금융보험사 의결권 제한과 삼성전자 의결지분율 변화(2005년 말) 167

4-7 지주회사 (주)LG의 자회사 및 손자회사 현황(2006년 8월) 179

4-8 (주)LG와 계열사의 LG카드 지원액 181

4-9 현대자동차그룹 계열사의 내부매출 비중(1999~2005년) 190

4-10 현대자동차그룹의 소유지배 괴리도와 의결권 승수 195

4-11 금융지주회사의 자회사·손자회사 지분율 증감 추이(2004~2006년) 199

4-12 금융권별 그룹화 현황 201

4-13 계열 금융보험사가 출자하고 있는 주력회사 현황(2005년 4월) 204

4-14 4대 재벌의 부당지원행위 지원 주체, 객체별 내역 205

4-15 금산법 24조를 위반한 금융기관(2004년 12월 기준) 206

4-16 삼성재벌 금융보험계열사의 출자 변동(1997~2005년) 208

5-1 유럽연합 주요 국가들의 이사회 수준의 노동자 참여 223

5-2 주요 재벌 그룹의 사회공헌지출 추이 244

5-3 삼성재벌의 경영 원칙 내용 246

5-4 재벌의 사회공헌 및 지배구조 개선 약속 247
5-5 재벌 체제와 벤처기업 체제 255
5-6 4대 재벌의 벤처캐피털 투자 사례(2000년) 257
5-7 재벌의 시스템 통합업체의 내부매출액과 그룹 의존도 261

그림 차례

2-1 범삼성그룹의 경제력(2005년 4월 현재) 27
2-2 계열 및 비계열 생명보험사의 경영 성과(2001~2004년) 35
2-3 삼성그룹의 순환출자구조 및 변화 47
2-4 SK그룹의 순환출자구조 및 변화 48
2-5 현대자동차의 순환출자구조 및 변화 50
2-6 동부그룹의 순환출자구조(2006년 4월) 51
2-7 주요 재벌의 총수지분율의 변동(1995년 4월~2006년 4월) 54
2-8 기업집단 규모별 소유지배 괴리도의 변화 추이(1997~2005년) 56
2-9 총수 일가 및 계열사 지분율과 의결권 승수와 관계 57
2-10 4대 재벌 및 위성 재벌의 소유지배 괴리도 추이(1997~2005년) 61
2-11 5위 이하 6개 기업집단의 소유지배 괴리도 추이(1997~2005년) 61
2-12 유럽 국가의 의결권 승수 현황 65

3-1 은행 대출 비중의 추이(1985~2005년) 118
3-2 외국인 상장주식 보유 비중 추이(1997~2006년) 127
3-3 주요 재벌의 연도별 자사주 보유 금액 및 비중 136
3-4 시가총액 20대 기업의 주주환원 비율(2002~2004년) 137

4-1 LG재벌의 친족 분리 178
4-2 현대자동차 주요 계열사의 내부거래 비중 변화(1999~2005년) 191
4-3 현대자동차그룹 내부거래 흐름도(2002년 말 기준) 193
4-4 글로비스의 내부매출 거래(2005년 말 현재) 196
4-5 동원그룹의 금융지주회사화 200

5-1 국민연금의 의결권 행사 주주총회 수 추이 228

제1장

서론: 재벌은 개혁의 대상인가

2000년대 초반 유럽의 좌파를 포함한 사민주의 정권들이 보수주의의 반격을 받아 휘청댔던 것과 마찬가지로, 2008년은 우리에게도 유럽과 비슷한 경험을 시작한 해로 기록될 것이다. 시장 만능주의와 합세한 이러한 반격은, 외환금융위기 이후 그렇게 새로울 것도 없지만, 과거 개발연대 성장 지상주의의 갖가지 유령들을 다시 불러내고 있다. 그 한가운데에 재벌이라는 거대한 경제권력이 자리하고 있고, 이 권력은 이미 정치권력을 넘어 우리 사회의 지배적 힘으로 군림하고 있다. 그래서 한 '삼성 변호사'의 양심선언으로 분명해진 불법과 부패, 그리고 믿기 어려운 비리의 단서들은 한편으로는 용감한 것이기는 하나, 다른 편에서 보면 너무 무모한 것이다.

'재벌이 개혁의 대상인가?'라는 근본적인 질문을 던지는 사람들도 있겠지만, 재벌을 중심으로 한 기업 시스템이 외환금융위기의 원인 중 하나라는 비교적 분명한 공감대는 이러한 의문을 잠재우는 듯했다. 실제로 외환금융위기 이후 기존의 재벌 중심 경제구조는 상당 부분 변화했다. 시장의 전면화를 핵심으로 하는 신자유주의 구조 개혁의 전반적 성과 평가와 무관하게 기업 지배구조 개혁 등으로 재벌 중심의 기업 시스템에도 분명한 변화가 있었다. 그러나 총수 지배력을 약화시키지 못하는 재벌개혁은, 그것이 정부에 의한 것이든 재벌 스스로에 의한 것이든 한계를 가질 수밖에 없다는 사실도 분명해졌다. 이러한 현실 인식과는 달리 재벌은 여전히 유효한 시스템이며 앞으로도 그럴 것이라는 주장 또한 만만치 않다. 이러한 주장 중에는 사실에 대한 왜곡이나 재벌 체제를 온존하려는 의도를 숨기고 있는 것도 있지만, 외환금융위기 이후 외국자본의 성장과 국내 기업의 투자 부진, 경기 침체 지속 현상은 이러한 주장에 대중적 설득력을 더하고 있다. 이런 점에서 재벌개혁을 둘러싼 논쟁은 다시 현재진행형으로 바뀌고 있다.

1997년의 외환금융위기는 그동안 재벌 혹은 재벌기업을 중심으로 한 발전모델 혹은 성장 방식의 한계를 드러낸 사건임이 분명하다. 그러나 한국 경제의 발전과정에서 드러나듯이, 재벌의 장점은 대체로 그 단점과 맞물려 있다. 그래서 재벌의 장점과 단점을 현실적으로 구분할 수 있다고 해도, 그 단점만을 제거하기란 생각만큼 쉽지 않다. 자칫하면 재벌의 단점과 함께 그 장점까지도 제거할 수 있기 때문이다. 재벌개혁의 필요성을 인정하는 사람들 사이에서도 그 방향이나 수단에 대한 논쟁이 끊임없이 이어지는 이유는 이와 무관하지 않다. 따라서 재벌을 완전히 해체함으로써 재벌 체제가 가지고 있던 긍정적 요소들마저 없던 것으로 하자는 것이 아닌 한, 개혁 논의의 출발은 재벌의 공과功過를 균형 있게 보는 데서 시작되어야 한다. 물론 재벌의 단점만을 제거한다고 해서 재벌개혁이 완료된다는 보장은 없다. 과거 고도성장을 견인했던 재벌의 장점이 세계화 혹은 글로벌화라는 외적 조건에서도 동일하게 작동될 것인지 의문이기 때문이다. 그렇다면, 후발 산업국가의 발전모델과 실패, 그리고 '신성장 동력' 산업에 대한 진출을 모색함으로써 새로운 발전모델을 만들어 가야 할 시점에서 과거 재벌의존적 성장 체제의 순기능, 혹은 장점은 무엇인가? 그것은 아마도 부채의존적 성장이 불가피했던 후발국적 상황과 자본시장의 미비라는 조건에서, 정부 보증을 기반으로 한 새로운 사업의 진출과 계열사 간 자금이나 상품 거래를 통한 새로운 사업의 확대, 그리고 내부 자본시장을 활용함으로써 가능했던 거래비용의 감소 효과 등을 들 수 있을 것이다.

지배구조 개혁이라는 난제

그럼에도 재벌개혁이 필요한 이유는 무엇보다도 계열사 간 상호 지원과 계열사 혼자로서는 도저히 불가능했을 집단 시너지 효과가 합리적인 의사 결정에 의하지 않고, 또 기업을 둘러싼 여러 이해당사자stakeholders의 이해를 무시한 채 진행되었기 때문이다. 즉 총수가 멋대로 계열사 간 자금 흐름을 결정하는 전근대적 기업 경영은 주주들에 대한 이익 침해와 총수 일가의 사익 확보로 나타났다. 현재까지도 재벌은 개별 독립기업의 목적에 의해 움직이기보다는 재벌집단 전체의 목적, 즉 총수의 통제권 편익을 높이는 방향으로 기업 의사 결정이 이루어지고 있다. 이것은 단순히 주주 중심의 경제민주주의를 심각하게 훼손하는 것을 넘어 사회 전반의 민주주의를 후퇴시키는 결과를 가져올 수 있다.

이런 점에서 외환금융위기 이후 사업 구조조정, 재무구조 개선, 경영 투명성 및 책임경영 강화 등 다양한 방식으로 진행되었던 재벌개혁의 핵심은 기업 지배구조 개선이었다. 정부는 재벌 체제에 대한 개혁 방향으로서 첫째, 소유구조가 단순하고 투명한 지주회사로 전환하는 방법, 둘째, 브랜드나 이미지를 공유하는 정도의 느슨한 연계 체제, 즉 재벌 계열사 간 내부거래, 상호출자, 상호지급보증 같은 계열사 간 연결 고리를 끊고 계열사들이 독자적으로 기업을 경영하는 "독립 기업들의 느슨한 연합체"를 통하여 기존의 선단식 경영 체제를 지양하는 방법, 셋째, 경우에 따라서는 독립 기업으로 분리시키거나 전문 업종별 소그룹으로 분화하는 방법을 제시한바 있다(강철규 2003). 그러나 재벌기업 지배구조 개혁의 본질이 총수의 절대적이고 부당한 지배력 약화에 있다는 점에서 본다면, 외환금융위기 이후 재벌개혁이라는 이름으로 진행된 개혁은 일부 가시적인 성과에도 불구하고 기본적으로 실패했다.

주지하다시피 우리나라 기업 소유지배구조 개혁의 문제 설정은 외환금융위기 이후 자본시장이 개방되고, 금융 체제가 은행 중심에서 주식시장 중심으로 재편되면서부터이다. 그 결과 시장 규율을 통한 기업 감시와 주주 중심의 기업 지배구조가 전면화하고 보편화했다. 그럼에도 소유-경영 분리를 특징으로 하는 주식회사 제도를 취하는 한 기업 경영자의 대리인 행동을 막는 것은 원천적으로 불가능하다. 이런 이유로 주주들의 경영 감시와 경영자의 주주 가치 극대화 경영은 주주와 경영자의 이해가 일치되는 한에서만 '가치 있는' 것이었고, 소유권을 기반으로 한 주주와 기업 경영자의 힘겨루기 싸움의 최종 승리자는 경영자였다. 이런 의미에서 보면 현재의 자본주의는 여전히 경영자자본주의managerial capitalism를 완전히 탈각하지 못했다.

더구나 총수와 그 일가를 중심으로 한 재벌 중심의 기업 시스템하에서 지배구조 개선은 더욱 복잡하고 어려운 문제다. 따라서 우리나라 기업의 지배구조 개선은 애초부터 경영자의 대리인 행동을 방지함으로써 경영자자본주의를 극복하는 문제와 총수 지배력을 약화시켜야 하는 두 가지 문제를 동시에 해결한다는 의미를 내포하고 있었다. 그러나 그간의 경험에서 알 수 있듯, 재벌기업 지배구조 개선을 위한 정부의 재벌개혁 조치는 근본에서 재벌 해체를 지향하는 것이 아니었다. 재벌 해체까지는 아니더라도 기업 지배구조 개선에 대한 외부의 평가도 긍정적이지 못하다. 경제협력개발기구OECD가 2003년 7월 발간한 "아시아 지배구조백서"에 따르면 아시아 다른 국가들과 마찬가지로 우리나라 상장 기업 대부분이 아직 가족경영 단계에서 벗어나지 못하고 있으며 지배구조 개선이 시급한 것으로 지적했다. 또 같은 해 국제금융연구소IIF가 작성한 『한국의 기업 지배구조 : 투자자의 시각』이라는 보고서는 한국이 외환위기 이후 지배구조 개선에서 가시적인 성과를 거두었지만 더 개선해야 할 요소들이 남아 있다고 진단한 바 있다. 기업 지배구조 관련 제도 틀이 어느 정도 갖추어졌지만 해당 법제와 규제들이 어떻게 해석되고 집행되는지가 여전히 불투명하다는 것이다.

　　결국 재벌에 대한 비판과 개혁 요구가 주주 이익만을 염두에 둔 것은 아니었을지라도, 현실은 주주자본주의shareholder capitalism의 전면적 도입으로 나타났고, 이러한 변화의 가장 큰 피해자는 기업도 정부도 아닌 일반 국민이다. 그럼에도, 재벌기업에 대해 요구하는 개혁은 합리적이고 근대적인 기업 경영에 필요한 최소한의 요구라는 점에서 재벌개혁은 그 정당성을 담보한다.

정부 주도 재벌개혁의 한계

　　재벌개혁은 과거 정부-재벌 간 연합에 의한 경제성장모델을 대체하는 새로운 발전모델의 모색과 이를 위한 정부 역할의 재정립이라는 점에서 보더라도 시급한 과제이다. 외환금융위기가 재벌 혹은 재벌기업을 중심으로 한 발전모델 혹은 성장 방식의 한계를 드러낸 사건이라면, '재벌개혁'은 단순히 재벌 혹은 그 계열사의 지배구조를 바꾸는 데 국한된 문제가 아니라, 한국 경제의 새로운 발전모델 혹은 성장 전략을 모색하는 문제와 관련된 것일 수밖에 없다.

　　그러나 정부가 주도해 왔던 재벌개혁 정책이 새로운 발전모델의 모색이라는 더 큰 틀 속에 이루어져 왔는가라는 질문에 대한 현재까지의 답은 '그렇지 못했다'이다. 게다가 금융산업의 구조 개선에 관한 법률(이하 금산법) 개정을 둘러싼 정부와 재벌기업 간 힘겨루기에서도 드러났듯이 재벌들은 투자 축소, 자본 파업으로 대항했다. 정부의 대표적인 재벌 규제 제도인 출자총액제한제도는 재벌의 저항에 부딪혀 좌초할 운명에 놓여 있다. 부당한 방식에 의한 부의 상속이나 정경유착, 비자금 조성 등과 관련된 재벌 총수들의 불법과 편법 행위들은 법 집행이 가져올지도 모르는 경제적 충격에 대한 우려로 면죄부가 주어졌다. 재벌 정책에 대한 정부 부처 간 갈등이 새로운 것은 아니지만 재벌 규제의 핵심 부처인 공정거래위원회의 순환출자 규제에 대한 재벌들의 거센 반발에 입법기관인 국회와 재정경제부, 산업자원부도 거들었다. 게다가 2000년대 들어 우리 사회는 고용 없는 성장, 비정규 고용의 일상화, 기업 및 산업 양극화, 외국자본의 국내 시장 잠식과 고배당 요구, 금융 체제의 중개 기능 약화로 인한 투자 부진과 투자 양극화라는 상황 속에서 경기침체가 더욱 심화되고 있다.

새로운 경제발전모델이나 성장 전략의 모색이라는 어려운 과제는 과거 국가-재벌 간 지배연합에서 형성·추진된 것과 같은 정부 정책으로는 해결될 수 없을 것이다. IMF 외환금융위기 이후 거의 모든 영역에서 시장이 전면화했고, 글로벌 금융자본의 활동을 제한하는 어떠한 형태의 국가 개입도 인정하지 않으려는 분위기는 이미 대세가 된 듯하다. 그렇다고 해서 새로운 성장 전략의 모색을 기업에만 맡겨서도 안 된다. 최근 삼성전자나 삼성재벌의 '세계 1등주의'나 '프리미엄 전략' 같은 말들을 생산해 내는 기업 경쟁력, 기업 효율 혹은 주주 가치 경영, 사회책임경영 등과 같은 담론의 이면에는 경영권 세습을 위한 불법과 탈법, 불법의 합법화, 정부 정책을 무력화시키는 '자본 파업', 주주 가치 훼손과 지배주주에 대한 부의 이전tunneling, 무노조 경영 등 전근대적 기업 경영 방식이 변함없이 자리하고 있다. 일부 학계에서는 재벌 중심 경제 시스템은 동아시아 발전모델의 전형이고, 따라서 여전히 유효한 시스템이며 앞으로도 그러할 것이라고 주장한다. 그러나 이러한 주장은 과거 재벌 중심 경제 시스템을 합리화하고 정당화할 우려가 높다. 최근 경기 침체 분위기 속에 '경제 살리기'나 '기업하기 좋은 환경 만들기'라는 구호가 난무하고 또 주식시장에서 외국자본의 소유 비중이 높아지면서 '외국자본에 대항한 재벌의 경영권 보호'라는 어설픈 '민족주의적'

주장이 확산되면서 각종 재벌 관련 개혁 조치들이 약화되거나 무산되는 듯한 경향을 보이는 것도 이와 무관하지 않다.

게다가 대안적 기업 시스템을 넘어 새로운 발전모델이나 경제사회모델을 모색하는 작업은 그 자체로서 한 가지 층위로 결정할 수 없는 문제라는 점에서 복잡성을 더한다. 그것은 기업 지배구조, 기업 자금조달과 금융 체제의 문제, 노사관계 및 노동시장의 구조 변화, 그리고 노동, 자본, 정부 부처 간 역학관계, 기업과 기업 간, 노동과 노동간 관계 등 매우 다양한 수준과 층위들의 복합적 상호작용 결과일 수밖에 없기 때문이다.

다른 한편에서는 정부의 재벌개혁 방안 이외에도 기존의 재벌 체제와는 다른 새로운 기업 시스템 혹은 기업 간 관계 모색, 그리고 이에 기초한 성장 체제를 향한 실험적인 노력이 진행 중이다. 또 지배구조 개혁 차원을 넘어서서 새로운 발전모델을 모색하려면 유럽 국가들의 경험을 토대로 한국형 사회적 시장경제가 필요하다는 주장들도 제기되고 있다. 이러한 시도들은 기존의 기업모델과 다른 새로운 기업모델을 지향한다는 점에서 그 과정과 결과에 주목할 필요가 있다. 그러나 사회적 합의나 노동간 연대의 일천한 역사적 경험은 제쳐 놓고라도, 총수의 절대적 지배력이 약화되지 않는 상황에서 이러한 모델이 확산되기를 기대하는 것은 너무 순진한 것이 아닐까?

이해당사자 기업지배모델

기업 지배구조에 있어서 재벌개혁이 필요한 또 다른 이유는 총수 중심의 지배구조가 기업을 둘러싸고 있는 여러 이해당사자에 대한 고려, 그리고 특히 노동자들의 헌신을 유인하지 못하는 기업 시스템을 고착시킨다는 점에서이다. 삼성재벌의 수많은 계열사처럼 노동조합조차 인정하지 않음으로써 기본적인 인권을 무시하는 사례는 예외로 한다 하더라도, 기업 경영에 대한 감시는 주주뿐만 아니라 노동 등 다양한 이해당사자들의 기업 경영 참여나 지배구조 참여를 통해서 이루어져야 한다. 이러한 지배구조의 형성은 주주자본주의 기업 시스템과 그것이 낳은 폐해를 교정하는 지렛대로도 작용하게 될 것이다.

사실 주주 가치를 최우선으로 하는 기업지배모델은 소유와 경영이 분리된 주식회사 제도하에서 기업에 대한 최종 통제권을 주주에게 부여함으로써 경영에 대한 책임을 묻는 기업 시스템을 지향한다. 그러나 소유와 경영의 분리는 필연적으로 기업의 일상적인 활동이나 기업 내부 정보에 있어서 주주와 경영자 사이의 정보 비대칭을 초래함으로써 경영 감시에 공백을 만들었다. 또 자본시장 유동화로 기업 경영에서 생기는 위험을 다양한 방식으로 회피할 수 있게 됨으로써 주주들이 기업을 통제하고 감시할 유인은 더욱 줄어들었다. 감시 유인이 줄어든 주주들은 경영자들의 고용 조정 같은 '주주 가치 극대화' 행동을 묵인함으로써 기업 내 다른 이해당사자들의 이해를 위협했다.

그러나 현대의 법인 기업은 공적인 책임을 지닌 사회적 제도의 하나로서 주주로부터 독립해서 존재하는, 그 자체로서 자율적인 실체이다. 따라서 근대 소유권을 체현한 회사법에 근거하여 주주들에게 배타적인 소유권을 부여하는 것은 논리적인 타당성에도 불구하고 기업이 여러 이해당사자와 맺고 있는 수탁자적 관계와 거기서 생기는 수탁자로서 책임을 고려하지 않고 있다. 게다가 주주 이해를 우선해야 된다는 주장이 다른 이해당사자들을 보호하지 않아도 된다는 것을 의미하는 것은 결코 아니다. 특히 주주자본주의 경영의 폐해가 드러나면서 기업이 지속적으로 성장하기 위해서는 단순하게 이윤을 추구하는 기업 경영이나 주주 중심의 경영만으로는 한계가 있다는 반성과 함께 주주뿐만 아니라 노동자, 고객, 지역사회 등 기업에 관련된 모든 이해당사자들의 요구에도 부응할 수 있는 기업 경영이 필요하다는 인식이 높아졌다. 물론 기업 경영에 관련된 이해당사자들의 이해를 모두 고려한다는 것은 현실적으로 쉽지 않은 문제이며, 따라서 기업 경영은 주주뿐만 아니라 기업 내 다양한 이해당사자의 이해를 잘 조정하지 않으면 안 된다. 기업이 주주들뿐만 아니라 이해당사자들도 고려하는 사회적 제도라는 인식과, 이에 기초한 기업 경영은 기업에 대한 노동자들의 헌신을 높일 수 있다.

　기업 지배구조 측면에서 보더라도 이해당사자 기업 경영은 기업 의사결정에 이해당사자들의 실질적 참여와 이를 기반으로 한 경영 감시의 정당성을 강조한다. 물론 이것이 가능하려면 기업의 이사회가 노동자 대표에게 개방되고, 노동자 대표는 노동 일반의 이해를 정의하고 대변하는 동시에 경영 감시를 통해 규율적 이사회의 기능을 수행할 수 있어야 할 것이다. 한 걸음 더 나아가 이사회 의장은 최고경영자CEO와도 분리되어야 하며, 이사회 내 경영자보수위원회와 감사위원회를 집행이사의 권력에서 독립시켜 이사회에 대한 책임을 물을 수 있어야 한다. 물론 이와 같은 제도가 도입되고 이해당사자 경영이 가능하기 위해서는 기업이 주주로부터 자율성을 가져야 하며 경영자의 재량권도 보장되어야 한다. 문제는 신자유주의적 금융화 이후 이런 자율성과 재량의 여지가 크게 축소되고 있다는 점이다.

이 책의 구성

이 책은 재벌기업을 포함한 우리나라 대기업 지배구조 개혁에 관한 다양한 논의에 주목하여 이들을 평가하고, 바람직한 대안을 모색하기 위한 하나의 시도이다. 항상 그렇듯 대안을 내놓는 작업은, 더구나 재벌개혁에 대한 요구보다 반발이 더 거세고, 친재벌적 정치권과 정부가 이를 지원하고 있는 현재의 조건에서는 재벌개혁이라는 문제 설정 자체가 실종될 위기에 처해 있다.[1]

이러한 점을 고려하면서 이 책은 우선 우리나라 재벌의 성장 과정과 그 과정에서 나타난 부정적인 측면을 보여줌으로써 '재벌 현상'에 대한 객관적 이해를 돕고자 했다. 특히 외환금융위기 이후 경제력 집중 현황, 계열사 간 출자 및 순환출자 등을 매개로 한 소유지배구조 및 계열사 간 내부거래 실태, 그리고 금융계열사의 성장과 계열사 주식 보유 현황과 소유지배의 괴리 확대 등 재벌 체제가 가진 문제점을 동시에 보여 주고자 한다(제2장).

이어 정부가 본격적으로 재벌 정책을 구사하기 시작한 1987년 혹은 외환금융위기 이후 시장 규율 중심의 기업 지배구조 및 재벌개혁이 진행되는 과정에서 새로 도입되거나 바뀐 제도들은 무엇이며, 그 한계는 무엇이었는가를 평가해 볼 것이다. 나아가 주식시장 중심의 금융 체제로 변화하는 과

---

[1] 금융위원회의 금산분리 규제 완화에 이어 공정거래위원회도 2008년도 주요업무계획을 보고하면서(2008/03/28) 출자총액제한제도 폐지, 상호출자 및 채무보증 제한 대상 기업집단 기준 완화(2조 원에서 5조 원으로) 등 재벌정책을 무효화하는 정책들을 발표했다. 신정부 출범 전부터 이미 예고되었던 것이긴 하지만, 이와 같은 재벌정책의 무효화 조치들은 재벌기업들에 뿐만 아니라 한국 경제에도 더욱 심각한 문제점들을 안겨 주게 될 것이다.

정에서 기업 자금 조달자로서 은행의 역할과 기업 지배구조 개선에 있어서 기관투자가의 역할, 기업 감시자로서 외국자본의 역할, 기업 간 인수합병 시장의 발달 정도를 고찰해 볼 것이다. 이러한 분석을 통해서 외환금융위기 이후 확대되고 있는 '시장에 의한 기업 규율'의 현재와 그 적절성을 판단해 볼 수 있다. 또 시장의 전면화와 함께 글로벌 표준global standard으로 강요되고 있는 주주자본주의 기업 경영 방식으로서 우리나라 기업들의 주주 가치 경영의 실상은 어떠한 지에 대해서도 문제를 제기할 것이다(제3장).

이어서 그동안 정부가 주도해 온 재벌 정책과 이에 대한 재벌들의 반론과 반발을 검토했다. 특히 출자총액제한제도의 폐지나 순환출자 규제 등을 둘러싸고 제기된 여러 가지 재벌개혁 방안에 대한 재벌 나름대로의 선택과 대응을 비판적으로 검토할 것이다. 여기에는 지주회사화를 선택한 LG재벌, 전문 자동차 그룹화의 길을 걷고 있는 현대자동차재벌, 그리고 금융지주회사화의 가능성을 타진하는 삼성재벌의 사례를 통해 재벌의 자기 변신 가능성과 그 현실성을 진단해 보았다(제4장).

마지막으로 시장 규율을 중심으로 한 재벌기업 지배구조 개혁과 이에 대한 재벌의 대응, 지주회사 전환, 전문 그룹화 등에 한계가 많았다는 인식을 바탕으로 새로운 기업 지배구조모델, 예를 들면 유한킴벌리의 사례에서 볼 수 있는 새로운 노사관계 형성에 기초한 새로운 기업모델 등 다양한 대안 기업 시스템 모델을 평가해 볼 것이다. 또한 재벌의 경영권을 보호해 주는 대가로 기업이 사회적 책임을 다한다는 사회적 타협론의 본질이 무엇인지를 살펴볼 것이다. 아울러 재벌 체제를 넘는 대안적 기업 지배구조 시스템과 이에 기초한 새로운 경제발전모형으로서 '한국적 사회적 시장경제모델'의 현실성을 판단해 보고자 했다. 나아가 이 과정에서 새롭게 정립되어야 할 정부의 역할은 무엇인지를 검토할 것이다(제5장).

제2장

재벌의 성장과 그늘

1. 재벌의 경제력 집중
2. 재벌의 소유구조와 소유·지배의 괴리
3. 계열사 간 내부거래와 그 효과
4. 금융계열사 성장과 금융자본의 산업자본 지배

1. 재벌의 경제력 집중

1) 재벌의 경제력 일반집중 현황[1]

경제력이란 일정한 경제 영역에서 중심적 역할을 수행하는 경제적 자원과 수단을 조직적으로 소유한 경제 주체가 다른 경제 주체의 경제 행위에 대해 영향을 끼칠 수 있는 힘이다. 그러므로 개별 시장에서 별다른 지배력을 행사하지 못하는 단순한 부의 집중은, 부의 축적이나 분배 측면에서는 중요할지 몰라도, 경제력 집중과는 구분되는 개념이다. 따라서 경제력 일반집중은 "한 나라의 경제적 자원이 소수의 경제 주체에 집중되어 있는 현상"으로 정의할 수 있다. 자본주의가 발전할수록 소수에게 부가 집중되는 현상을 일반적이라 이해한다고 해도, 우리의 경우 경제적 자원에 대한 지배력이 재벌이라는 특수한 실체에 의해 지속적으로 재생산되고 있다는 점에서 독특한 하나의 현상이며, 특별한 관심과 주목의 대상이 된다.

재벌 혹은 대규모 기업집단은 대체로 특정 개인 또는 '총수 일가'의 혈족이 다수의 대규모 독과점적 계열사들을 실질적으로 소유·지배하는 형태이며, 이를 유지하기 위해서는 계열사 간 상품, 자산, 자본 거래 등 계열사들의 직·간접적인 도움은 필수적이다. 이는 우리나라에서 경제력 집중이 경제력 일반집중뿐만 아니라, 복합집중, 시장집중, 소유집중 등 여러 유형의 집중 현상과 밀접한 관련을 가진 복합적 산물임을 의미한다. 결국 한국 경

1　경제력 집중에 관한 논의는 송원근·이상호(2005)의 제2부 "재벌과 경제력 집중"을 재구성하고, 여기에 2002년 이후의 자료를 부분적으로 보완한 것이다.

제에서 경제력 집중 문제는 대체로 소수의 개인이 지배하는 재벌기업의 일반집중 문제로 집약되며, 산업집중이나 시장집중은 여기에서 파생되는 문제이다. 따라서 경제력 일반집중은 보통 30대 재벌과 같은 소수 재벌과 계열회사들이 국민경제에서 점하는 비중, 달리 말해 재벌이 우리나라 경제 전체의 자원을 얼마나 지배하고 있는가를 나타내는 지표가 된다.

또한 이 지배력은 경제 분야뿐만 아니라 정치적 영향력과도 밀접한 관련성이 있으며 상호 연계되는 속성이 있다. 삼성재벌의 금산법 헌법 소원과 관련해 삼성재벌의 경제력 집중 심화와 이를 바탕으로 한 삼성의 경제·사회적 지배력의 확대를 '삼성 공화국'으로 희화화戱畵化한 것은 경제력 집중이 초래하는 정치·사회적 파급력을 잘 보여 준다.

그런데 경제력 집중 억제를 중요한 정책 목표로 삼는 공정거래위원회가 경제력 일반집중 문제에 접근하는 방식은 이상과 같은 인식과는 다소 차이를 보이고 있다. 즉, 공정거래위원회는 일반집중을 출하액(매출액)과 고용을 기준으로 한 상위 50대, 100대 기업의 집중 문제로 접근한다. 달리 말해 공정거래위원회가 생각하는 경제력 일반집중은 우리나라 상위 대기업들의 경제력이 경제 전체에서 차지하는 비중을 말하는 것이다. 이에 따르자면 제품 출하액 기준으로 우리나라 상위 50대 기업의 비중이 1980년대에는 전반적으로 낮은 수준을 유지하면서 하락하는 경향을 보였다. 그러나 1990년대 중반 이후 다시 높아지기 시작해 2001년 상승세가 주춤한 이후 다시 증가하고 있다. 즉, 외환위기 직후 부실기업 퇴출과 대규모 인수합병 증가로 그 비중이 일시 높아졌다가 완화되기 시작했으나, 2002~03년부터 다시 높아지고 있는 것이다. 2004년의 일반집중도 39.7%는 2003년에 비해 높아졌을 뿐만 아니라 공정거래위원회의 조사가 시작된 1981년 이후 가장 높은 수치이며 종전 최고치를 기록했던 외환위기 직후인 1998년의 38.4%보다도 더 높다. 이런 추세는 100대 기업에서도 마찬가지다.

이처럼 상위 대기업의 경제력 집중이 다시 심해진 것은 외환위기 이후 기업 구조조정으로 계열사 매각과 분사가 늘고 정보통신 분야를 중심으로 한 벤처 붐이 꺼지면서 대기업 – 중소기업 간 양극화가 심해졌기 때문이다. 삼성전자(주), 현대자동차(주) 등 수출주도형 대기업은 고성장을 한 반면, 나머지 기업의 성장은 상대적으로 정체를 면치 못했던 것이다.

그러나 공정거래위원회의 일반집중도 추계는 광공업통계조사[2]를 이용하고 있는데, 재벌의 사업 영역이 제조업에만 국한되어 있지 않다는 사실을 고려할 때, 재벌의 경제력 집중 실상을 온전하게 파악하기 어렵다는 한계를 가진다. 또 재벌의 경제력 집중은 어떤 측정 지표를 선택하는가에 따라 그 결과가 달라질 수 있다는 점도 고려해야 한다. 즉, 출하액 기준으로 재벌의 집중도가 높아진다 하더라도, 이론적으로는 출하액, 부가가치, 고용, 자산 중 어느 지표가 경제력 집중 추세 분석에 적합한지를 판단하기란 쉽지 않다. 그리고 이들 개별 지표들이 서로 다른 방향으로 움직이고 있다면, 일부 지표만으로 특정 집단의 경제력 집중 추세를 단정하는 것은 무리일 수밖에 없다.

뿐만 아니라 경제력 집중 추계 대상에도 문제가 있다. 즉, 30대 재벌 혹은 최근에는 상호출자제한 기업집단이나 출자총액제한 집단을 경제력 집

---

2 "광공업통계조사" 이외의 방법으로는 한국신용평가정보에서 제공하는 'Kis-Line 재무자료'를 이용하는 방법이 사용되고 있다. 이 자료는 전 산업을 포괄한다는 점 때문에, 재벌이 경제 전체에서 차지하는 비중을 연구하는 데 좀 더 적절한 자료일 수 있다. 물론 'Kis-Line 재무자료'는 주로 대기업(외부감사법인 이상 법인) 중심으로, 외부감사법인 이하의 기업은 누락된 경우가 많으므로, 자료의 불완전성 혹은 불충분성이라는 약점이 있다.

표 2-1 경제력 일반집중도 변화 추이 〈단위 : %〉

년도	출하액 기준		고용 기준	
	50대 기업	100대 기업	50대 기업	100대 기업
1981	36.6	46.1	12.4	19.1
1990	30.0	37.7	13.6	18.4
1995	33.6	40.4	14.5	18.2
1996	34.4	41.2	15.2	18.8
1997	37.1	44.2	16.5	20.1
1998	38.4	45.9	16.6	20.1
1999	38.0	45.1	14.7	18.1
2000	38.1	44.8	13.9	17.0
2001	36.8	43.7	13.2	16.0
2002	36.8	43.8	-	-
2003	37.8	44.6	-	-
2004	39.7	46.4	-	-

출처 : 공정거래위원회.

중의 분석 대상으로 하는 것이 일반적이지만, 30대 재벌 각각의 비중이나 위상은 결코 균질적이지 않다. 예를 들면, 30대 재벌 중에서도 상위 재벌의 경제력 편중 현상은 더 심각하다. 특히 외환금융위기 이후 한국 경제에서 재벌이 차지하는 비중 혹은 영향력의 문제는 점차 5대 재벌을 중심으로 한 대기업 혹은 대규모 기업집단의 문제로 좁혀지고 있다는 점에서 더욱 그러하다. 이는 보통 5대 재벌과 6대 이하 하위 재벌을 구분해 분석하는 것이 더 적절할 수 있음을 함축한다.

이와 같은 점들을 고려해 우리나라 30대 재벌, 5대 재벌, 그리고 삼성재벌이 국민경제에서 차지하는 비중을 요약한 〈표 2-2〉를 보면, 공정거래위원회의 집중도 추계 결과와는 상당히 다른 점을 발견할 수 있다.

첫째, 1997년 외환위기 발생 이전까지 자산, 매출액, 부가가치 등에서

구 분		1987	1990	1995	1996	1997	1998	1999	2000	2001	2002
자산 /GDP	30대 재벌	55.1	61.9	69.0	75.8	88.8	93.4	79.6	72.3	58.0	54.9
	5대 재벌	29.9	34.1	39.1	43.2	54.5	62.5	51.5	42.3	35.8	34.6
	삼성	5.8	7.3	9.6	10.5	12.9	12.4	12.2	10.9	10.3	10.5
매출액 /GDP	30대 재벌	66.0	61.7	73.1	78.6	83.9	88.0	72.4	78.8	67.5	65.0
	5대 재벌	41.9	37.6	48.7	52.6	57.8	66.9	54.6	56.5	44.1	44.6
	삼성	10.9	10.7	12.6	12.6	13.6	15.4	15.7	17.5	14.9	15.8
부가가치 /GDP	30대 재벌	10.8	12.1	14.2	12.8	11.6	13.4	11.4	10.9	9.8	11.4
	5대 재벌	6.1	6.7	8.7	7.6	7.5	7.6	9.1	7.6	6.7	8.2
	삼성	1.4	1.9	2.6	1.8	1.7	2.1	2.5	3.3	2.3	3.1
부가가치 /GDP	30대 재벌	14.3	15.9	18.5	16.7	15.0	17.5	14.9	13.9	12.8	15.1
	5대 재벌	8.1	8.9	11.3	9.8	9.8	10.0	12.0	9.7	8.7	10.8
	삼성	1.9	2.5	3.4	2.3	2.3	2.7	3.2	4.3	3.1	4.1

주 : 여기서 GDP는 농림어업, 금융보험, 공공행정국방, 보건복지 부문을 제외한 GDP.
출처 : 김상조(2005), 한국신용평가정보(주)KIS-Line.

재벌의 경제력 집중이 계속 심화되어 왔다. 이는 외환금융위기 이전까지 일반집중도가 평균적으로 완화되는 추세를 보인 공정거래위원회의 조사 결과와는 다른 것이지만, 일부 대규모 산업 또는 품목에서는 오히려 집중 도가 높아졌다는 조사 결과와는 부합한다.

둘째, 외환금융위기에 뒤이어 1997~98년에 집중도가 크게 높아졌다가 1999년 이후 하락하는 양상은 동일하나, 2001년 이후 특히 5대 재벌과 삼 성재벌의 점유 비중이 다시 상승하는 경향을 보이고 있다. 외환금융위기에 따라 기존 30대 재벌 중 절반 이상이 부도 내지 계열 분리된 상황에서 30대 재벌의 점유 비중 하락은 쉽게 예상할 수 있는 것이지만, 1999년 대우그룹 의 해체, 2000년 이후 현대그룹의 계열 분리에도 불구하고, 최근 5대 재벌 의 매출액과 부가가치 점유 비중이 상승 경향을 보이는 것은 대단히 이례

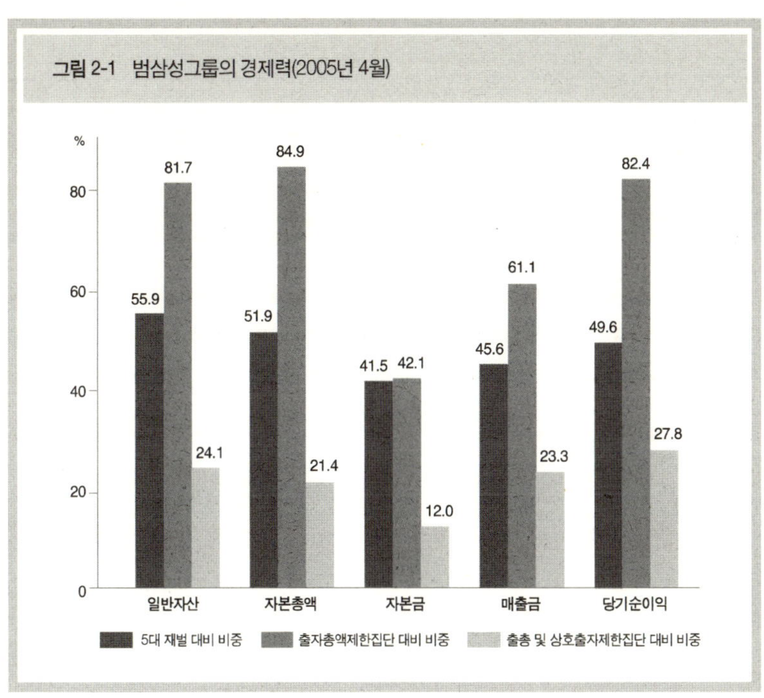

적인 것이다(김상조 2005).

셋째, 5대 재벌의 일반집중이 높아진 것은 삼성이라는 특정 재벌의 '눈 부신 성과'에 기인하지만, 이와 같은 삼성의 경제력 지배의 급성장은 과거 어떤 시기에도 볼 수 없다. 5대 재벌이나 30대 기업집단, 혹은 출자총액 및 상호출자제한 기업집단 내에서 삼성이 차지하는 경제력의 비중이 상승하 기 시작한 것은 1999년 이후부터다. 특히 IMF 경제위기와 그 뒤를 이은 대 우그룹의 해체와 현대그룹의 계열 분리 등으로 30대 기업집단 중 이른바 '빅3'(삼성, LG, SK)와 여타 그룹 간의 격차가 확대되었다.[3] 이후 '빅3' 재벌 중 삼성과 다른 두 재벌의 격차는 더욱 확대된다. 2004년과 2005년 사이에 삼성은 매출액, 자본총액, 그리고 자산(공정자산) 모두에서 5대 및 30대 대비 비중이 50% 이상을 차지할 정도로 급속하게 상승했다(송원근 2005). 삼성은 2005년 4월 5대 재벌 일반자산의 50.8%, 자본총액의 45.9%, 매출액의 39.5%, 당기순이익의 46.2%를 점유하고 있다. 공정거래위원회가 재벌규제 정책을 본격적으로 시작했던 1988년 4월 당시, 자산 기준 재계 4위였던 삼성은 당시 5대 재벌에서 차지하는 비중이 각각 24.2%, 15.6%, 32.5%, 22.7%에 불과했다. 당시 삼성은 30대 재벌 자산의 10.2%, 자본총액은 8.9%에 불과했지만 매출액 비중은 20%를 상회하고 있었다.

그런데 삼성의 경제력 집중은 여기에서 그치지 않는다. 즉, 1990년대 들어 한솔, CJ, 신세계 등 여러 재벌이 친족 분리 형식으로 삼성그룹에서 독립하는데, 이들의 경제력을 모두 합하면 그 규모는 더욱 확대된다. 즉, 2005년 4월 1일 삼성을 포함해 신세계(22위), CJ(24위), 한솔(42위)이 상호출자제한 기업집단에 속해 있다. 여기에 새한, 보광, 중앙일보 등을 더한 이른바 '범삼성' 재벌은 자산 규모에서 5대 재벌 총자산의 55.9%를 점하고 있다.

나머지 매출액, 자본금, 당기순익에서도 그 비중이 모두 50%에 육박하고 있다. 2005년 4월 공정거래위원회의 기업집단 지정에서 삼성이 빠진 출자총액제한 기업집단과 비교하면 그 비중이 더 높아져 자산은 82%, 매출액은 61%를 점할 정도다.

경제개혁연대는 기존의 30대 기업집단이나 5대 재벌 대신 범삼성(삼성,

---

3 당시 이들 '빅3' 재벌은 30대 그룹 자산총액의 39%를 차지했고, 2000년 '빅3' 계열사들은 11조 원의 순이익을 냈으나 나머지 30대 그룹은 8조 원 적자를 기록했다.

| 표 2-3 8대 재벌 매출액 및 총자산의 GDP 대비 비중 추이 | | | | | 〈단위 : %〉 |

구분	매출액의 GDP 대비 비중			총자산의 GDP 대비 비중		
	4대 재벌	5~8대 재벌	8대 재벌	4대 재벌	5~8대 재벌	8대 재벌
1990	34.1	5.8	39.9	27.2	8.2	35.4
1991	35.4	6.0	41.3	28.3	8.7	37.0
1992	35.5	6.2	41.7	28.7	8.7	37.3
1993	36.8	6.2	42.9	28.5	8.4	36.9
1994	38.4	6.1	44.5	29.8	8.2	38.0
1995	42.3	6.5	48.8	32.6	8.4	41.0
1996	45.4	6.6	52.0	37.3	8.6	45.9
1997	49.2	6.7	55.9	46.1	9.5	55.5
1998	56.0	6.7	62.7	49.5	10.0	59.5
1999	55.7	5.9	61.6	49.6	10.4	60.0
2000	61.4	6.9	68.3	47.3	10.3	57.7
2001	53.7	6.8	60.5	39.4	9.3	48.7
2002	49.6	6.8	56.4	37.8	9.2	47.1
2003	42.2	6.3	48.5	39.5	9.6	49.1
2004	47.0	7.5	54.4	40.2	9.7	50.0
2005	49.2	7.6	56.8	43.5	9.8	53.2

출처 : KIS-Line, 경제개혁연대(2006).

신세계, CJ, 한솔, 중앙일보), 범현대(현대자동차, 현대중공업, 현대, 현대오일뱅크, 현대백화점, 현대산업개발), 범LG(LG, GS, LS), SK, 롯데, 한진, 한화, 두산 등 8대 재벌을 대상으로 재벌 집중도를 조사했다(경제개혁연대 2006). 이에 따르면, 1990년대 이래 재벌 집중은 더욱 심화되었다. 즉, GDP 대비 8대 재벌의 매출액 비중은 외환금융위기 이전인 1990~96년에 지속적인 상승 추세를 보이다가, 1997~2000년 사이에 급상승했다. 이어 2001~02년 사이에 그 비중이 크게 하락했다가, 2003년 이후 다시 가파르게 상승한다(〈표 2-3〉).

이 추세는 총자산 비중에서도 마찬가지였다. 공정거래위원회가 발표한 100대 기업의 일반집중도 〈표 2-1〉과 비교해 보면 재벌 집중도, 즉 8대 재벌 매출액의 GDP 대비 비중의 증가 폭이 훨씬 크다는 사실을 알 수 있다.

1990년과 2004년을 비교하면, 100대 기업 출하액 비중은 37.7%에서 45.1%로 7.4%p 증가한 반면, 8대 재벌 매출액의 GDP 대비 비중은 39.9%에서 54.4%로 14.5%p 증가했다. 이는 주로 4대 재벌의 비중 증가(12.9%p)에 기인한 것이다. 8대 재벌 총자산의 GDP 대비 비중 역시 1990~2005년간 17.8%p 증가했는데, 이 중 4대 재벌의 자산 비중 증가가 16.2%p를 차지하고 있다. 1990년 이후 15년간 일반집중도에 비해 재벌 집중도가 훨씬 더 심화했으며, 이는 대부분 4대 재벌의 집중도 심화에 기인한 것이다.

2) 산업집중과 시장집중도[4]

경제력 일반집중도가 2002년 이후 다시 상승하고, 특히 상위 재벌의 집중도가 심화되는 것과 달리, 산업집중도는 2004년 이후 상승하는 추세를 보이고 있다. 산업집중도와 시장집중도는 1980년대 이후 경제 규모의 확대 및 개방화의 진전에 따라 지속적으로 하락했다. 1998~99년 외환금융위기 당시에 일시적으로 집중도가 상승했으나, 1999년 이후에는 산업집중도, 시장집중도 등의 집중도 지수는 상위 3개사 집중도[CR3]를 기준으로 하든 허쉬만-허핀달지수[HHI]를 기준으로 하든, 다시 하락하는 추세를 보였다. 이러한

---

4 산업집중도와 시장집중도는 표준산업분류(KSIC)상 특정 산업 또는 시장에 속한 각 기업 점유율을 기준으로 산정한 집중 정도로, 보통 산업집중도는 표준산업분류상 5단위 기준, 시장집중도는 표준산업분류상 8단위 기준으로 CR3(상위 3사의 시장점유율 합계)와 HHI (Hirshmann - Herfindahl Index : 모든 참여 기업의 시장점유율 제곱의 합계)로 측정한다.

표 2-4 1980년대 이후 산업집중도(CR$_3$) 추이 〈단위 : %〉

출하액＼년도	1981	1982	1984	1986	1988	1990	1992	1994	1996	1997	1998	1999	2000	2001	2002	2003	2004
단순 평균	62.3	62.3	61.3	58.4	56.0	52.8	52.2	48.6	46.6	48.6	50.0	45.4	44.0	43.4	41.5	41.5	42.4
가중 평균	59.2	60.0	59.7	55.1	53.0	52.6	51.4	49.2	49.3	51.7	53.6	54.2	52.5	51.5	49.4	49.4	50.9

표 2-5 산업 규모별 가중평균 집중도 〈CR$_3$ 단위 : %, HHI* : HHI×1,000〉

구분	1999		2000		2001		2002		2003		2004	
	CR$_3$	HHI*	CR$_3$	HHI*	CR$_3$	HHI*	CR$_3$	HHI*	CR$_3$	HHI*	CR$_3$	HHI*
10억 원 미만	92.4	555	100.0	769	100	808	100.0	897	100.0	672	100.0	803
10~100억 원	86.6	536	80.1	430	77.7	445	76.8	396	75.4	314	76.2	342
100~500억 원	57.3	205	53.2	174	53.8	184	53.4	187	54.8	216	56.8	200
500~1,000억 원	52.1	172	46.8	163	47.1	145	41.1	105	44.1	111	44.5	129
1,000~5,000억 원	44.6	148	41.7	141	40.0	136	38.7	129	39.0	133	40.0	125
5,000억~1조 원	42.2	113	39.6	111	38.6	105	36.4	95	36.5	103	37.7	117
1조~5조 원	48.1	176	40.1	130	39.6	125	39.7	131	38.9	128	39.5	130
5조 원 이상	74.1	276	71.3	260	70.3	264	64.8	232	64.1	224	64.6	225

출처 : 공정거래위원회.

현상은 우리나라의 산업이 전반적으로 경쟁적인 구조로 변화하고 있음을 의미한다(공정거래위원회 2003). 다만, 전반적인 하락 추세에도 불구하고, 한국 경제를 주도하는 일부 대규모 산업 및 품목의 집중도는 높은 수준을 유지하고 있다. 이것은 일반적으로 시장 규모가 커질수록 시장집중도는 완화된다는 인식과는 다소 상반되는 것이다. 〈표 2-4〉에서도 알 수 있듯이 1990년대 중반 이후 상위 3개사 집중도가 단순평균에 비해 가중평균이 높게 나타나고 있는데, 이는 시장 규모가 큰 시장일수록 평균적으로 집중도가 높아졌다는 것을 의미한다(공정거래위원회 2006a).

외환금융위기 이후인 1999년 이후 산업 규모별 집중도를 보면 이러한 현상을 확인해 볼 수 있다. 즉, 산업의 규모가 커지면서 평균집중도는 낮아지지만, 시장 규모가 1조 원 이상인 대규모 산업은 집중도가 오히려 상승하고 있다. 2004년 기준 출하액 5조 원 이상 20개 산업 중 5개 산업[5]이 CR_3 75% 이상인 고집중 산업이다.

출하액 비중이 큰 산업이나 품목의 집중도가 하락 조짐을 보이지 않는 현상을 좀 더 구체적으로 살펴보자. 먼저 시장지배적 사업자 추정 요건에 해당하는 산업의 집중도를 보면, 해당 산업의 산업 수 비중이나 출하액 비중은 최근 3년 동안 등락을 보이고 있음을 알 수 있다. 특히 2004년 CR_3가 75% 이상[6]인 산업의 출하액 비중은 2003년과 비교할 때 큰 폭으로 증가했다(출하액 비중 2003년 11.3% → 2004년 18.0%).

---

5 산업 규모 면에서 상위에 해당하는 자동차, 원유 정제, 열간압연, 전자집적회로, 강선건조 산업이 이에 해당한다.

6 '$CR_3 \geq 75\%$' 는 '$CR_1 < 50\%$이면서 동시에 $CR_3 \geq 75\%$'임을 의미한다.

표 2-7 시장지배적 사업자 추정요건 품목의 비중 변화 〈단위 : %〉

년도	1980	1990	1997	1998	1999	2000	2001	2002	2003	2004
품목 수 기준	69.2	58.0	56.0	56.9	55.3	51.4	47.6	42.8	38.3	35.1
출하액 기준	47.6	44.7	46.3	51.1	49.7	47.2	47.5	45.2	43.6	45.9

출처 : 공정거래위원회.

다음으로 〈표 2-7〉은 시장지배적 사업자 추정 요건에 해당하는 품목($CR_1 \geq 50\%$ 또는 $CR_3 \geq 75\%$)의 집중도 추이를 보여 준다. 이 표에서 시장지배적 사업자의 비중이, 품목 수 기준으로는 전반적으로 하락하지만, 출하액 기준으로는 1997~98년을 제외하면 비교적 안정적이다. 품목 수를 기준으로 했을 때보다 출하액을 기준으로 했을 때, 시장지배적 사업자의 비중에 별다른 개선 조짐이 보이지 않는다. 이 중에서도 과점형 품목($CR_3 \geq 75\%$)의 경우에는 더욱 그러하다. 이는 시장 규모가 큰 품목의 집중도에 별다른 변화가 없음을 반영한다.

즉, 2004년 출하액 기준으로 상위 30대 품목 중 휴대용 전화기, 경차 및 중소형 승용차를 비롯한 16개 품목이 CR_3가 75% 이상인 고집중 품목이며 이는 2003년의 14개에 비해 품목 수가 증가한 것이다.

그렇다면 다른 나라와 비교했을 때, 우리나라의 시장집중도는 어떠한 특성이 있을까? 산업구조나 성장 방식이 한국과 상당히 비슷한 일본에서는, 집중도가 높거나 규모가 큰 358개 주요 품목에 대해서만 조사가 이루어지고 있어 단순비교는 불가능하다. 미국도, 상무부 통계국에서 5년 주기로 전 사업체를 대상으로 센서스를 실시해 일반집중도와 산업집중도를 발표하고 있는데, CR_4를 기준으로 한다는 점에서 우리나라와 다르다. 〈표 2-8〉은 이 점을 감안해서 작성된 것이다. 여기서 한국의 광공업 평균 집중도는, CR_4기

구분	미국(1997)	한국(2001)
CR_4 × 100 단순평균	42.8	48.6
HHI × 1,000 단순평균	75.8	149.3

출처 : 공정거래위원회.

준으로는 미국의 경우와 약 6%의 차이밖에 보이지 않으나, HHI 기준으로는 약 두 배의 차이를 보인다. 이는, CR_k와 HHI의 차이점을 감안할 때, 한국에서 고집중 산업의 비중이 미국보다 현저히 높다는 사실을 반영한다. 산업 규모가 클수록 한국의 산업집중도는 미국보다 상당히 높다는 것을 알 수 있다. 미국과 한국의 시장 규모의 차이가 존재한다는 사실을 고려한다고 하더라도 산업 규모가 클수록 집중도가 높아지는 특성은, 적어도 미국에 비해 그 정도가 상당히 강한 것임을 부인하기 어렵다.

3) 재벌 금융계열사의 시장집중

재벌 계열사들의 높은 시장집중도는 비금융 보험업뿐만 아니라 금융보험업 내에서도 확인할 수 있다. 2005년 3월 말 기준으로 대기업집단 소속 금융보험 계열사들의 시장집중도를 보면 총자산 기준으로 생명보험사 75.2%, 손해보험사 47.6%, 증권회사 35.7%, 자산운용사 16.6%, 신용카드사 63.9% 등을 기록하고 있다.

그러나 이와 같은 높은 시장점유율에도 불구하고 이들 금융사의 경영성과는 상대적으로 비계열 금융기관에 비해 그렇게 양호하지 않다. 생명보

그림 2-2   계열 및 비계열 생명보험사의 경영 성과(2001~2004년)

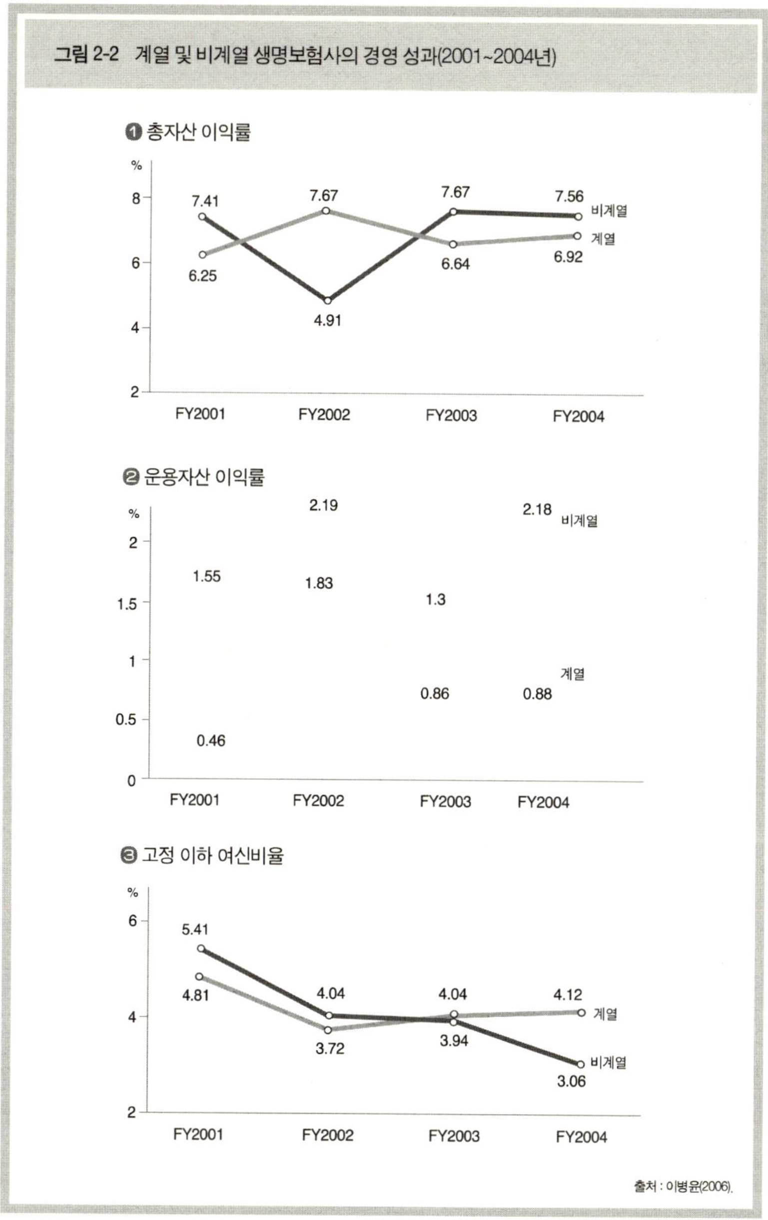
❶ 총자산 이익률
%
8
7.41
7.67
7.67
7.56
비계열
계열
6.25
6.64
6.92
4.91
4
2
FY2001
FY2002
FY2003
FY2004
❷ 운용자산 이익률
%
2.19
2.18
비계열
2
1.55
1.83
1.3
1.5
1
계열
0.86
0.88
0.5
0.46
0
FY2001
FY2002
FY2003
FY2004
❸ 고정 이하 여신비율
%
6
5.41
4.81
4.04
4.04
4.12
계열
4
3.72
3.94
비계열
3.06
2
FY2001
FY2002
FY2003
FY2004
출처 : 이병윤(2006).

표 2-9 기업집단 소속 금융계열사들의 시장점유율(2002~05년)　　　　〈단위 : %, 매년 3월 기준〉

구분		2002년	2003년	2004년	2005년
생명보험사	자산	57.6	76.2	76.1	75.2
	대출금	58.0	75.0	75.6	74.3
	수입보험료	54.0	74.8	72.4	70.6
손해보험사	자산	46.2	51.3	53.0	47.6
	대출금	61.9	63.4	56.3	51.8
	원수보험료	50.8	55.0	55.2	47.8
증권회사	자산	44.6	47.6	49.2	35.7
	예수금	50.3	53.0	51.3	35.7
	수수료 수입	44.6	44.0	42.8	29.8
자산운용사	자산	30.0	29.4	29.4	16.6
	펀드 설정액	34.6	35.9	29.5	19.2
신용카드사	카드 자산	56.1	57.2	56.4	63.9
	이용 실적	46.8	47.8	18.0	20.6
종금사	자산	36.6	33.9	100.0	100.0
	대출금	28.9	32.7	100.0	100.0
상호저축은행	자산	13.4	12.5	5.6	3.6
	총여신	13.8	12.7	5.4	3.7

출처 : 이병윤(2006).

험사의 경우를 보면 수익성 지표인 총자산이익률과 운용자산이익률은 업계 전체보다 낮으며, 건전성을 나타내는 고정 이하 여신비율 역시 업계 전체보다 높다. 이러한 현상은 손해보험사나 증권회사, 그리고 자산운용사에서도 마찬가지다(김동환 2006).

4) 기업 간 격차 확대와 삼성전자 효과

이상 경제력 일반집중도와 산업집중도, 시장집중도의 변화를 살펴본 결과에 따르면 외환금융위기 이전까지 시장집중도와 산업집중도는 하락한 반면, 일반집중도와 특정 재벌을 대상으로 한 재벌 집중도는 상승하고 있음을 알 수 있다. 그리고 외환금융위기 직후 집중도가 급상승했다가 다시 하락한 것은 모든 지표에서 공통적으로 확인할 수 있다. 그러나 2003년 이후부터는 거의 모든 지표에서 집중도가 다시 상승하는 추세다.

외환금융위기 이후와 최근의 이와 같은 집중도 심화 추세로부터 추론할 수 있는 것은 산업 혹은 기업 구조가 점점 더 상위 독과점 기업을 중심으로 재편되어 가고 있으며, 기업 간 격차도 더욱 벌어지고 있다는 것이다. 실제 '우리나라 대표기업' 삼성전자(주)를 비롯한 소위 상위 5대 기업과 그 외 기업의 성장 격차는 갈수록 심화되고 있다. 2003년 매출액 기준 5대 기업의 경상이익은 12조7,000억 원으로 제조업 전체 경상이익의 41% 수준이었다. 2005년 삼성전자(주)는 7조6,402억 원의 순이익을 냈는데, 이는 상장기업 전체 당기순이익의 약 18%에 해당하는 규모다. 따라서 이와 같은 기업 간 양극화 현상은 전통적인 의미의 대기업-중소기업 간의 양극화보다 더 심각한 수준이라고 할 수 있다(조영철 2006).

삼성전자(주)의 경우를 좀 더 살펴보자. 삼성전자(주)는 우리나라 전체 수출액의 16.3%, 국내총생산(778조4,450억 원)의 7.4%, 2005년 6월 말 주식시장 시가총액(약 468조 원)의 17.2%(우선주 포함 80조5,178억 원)를 차지하고 있다.[7] 외환금융위기 이전인 1995년 시가총액의 6.4%에 불과했던 것에 비하면 그 비중이 크게 상승한 것이다.

---

[7] 2004년 4월 13일 삼성전자의 시가총액은 100조5,170억 원(우선주 포함)을 기록해 최초로 100조 원을 넘어선 적이 있다. 이 규모는 당시 주식시장 시가총액의 24.8%에 해당한다. 당시 제너럴 일렉트릭(GE)의 시가총액이 3,187억 달러, 마이크로소프트(MS)가 2,764억 달러였지만 각각 증권시장에서 차지하는 비중은 2%와 10% 정도였다.

표 2-10 삼성전자(주)의 사업부별 매출액과 수출액 비중 〈단위 : 억 원, %〉

사업 부문	주요 상품 및 제품	2004년					수출액 (2003)	수출액 (2002)
		매출액	수출액	사업부별 비중	사업부별 수출 비중 (총매출액 대비)	사업부별 수출 비중 (총수출액 대비)		
디지털 미디어	CTV, 모니터, 컴퓨터 등	80,276	52,914	13.9	9.2	11.1	50,198	57,053
정보통신	HHP, 시스템 등	189,359	156,099	32.9	27.1	32.8	106,510	76,177
반도체	SYSTEM-LSI, Memory, HDD 등	182,248	170,389	31.6	29.6	35.8	118,282	106,580
LCD	TFT-LCD	86,887	79,206	15.1	13.7	16.6	48,011	28,411
생활가전	에어컨, 냉장고, 세탁기 등	32,589	17,024	5.7	3.0	3.6	18,971	18,787
기타	S/W 등	4,965	324	0.8	0.1	0.1	362	372
합계		576,324	475,956	100.0	82.6	100.0	342,334	287,380
전체 매출액							435,820	398,131

출처 : 삼성전자(주) 2004 회계연도 사업보고서 및 감사보고서.

삼성전자(주)는 1969년 설립 이래 텔레비전이나 냉장고 같은 가전제품으로 성장 기반을 마련하고, 1974년 12월 한국반도체 인수를 통해 일대 전기를 마련했다. 이어 1988년 11월에는 삼성반도체통신(주)을 통합해 오늘날의 삼성전자가 되는 길을 열었다. 삼성전자(주)는 반도체 사업 이외에도 디지털미디어 사업, 휴대전화 등 정보통신 사업, LCD 사업, 생활가전 등 총 6개 사업부가 있다.

이 중 반도체 사업과 정보통신 사업부가 각각 기업 전체 매출의 30% 정도를 점하고 있다. 2004년 기준 기업 전체 수출액의 35.6%를 차지하는 반도체 사업부는 1994년부터 우리나라 수출의 10% 이상을 차지하며 1980~90년대 고속성장을 이끌었다. 또 휴대폰 등 정보통신기기는 외환금융위기 이후 침체에 빠진 한국 경제를 그나마 유지시킨 주요 수출 상품이다. 2004

년 말 기준으로 총 43조8,170억 원의 자산을 보유한 삼성전자(주)는 57조 6,324억 원의 매출, 10조7,870억 원의 순이익을 기록했다. 1995년에는 개별 기업으로는 엄청난 규모인 2조5,000억 원의 순이익을 내기도 했다. 이는 삼성전자가 창업한 이래 26년 동안 벌어들인 순이익 합계 1조7,354억 원보다 많은 것이었다. 이후 순이익은 감소했지만 1999년 3조1,700억 원, 2002년 7조520억 원을 기록했다. 한편 삼성전자의 수출액은 416억 달러(47조5,956억 원)로 우리나라 전체 수출액 2,538억 달러의 16.3%를 점하고 있다.

이러한 현상을 두고 일각에서는 삼성전자(주)가 재계 4위 그룹으로 부상하고 있다는 평가를 내리기도 한다. 실제로 삼성전자(주)의 2004년 매출액은 우리나라 대규모 기업집단 중 매출액 순위 4위인 SK 재벌을 추월하는 규모다. 당기순이익과 시가총액은 삼성전자(주) 자신이 포함된 삼성재벌에 이어 2위다. 2004년 말 43조8,170억 원의 자산 규모는 공정거래위원회에서 발표하는 출자총액제한 및 상호출자제한 기업집단 자산 순위로 국내 6위의 그룹에 해당한다.

동시에 그룹 내에서 삼성전자(주)가 차지하는 위상도 계속 높아지고 있다. 그룹 전체 매출액에서 전자 관련 계열사들이 차지하는 비중은 1987년 22%, 1996년 29.8%, 2000년 34.8%로 상승하다가, 2004년 말 절반을 넘어 54.9%를 차지했다. 순이익은 그룹 전체 13조7,540억 원의 78.4%나 된다.

자산 규모나 수익성에서 세계 유수기업들과 경쟁하는 글로벌 기업으로 성장한 삼성전자(주)라는 개별 기업이 경제 전체에 미치는 영향력 증대는 한때 우리 경제에 실물경제 착시 현상을 일으키는 주요 원인으로 지목되기도 했다. 실물경제 착시 현상이란 반도체 산업에 대한 의존도가 높은 상황에서 반도체 생산 호조로 경제성장률이나 제조업가동률 등 실물경제 지표

표 2-11 삼성전자(주)와 주요 대규모 기업집단 규모 비교(2004년 말 기준) 〈단위 : 10억 원〉

자산총액	자본총액	매출액	당기순이익	시가 총액	부가가치
삼성 (91,494)	한전 (64,171)	삼성 (105,005)	삼성 (13,754)	삼성 (116,035)	삼성 (19,367)
한전 (98,307)	삼성 (60,998)	현대자동차 (64,850)	삼성전자 (10,787)	삼성전자 (91,575)	LG (12,594)
현대자동차 (54,493)	삼성전자 (34,440)	LG (63,082)	LG (5,500)	LG (31,500)	삼성전자 (12,573)
LG (50,836)	현대자동차 (26,793)	삼성전자 (57,632)	SK (4,508)	SK (27,519)	현대자동차 (12,191)
SK (47,423)	LG (24,976)	SK (54,242)	한전 (4,477)	현대자동차 (32,054)	SK (10,270)
삼성전자 (43,817)	SK (19,991)	포스코 (26,674)	포스코 (4,042)	한진 (4,932)	한진 (6,082)

주 : 시가 총액은 2005년 7월 21일 종가 기준. 부가가치는 2003년 말 기준.

는 양호하지만 반도체 가격 하락으로 지표와 다른 실물경제 현상을 경험하게 되는 것을 말한다. 예를 들면, 1차 반도체 가격 폭락으로 수출은 증가했지만 가격 하락 때문에 전체 수출액은 줄어 무역수지는 오히려 악화되었다. 특히 1996년 이후 생산량 증대에 따른 반도체 가격의 지속적인 하락은 교역 조건 악화를 초래하고 이는 실물지표(예컨대 국내총생산GDP)와 체감지표(예컨대 국민총소득GNI) 간 괴리를 확대하면서 체감경기를 더욱 악화시킨다. 예전에 비하면 삼성전자(주)의 반도체 의존 비중은 낮아졌지만 삼성전자(주)의 비중 확대는 경제 전체나 금융시장의 각종 지표에 착시 현상을 유발하고 특정 기업의 영업 성과에 의해 경제 시스템 전체가 좌우되는 결과를 초래할 수도 있다.

2. 재벌의 소유구조와 소유·지배의 괴리

　재벌들의 경제력 집중은 재벌들의 계열사 간 출자를 통한 사업 확장 등에 의한 것이었는데, 이 계열사 간 출자는 각 계열사 소유구조에 필연적으로 영향을 미친다. 즉, 총수 및 총수 일가 등 지배주주가 적은 소유권으로 소유권보다 훨씬 더 많은 의결권을 행사함으로써 계열사를 지배할 수 있는 것이다. 계열사 간 출자를 통해 다수의 계열사 지배가 가능한 이러한 소유구조로부터 이른바 '소유와 지배의 괴리' 현상이 나타난다.

　이런 점에서 '소유와 지배의 괴리'와 '경제력 집중'이라는 표현은 모두 특정 개인이나 가족이 계열회사 출자를 이용해서 적은 지분으로 많은 기업을 지배하는 현상을 의미한다. 다만 '경제력 집중'은 개인이나 가족이 많은 기업을 절대적으로 지배한다는 것을 강조하는 것에 비해, '소유와 지배의 괴리'는 개인이나 가족이 적은 지분으로 다수의 계열기업을 절대적으로 지배한다는 것을 강조하기 위한 표현이다. 따라서 경제력 집중과 소유지배 괴리는 모두 계열회사 간 출자를 매개로 하고 있다는 점에서 동전의 양면과 같은 것이다(김진방·송원근 2006). 이하에서는 우리나라 재벌 그룹들의 계열사 간 출자 현황과 소유지배 괴리도, 그리고 계열사 간 상품의 내부거래 등을 중심으로 재벌기업의 소유지배와 계열사 간 거래 현황을 살펴본다.

1) 계열사 간 출자 현황

　공정거래위원회가 매년 발표하는 자료[8]를 통해 재벌들의 출자 현황을 살펴보자. 〈표 2-12〉는 2001년 4월 이후 출자총액제한 기업집단 중 공기업 등을 제외한 '총수 있는 재벌'들의 출자액과 출자 비율을 정리한 것이다.

우선 출자총액 규모를 보면 2006년 4월 출자총액제한 기업집단의 출자액은 약 32조 원에 이른다. 출자총액의 증감 등 변동 추이는 해마다 대상 집단의 수가 변동하기 때문에 별다른 의미가 없다.[9] 그러나 출자 비율은 2001년 36.9%에서 2004년 22.8% 수준으로 하락했다가 2005년에 다시 29.0%로 상승했다. 그리고 출자총액집단 중 상위 5대 재벌이 차지하는 비중은 2002~03년에는 전체의 절반을 밑돌았으나, 이후 3분의 2 이상을 넘기 시작해 2006년에는 77.8%에 달할 만큼 비중이 높아지고 있다.

재벌별로는 2001년과 2002년에는 SK 재벌의 출자총액이 가장 많았고, 출자 비율도 대상 기간 내내 30%를 웃돌고 있다. 삼성재벌은 매년 6조 원 이상을 계열사 출자에 동원하고 있고, 2006년에는 그 금액이 8조 원을 넘었다. 그러나 삼성재벌의 출자 비율은 다른 재벌들에 비해 낮은 편이어서 10% 초반 대를 유지하고 있다.

그러나 공정위의 자료는 출자총액제한제도의 대상 기준이 다르고, 또 2002년 이후에는 동 제도의 졸업 요건 등을 도입함으로써 자료를 공표하는 재벌들이 해마다 달라지는 문제가 있어 출자총액 및 출자 비율에 관한 연도별 자료를 안정적으로 확보할 수 없다. 또 공정거래위원회 발표상의 출자액 중 예외 적용을 받는 금액들은 출자 비율 추계 시에 고려되지 않는다. 더구나 출자 비율을 계산함에 있어서 나누는 수(분모) 기준에도 변화가 있

---

8 공정거래위원회의 출자 현황 자료는 2001년 4월까지는 30대 기업집단을 대상으로 작성되었고, 그 이후는 자산총액 5조 원 혹은 6조 원 이상의 기업집단을 대상으로 작성되었다.

9 2005년 4월, 10대 기업집단 중에서 졸업요건을 충족하여 공정거래위원회의 출자현황자료에서 제외된 기업집단은 삼성, 롯데, 현대중공업, 한진 등 4개다.

기업집단	2001년 4월		2002년 4월		2003년 4월		2004년 4월		2005년 4월		2006년 4월	
	총액	비율	총액	비율	총액	비율	총액	비율	총액	비율	총액	비율
삼성	6,240.3	21.58	6,218.4	18.22	6,274.3	15.29	6,060.5	12.64			8,000.5	12.77
LG	7,515.0	46.75	5,965.0	35.31	4,336.3	24.28	4,320.3	22.57	201.7	26.66	135.7	17.54[2]
SK	10,408.0	64.34	6,459.2	38.10	4,975.3	33.65	5,423.5	38.42	5,459.1	33.38	7,117.4	35.17
현대자동차	3,834.9	31.99	3,565.9	24.30	3,972.0	22.83	4,822.7	21.71	5,246.9	21.64	5,462.8	19.52
한진	1,007.5	15.93	1,036.9	18.38	1,066.4	18.05	880.3	14.18				
롯데											2,224.3	13.29
현대	5,042.1	46.18	1,216.6	95.70	550.6	27.99	425.9	41.31	431.3	38.86	429.1	23.62
금호(아시아나)	1,277.7	51.58	1,304.0	71.30	1,320.9	82.08	1,569.2	65.99	1,528.2	52.08	1,800.5	52.14
현대중공업			1,826.4	59.46	1,852.9	57.72	1,363.6	35.40				
한화	1,830.1	51.09	1,825.2	76.74	2,702.1	99.40	2,730.9	86.55	2,736.9	73.29	2,608.0	66.52
두산	1,291.7	34.19	1,344.1	49.57	1,467.4	57.23	1,612.2	60.58	1,166.1	39.55	492.6	124.68[3]
동부	389.2	22.30	526.5	30.63	730.5	29.80	806.7	32.30	765.3	29.32	865.2	34.58
현대정유	161.0	15.28	110.3	9.00								
대우건설							290.6	14.78				
신세계							247.1	11.98				
LS전선							382.3	19.16				
GS									403.1	18.57	361.1	15.22[2]
CJ											634.0	42.44
대림											1,231.4	38.95
하이트맥주											1,295.9	62.45
상위 5대 계	33,040.3	39.30	24,034.9	28.04	22,259.9	23.73	23,358.0	21.91	16,137.3	32.13	25,412.9	19.32
상위 5대 비중		70.5		43.7		43.4		66.6		73.4		77.8
합계[1]	46,874.4	36.90	55,015.7	27.55	51,280.8	25.34	35,086.7	22.67	21,995.4	28.98	32,658.5	21.84

주 : 1) 2001년은 5조 원 이상, 2002년 이후는 각 년도 출자총액제한 기업집단의 출자총액임.

2) GS, LG는 지주회사·자회사·손자회사를 모두 제외한 후 계산된 수치로서 당해 기업집단 전체의 출자 비율이 아님.

3) 두산의 출자 비율은 지배구조 모범 기업으로 출자규제를 받지 않게 된 (주)두산 등 4개사(두산 전체 순자산의 89.6%를 차지)를 제외한 것으로 기업집단 전체의 출자 비율이 아님.

4) 출자 비율은 순자산 대비 비율임.

5) 출자총액제한제도 적용 제외(금융·보험회사, 지주회사, 회사 정리 절차 등 진행 중인 회사) 미포함.

출처 : 공정거래위원회(2001~06년).

었다. 즉, 1998년 4월의 순자산액과 그 이후의 순자산액은 그 내용이 다르
다. 1998년 4월 기준 순자산액은 자본총계에서 계열회사의 출자금액을 뺀

표 2-13 상위 9~11개 재벌의 취득가 기준 출자 현황 〈단위 : 10억 원, %, 매년 4월 기준〉

	1998년	1999년	2000년	2001년	2002년	2003년	2004년
순자산액	40,487	60,883	106,621	101,988	103,065	115,392	130,606
출자총액	11,282	20,170	35,507	38,837	33,104	36,795	37,379
출자 비율	27.87	33.13	33.30	38.08	32.12	31.89	28.62

주 : 합계 및 평균의 계산에 포함된 그룹은 삼성, 현대, 현대자동차(2001년 4월 이후), 현대중공업(2002년 4월 이후), LG, SK, 한진, 한화, 금호, 두산, 동부 등 9~11개다. 1998년 4월과 1999년 4월의 순자산액은 공정거래위원회 자료를 수정한 것이며, 2002년 이후 출자 현황은 공정거래위원회 통계에는 제외된 LGCI, LG, SK네트웍스를 포함해서 다시 계산한 것이다.
출처 : 김진방·송원근(2006).

금액이고, 2002년 4월과 그 이후 순자산액은 자본총계와 자본금 중 큰 금액에서 계열회사의 출자금액을 뺀 금액이다(김진방·송원근 2006). 이러한 문제 때문에 1998년 4월~2004년 4월까지 7년간 빠짐없이 출자 현황 자료에 포함된 9~11개 재벌의 출자 현황을 다시 정리하면 〈표 2-13〉과 같다.

우선 상위 9~11개 기업집단의 출자총액을 보면 1998년에서 2000년 사이에 크게 증가했다. 이 시기는 출자총액제한제도가 폐지되었던 기간으로, 출자총액제한제도가 폐지되지 않았더라면 출자총액이 그 정도로 증가하기 어려웠을 것이다. 반면에 출자 비율은 1998년 4월 27.9%에서 2000년 4월 33.3%로 조금밖에 상승하지 않았다. 이것은 출자총액의 증가에도 불구하고 순자산액의 크기가 더 빠르게 증가했기 때문이다. 이후 순자산액의 감소 등으로 인해 2001년 4월 28.1%까지 출자 비율이 상승하다가 2002년 4월의 32.1%로 하락했다. 그리고 2003년 4월의 31.9%와 2004년 4월의 28.6%로 하락했다.

2) 순환출자 현황

우리나라 재벌들의 계열사 간 출자에서 주목할 점은 계열사 간 순환출자다. 이 순환출자는 독점규제 및 공정거래에 관한 법률(이하 공정거래법)에 의해 금지된 계열사 간 직접 상호출자를 피하기 위한 방법으로서 외부 자금이 기업집단으로 전혀 유입되지 않은 상태에서 가공 의결권을 생성하고, 이 가공 의결권을 지배주주가 행사하고 지배하는 방식의 출자다. 통상적인 의미에서 계열사 간 출자가 기업집단 외부로부터 특정 계열사에 출자된 자본이 여러 계열사를 거치면서 최종적으로 한 계열사에 머무는 것이라는 점에서 본다면, 순환출자는 일반적인 계열사 출자와 차이가 있다(임영재 2006).

공정거래위원회에 따르면 2006년 4월 출자총액제한 기업집단인 자산 6조 원 이상 재벌(18개) 중 계열사 간 순환출자가 형성되어 있는 집단은 11개이며 자산 6조 원 미만 기업집단(23개)에서는 네 개다(공정거래위원회 2006b). 출자총액제한 기업집단 소속 기업집단의 대부분이 순환출자 고리를 형성하고 있다는 것은 규모가 큰 기업집단일수록 계열사 간 순환출자로 인해 출자관계가 복잡하게 얽혀 있다는 것을 말해 준다. 뿐만 아니라 이들 순환출자 고리에 금융보험 계열사들이 동원되고 있으며(삼성, 현대자동차, SK 등), 순환출자가 아니더라도 금융계열사를 이용한 계열사 출자도 많다.[10]

2004년 4월과 2005년 4월의 순환출자 예를 몇 개 재벌의 사례를 통해 알아보자. 먼저 삼성재벌은 비교적 다른 재벌들에 비하면 순환출자가 비교적 적은데, 2004년까지 이재용이 25.1%의 지분을 소유하고 있는 삼성에버

---

[10] 금융보험계열사의 출자와 관련해서는 제2장의 제4절에서 더 상세하게 논의하고 있음.

년도	출자총액제한 기업집단	상호출자제한 기업집단	합계
2004년 4월	삼성, 현대자동차, SK, 한진, 한화, 현대중공업, 금호아시아나, 두산, 동부, 현대	롯데, 동양, 대림, 현대백화점, 한솔, 영풍	16개
2005년 4월	삼성, 현대자동차, SK, 한진, 한화, 현대중공업, 금호아시아나, 두산, 동부, 현대	롯데, 동양, 대림, 현대백화점, 한솔, 영풍	16개
2006년 4월	삼성, 현대자동차, SK, 롯데, 한진, 현대중공업, 한화, 두산, 동부, 현대, 대림	동양, 현대백화점, 영풍, 한솔	15개

출처 : 공정거래위원회.

랜드를 사실상의 지주회사로 하고 삼성생명, 삼성물산, 삼성전자, 삼성SDI 등 주요 계열사를 동원해 순환출자 고리를 형성했다(공정거래위원회 2004g; 2005c; 2006b). 2005년에는 삼성에버랜드를 대신해 삼성카드가 사실상의 지주회사 역할을 하고 있다.

뿐만 아니라 순환출자 고리가 더 많아지고 복잡해지는 추세에 있다. 이는 삼성카드의 삼성캐피탈 합병, 그리고 삼성카드 유상증자에 금융 부문을 비롯한 계열사들이 대거 참여했기 때문이다[11]. 무엇보다 중요한 변화는 2004년에 비해 2005년에는 상장계열사 개입 없이도 순환출자가 가능한 고리가 추가로 만들어졌다는 것이다. 삼성전자(주)에 대한 경영권 위협에 대응해 비상장계열사만의 순환출자를 형성하고, 이를 통해 이건희-이재용으로 이어지는 삼성재벌의 경영권을 지키려는 의도를 엿볼 수 있는 대목이다.

---

[11] 총 1조2,000억 원으로 삼성전자 5,576억 원, 삼성생명 4,173억 원, 삼성전기 567억 원, 삼성물산 378억 원이다(『이데일리』 2005/03/11).

〈단위 : %〉

2004년 4월 1일
이재용
25.10
삼성카드
14.00
에버랜드
4.00
11.64
1.48
56.08
삼성캐피탈
19.34
75.04
삼성생명
7.08
4.81
삼성물산
4.66
3.94
삼성전자
19.97
삼성SDI

2005년 4월 1일
46.85
삼성카드
3.18
35.06
25.64
에버랜드
25.10
이재용
1.48
4.00
75.04
19.34
삼성생명
0.60
4.80
삼성물산
7.23
4.02
7.42
삼성전자
20.38
삼성SDI
23.69
삼성전기
상장
비상장

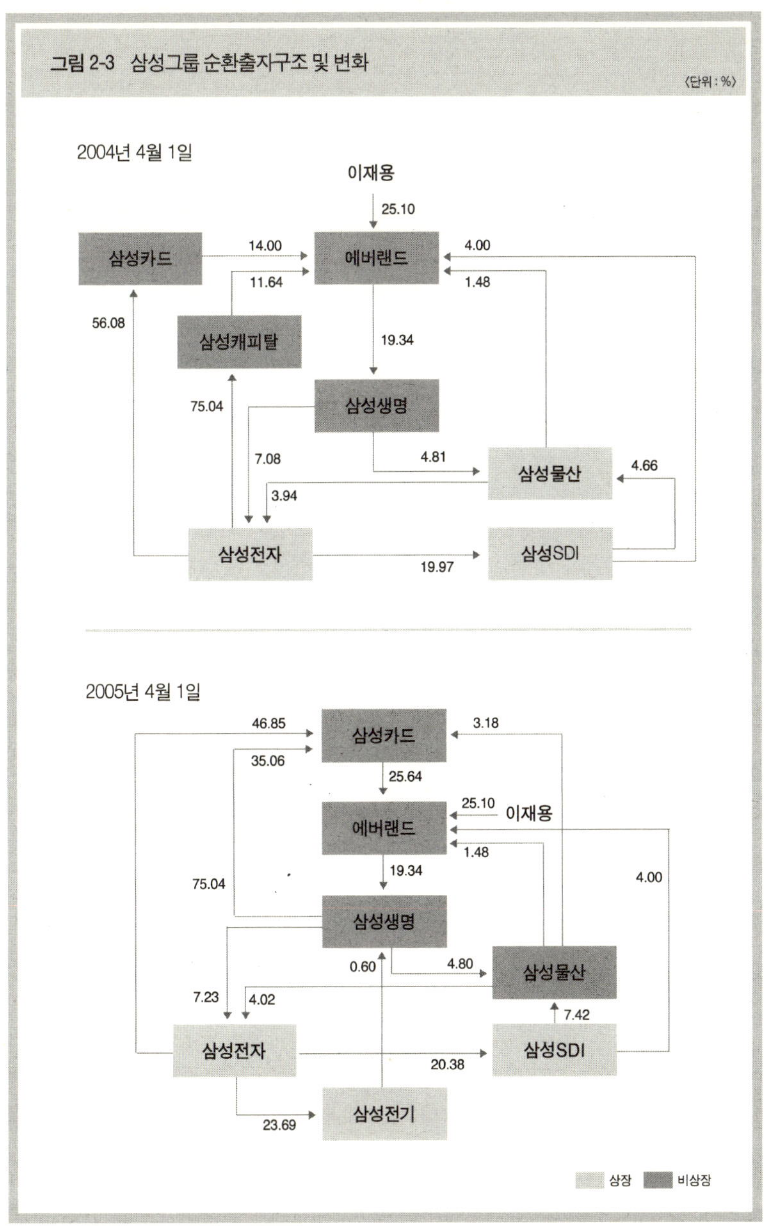

그림 2-4 SK그룹 순환출자구조 및 변화
〈단위 : %〉

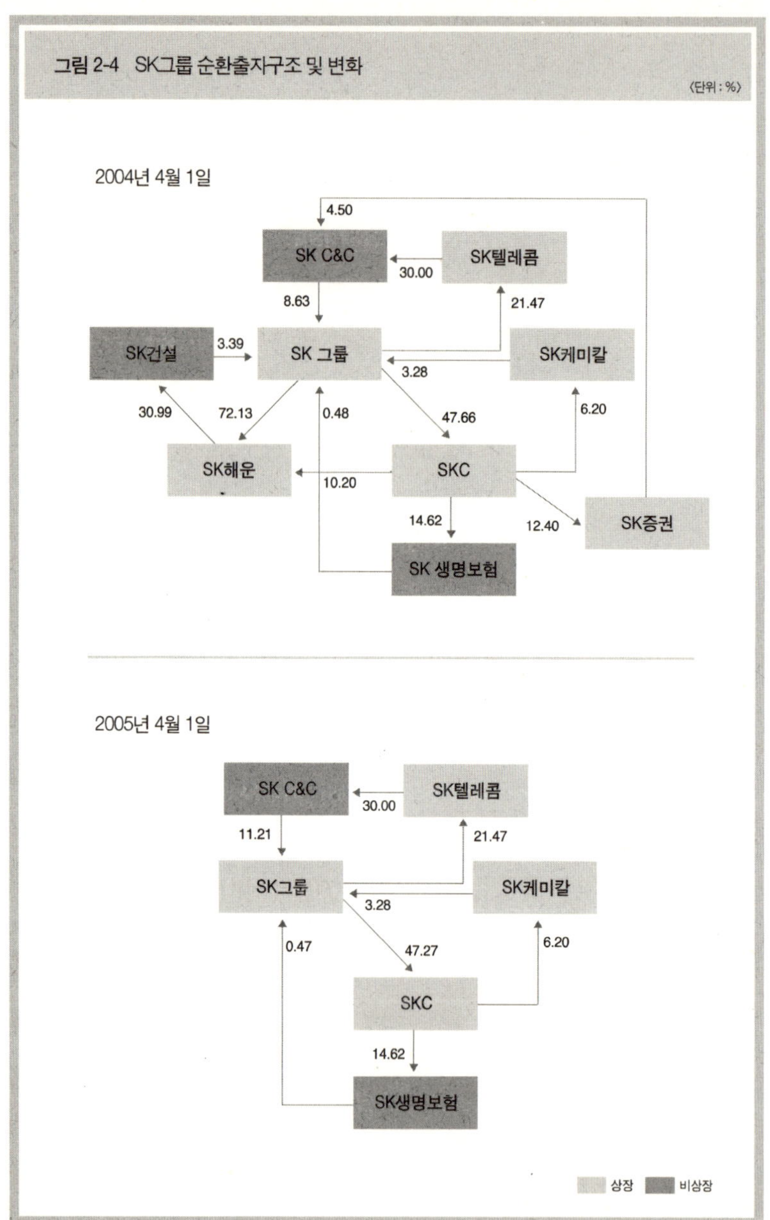
2004년 4월 1일
4.50
SK C&C
SK텔레콤
30.00
8.63
21.47
SK건설
3.39
SK 그룹
SK케미칼
3.28
30.99
72.13
0.48
47.66
6.20
SK해운
10.20
SKC
14.62
12.40
SK증권
SK 생명보험

2005년 4월 1일
SK C&C
SK텔레콤
30.00
11.21
21.47
SK그룹
SK케미칼
3.28
0.47
47.27
6.20
SKC
14.62
SK생명보험

상장   비상장

다음으로 SK 재벌의 경우를 보면 SK해운과 SK건설을 통한 순환출자구조가 사라지는 등 2004년 4월에 비해 2005년에 더 순환출자 구조가 더 단순해졌다. 또 2004년 SK증권과 SK생명 등 두 개의 금융계열사가 순환출자에 관여하고 있던 것이 2005년에는 SK증권을 통한 순환출자 고리가 사라졌다. 순환출자지분의 크기 변화를 보면, SK C&C가 보유하고 있는 SK(주)의 지분이 2.58% 더 증가한 것 이외에 다른 순환출자 고리 상의 지분 크기의 변동은 큰 변화가 없다. 〈그림 2-4〉에는 나타나지 않았지만 2006년 4월에는 그 구조가 더욱 단순해져서 SK(21.47%) → SK텔레콤(30.0%) → SK C&C(11.16%) → SK로 이어지는 구조와 SK(40.97%) → SK네트웍스[12](1.32%) → SK C&C(11.16%) → SK로 이어지는 두 개의 구조로 변화했다.

SK재벌의 순환출자 고리의 감소는 SK글로벌(주)의 분식회계 사건, 소버린과 사이에 벌어졌던 경영권 분쟁을 겪으면서, 복잡한 지배구조를 단순화하고 더욱 투명하게 해야 한다는 주주들의 요구나 압력에 대한 나름의 반응이라 볼 수 있다. 그러나 다른 재벌들에 비해 의결권 승수가 가장 높았던 (평균 소유지분의 15배 이상) SK재벌로서는 그룹 총수 및 계열사의 타 계열사에 대한 적은 소유지분[13] 때문에 생긴 취약한 지배력이 더 문제였을 것이다. 뿐만 아니라 정부의 순환출자 규제가 강화되려는 상황에서, 지주회사 전환 등을 통해 정부 규제를 피하면서도 총수의 지배력을 유지할 수 방법을 모색하기 시작했고, 따라서 순환출자의 단순화는 본질적으로 총수 지배력을

---

12 옛 상호는 SK상사, SK글로벌임.

13 2003년 말 기준으로 SK 재벌의 58개 계열사가 발행한 주식 중에서 총수 일가의 몫은 2.1%에 불과하다. 현대(현대자동차와 현대중공업 포함) 8.0%, LG 7.8%보다 아주 낮고, 삼성의 4.7% 수준보다도 더 낮다(김진방 2005).

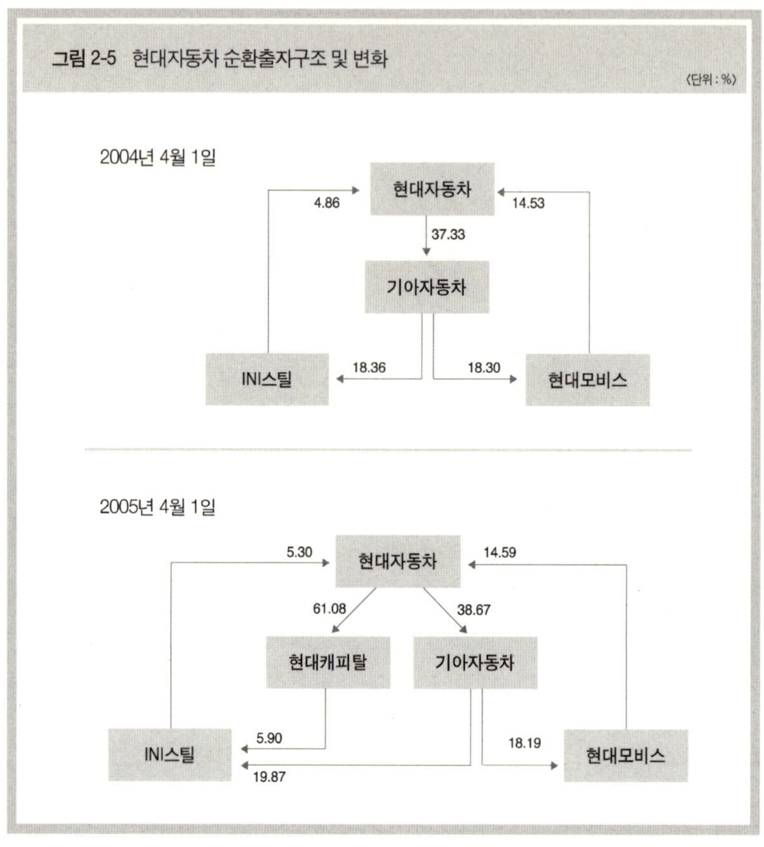

유지하려는 일련의 시도 가운데 하나인 것이다.

현대자동차의 순환출자 구조는 삼성이나 SK보다 비교적 단순한 편이다. 그러나 2004년에서 2005년 사이에 생긴 가장 큰 변화는 순환출자 구조에 현대캐피탈(주)이 새롭게 참여함으로써 환상형 고리가 하나 더 늘었다는 점이다. 현대자동차는 현대캐피탈 지분 61.08%를 보유하고 있으며, 현대캐

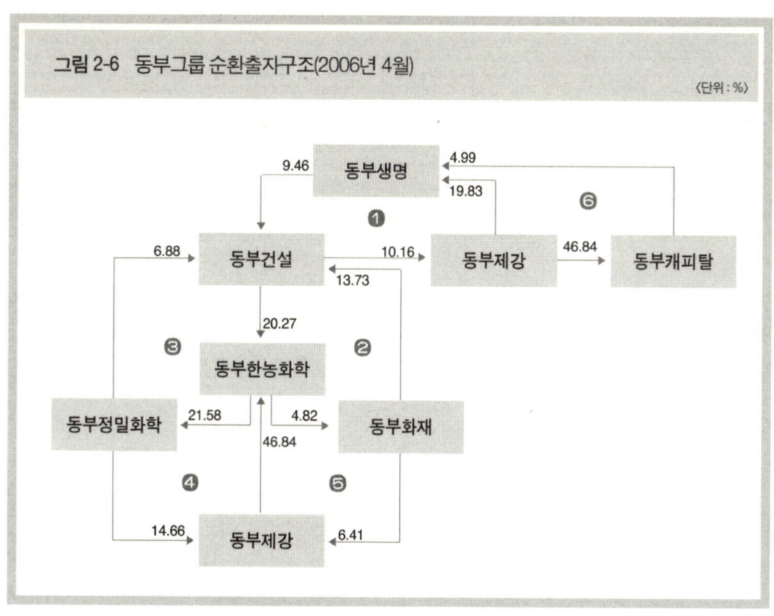

피탈은 INI스틸의 주식 5.9%를, INI스틸은 다시 현대자동차 주식 5.30%를
보유하는 식으로 금융계열사를 동원한 순환출자 고리를 새롭게 형성한 것
이다. 이러한 구조는 2006년에도 커다란 변화가 없이 계속되었다.

　동부그룹의 순환출자 구조는 2004년과 2005년에 비해 2006년에 더욱
복잡해진 대표적인 사례다. 즉, 2005년까지는 ①②③의 순환출자 고리만
이 존재했으나 2006년 4월(2005년 말 소유지분 기준)에는 ④⑤⑥의 새로운
순환 고리가 만들어짐으로써 모두 6개의 순환출자 고리가 형성되었다. 또
기존의 동부생명보험과 동부화재에 더해 동부캐피탈이 순환출자 고리에
추가로 참여했다.

구분	년도	총수 일가			총수 일가 이외			내부 지분율
		총수	친인척	소계	계열사	기타	소계	
상호출자제한 기업집단	2004	1.95	2.66	4.61	41.71	2.76	44.27	49.08
	2005	2.01	2.92	4.94	43.98	2.30	46.28	51.21
	2006	2.07	2.98	5.04	43.80	2.40	46.20	51.24
출자총액제한 기업집단	2004	1.48	1.93	3.41	40.05	2.79	42.84	46.25
	2005	1.83	2.82	4.64	40.69	1.80	42.49	47.14
	2006	1.42	2.25	3.67	44.06	1.87	45.93	49.60

주 : 각 년도 4월 1일 기준이며, 기타는 임원, 비영리법인, 자사주 등임.
출처 : 공정거래위원회.

3) 재벌의 소유구조

순환출자를 포함한 재벌 계열사 간 출자는 각 재벌에 속한 계열사들의 소유구조를 결정한다. 물론 개별 기업 차원에서 소유 지분의 분포는 계열사 지분뿐만 아니라 총수 및 가족, 임원, 비영리법인, 그리고 자사주 등에 의해서도 결정된다.

공정거래위원회에 따르면 2006년 4월 총수 있는 상호출자제한 기업집단(41개)의 경우, 총수 일가는 평균 5.04%의 지분을 가지고 기업집단 전체를 지배하고 있는데 이것은 2004년의 4.61%에 비하면 다소 높아진 수치다. 이에 비해 출자총액제한 기업집단(14개)의 경우, 총수 일가 지분은 3.67%, 내부지분은 49.60%로 2005년(4.64%, 47.14%)에 비해 총수 일가 지분은 0.97%p 줄고 내부지분은 2.46%p 증가했다. 내부지분의 증가는 총수 지분이 줄어든 대신 계열사 지분이 늘었기 때문이다. 이는 2004년에서 2005년 사이의 변화와는 상이한 결과다. 즉, 2004년에서 2005년에도 똑같이 내부

기업집단	동일인(B)	특수관계인(C)	소속회사(D)	자기주식(E)	내부지분율(B+C+D+E)
삼성	0.60	8.80	34.70	1.62	45.72
현대	1.82	10.17	27.90	2.77	42.67
현대자동차	2.64	0.36	44.10	2.35	49.46
LG	0.58	9.23	31.15	2.03	42.98
SK	4.24	6.79	43.16	1.42	55.61
두산	1.19	12.21	37.29	6.24	56.93
롯데	0.69	5.96	28.81	0.05	35.50
동부	6.55	8.13	34.01	2.08	50.77
한진	4.02	10.60	23.44	5.19	43.25
한화	2.99	5.47	30.54	1.47	40.47
금호아시아나	0.50	8.40	40.40	2.20	51.50

주 : 현대자동차는 2001년 4월 이후 평균임.
출처 : 공정거래위원회.

지분율이 증가했는데(46.25 → 47.14%), 계열사 등 총수 이외의 지분은 감소한 대신 총수 일가의 지분이 1.23%p 증가했다.

　이 중에서 삼성은 총수 지분(0.29%)과 일가 지분(0.85%)이 아주 낮은 재벌이다. 삼성을 포함해 SK, 하이트맥주, 현대, 한화 등은 총수 일가 지분이 낮은 기업집단이고, 중앙일보, 농심, 한국타이어, 대한전선, 부영 등은 총수 일가 지분이 모두 30%를 웃도는 기업집단이다.

　주요 재벌 대상으로 내부지분율, 혹은 의결지분율의 연도별 변화를 살펴보자. 〈표 2-16〉은 1995년 4월~2006년 4월까지 주요 재벌의 내부지분율 평균으로, 삼성과 LG, 롯데, 금호아시아나 등은 총수 즉 동일인 지분이 1% 미만이다. 반면, 총수지분율이 가장 높은 재벌은 동부이며, SK, 한진, 한화 등이 그 뒤를 잇고 있다. 한편 계열사지분율의 경우 현대자동차, SK, 금호아시아나가 비교적 높다.

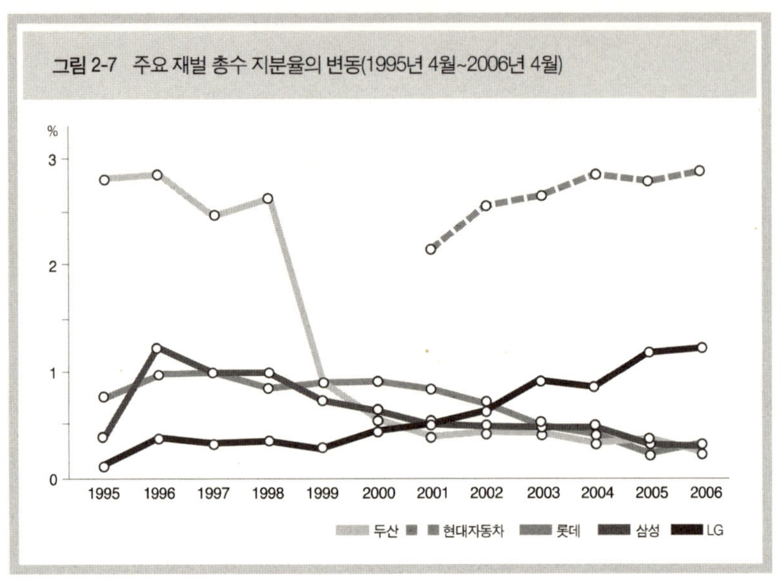

<그림 2-7>은 내부지분율을 구성하는 총수지분율의 연도별 변화이다. 현대자동차와 LG그룹은 분석 기간 총수지분율이 상승한 데 비해 삼성, 두산, 롯데 등은 하락했다. 그림에는 표시하지 않았지만 SK그룹은 총수지분율의 하락폭이 가장 컸고(10.9% → 0.7%), 동부(11.2% → 5.9%), 한진(7.5% → 3.9%), 한화(3.6% → 1.9%) 등도 총수지분율의 하락폭이 상당히 큰 재벌이다.

4) 소유지배 괴리도

2006년 4월 총수 있는 상호출자제한 기업집단(41개)의 소유지배 괴리도[14]는 30.55%p, 의결권 승수는 6.71배다. 2005년 4월의 31.21%p, 의결권

표 2-17 대기업집단의 소유지배 괴리도/의결권 승수 현황 〈단위 : %〉

기업집단	소유지분율(A)			의결지분율(B)			소유지배괴리도(B-A)			의결권 승수		
	2004	2005	2006	2004	2005	2006	2004	2005	2006	2004	2005	2006
출자총액제한 기업집단 평균	5.69	6.49	6.36	36.42	41.73	37.65	30.73	35.24	31.28	8.61	8.57	7.47
상호출자제한 기업집단 평균	8.59	9.13	9.17	39.86	40.33	39.72	31.27	31.21	30.55	7.57	6.78	6.71

주 : 소유지분율은 전체 발생 주식에서 자사주·우선주·상호주를 제외한 의결권 있는 지분만을 기준으로 계산한 것이기 때문에 보통주 기준의 동일인 및 친족의 지분 합보다는 다소 높음.
　　의결권 승수는 B/A가 아니라 기업집단별 의결권 승수를 먼저 계산한 후 이를 각 기업집단의 자본 총계(또는 자본금)의 합으로 가중 평균한 것임.

승수 6.78배에 비해 줄어든 것이기는 하지만 대기업집단의 소유지배 괴리는 여전히 크다는 것을 말해 준다. 우리나라 재벌들은 총수 및 계열사가 실제로 소유한 지분의 약 7~8배에 달하는 의결권을 행사할 수 있다.

출자총액제한 기업집단의 경우, 2006년 4월(14개)의 소유지배 괴리도는 31.28%p, 의결권 승수는 7.47배로 더 높다. 이 역시 2005년보다 감소한 것이며, 상호출자제한집단보다 감소 폭은 더 컸다. 〈표 2-17〉은 2004년 이후 3년 동안 소유지배 괴리도와 의결권 승수의 변동을 나타낸 것인데, 우선 상호출자제한 기업집단의 경우 두 지표 모두 감소하는 경향을 보여 전반적으로 소유구조가 개선되고 있다고 평가할 수 있다. 그러나 출자총액제한 기

14 소유지배 괴리도는 의결권과 실제 출자지분의 차이를 말하며 지배주주의 사익 추구 유인이 얼마나 큰가에 중점을 두는 지표이다. 의결권 승수는 실제 출자지분에 비해 얼마나 많은 의결권을 행사하는가를 나타내는 지표로서, 의결권을 실제 출자지분으로 나눈 것으로서 실제 출자지분의 수준을 더 중시하는 개념이다. 개별 기업의 실제 출자지분이 4%이고 의결권이 40%라면 소유지배 괴리도는 36%(40%-4%)이며 의결권 승수는 10(40%÷4%)다. 기업집단일 경우에 의결권 승수는 개별 기업의 승수를 각 계열사의 자본총계로 가중 평균해 구한다(공정거래위원회 2003a).

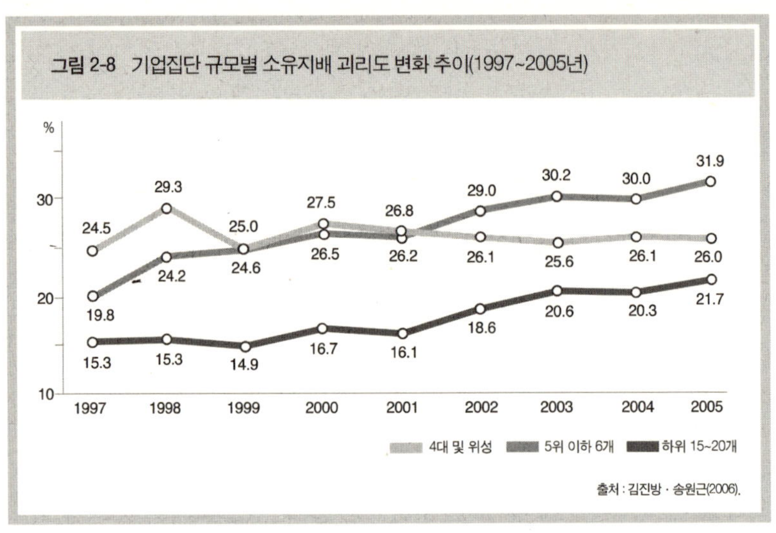

업집단의 경우에는 2004~05년 사이에 괴리도가 오히려 크게 증가했고, 2006년에 다시 감소했지만 2004년보다는 여전히 높다. 두 번째 특징은 두 집단 군을 비교할 때, 출자총액제한 기업집단의 소유지배 괴리도/의결권 승수가 상호출자제한 기업집단보다 크게 나타나 규모가 큰 기업집단일수록 소유지배구조 왜곡이 심하다는 것을 추론해 볼 수 있다.

소유지배 괴리도를 기업집단의 규모에 따라 4대 및 위성 기업집단, 5위 이하 6개 기업집단, 그리고 하위 15~20개 기업집단으로 구분하고 1997년 이후의 변화를 살펴보자. 세 그룹의 1997년 말과 2005년 말의 소유지배 괴리도 평균을 비교하면, 5위 이하 6개 기업집단이 가장 많이 상승했고(19.8 → 31.9), 하위 15~20개 기업집단은 그 다음으로 많이 상승했다(15.3 → 21.7). 이에 비해 4대 및 위성 기업집단이 가장 적게 상승했다(24.5 → 26.0).

우리나라 재벌의 높은 소유지배 괴리도는 총수 일가가 소유한 지분 크

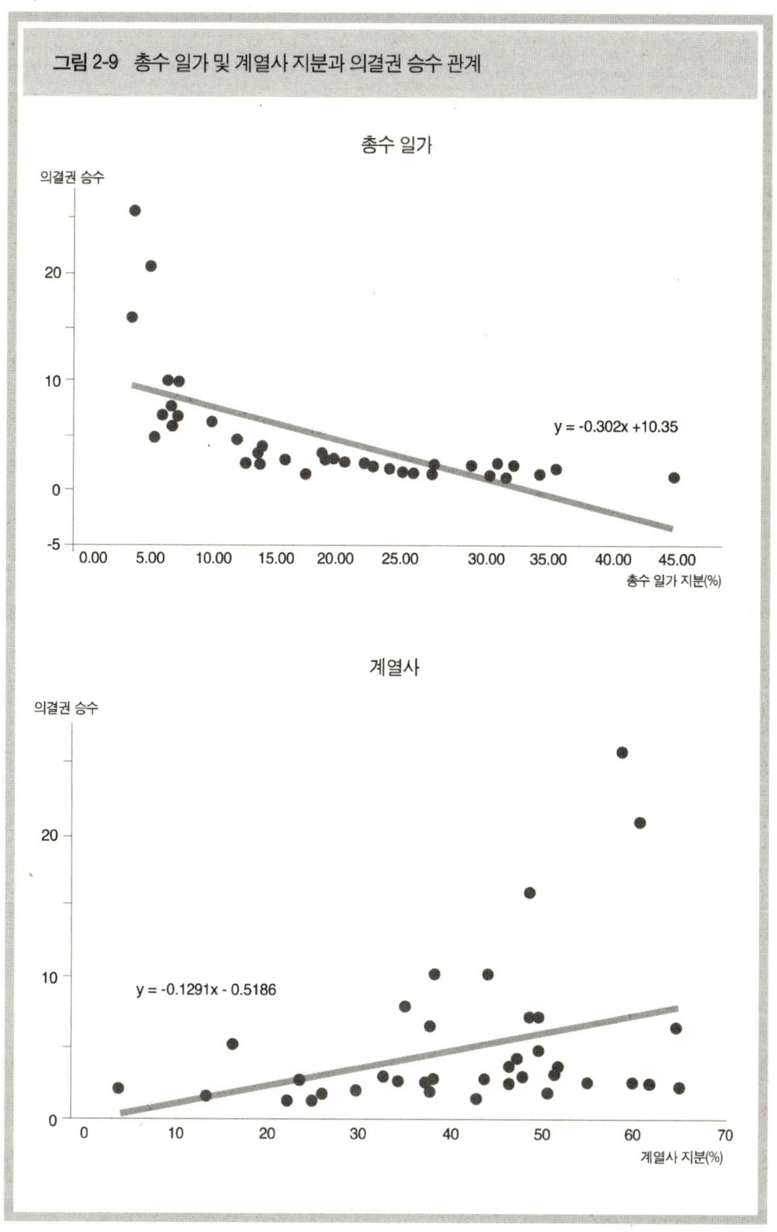

총수 일가
의결권 승수
y = -0.302x +10.35
총수 일가 지분(%)
계열사
의결권 승수
y = -0.1291x - 0.5186
계열사 지분(%)

의결권 승수	괴리도 25% 이하	25% 초과~29%	30~39%	40~49%	50% 이상
3배 이하	한진, 현대중공업, 신세계, LS, 효성, KCC, 현대산업개발, 한진중공업, 부영, 동양화학, 한국타이어, 중앙일보	동국제강, 삼양, 태영	GS, 세아, 태광, 대한전선, 농심, 대성	이랜드	
3~4배			금호, 동부, CJ, 대림, 하이트, 현대백화점	영풍	
5~9배	삼성, 현대	한솔	현대자동차, LG, 롯데	코오롱	
10~14배				한화, 두산, STX	
15~19배			SK		
20배 이상					동양

출처 : 공정거래위원회.

기가 작다는 사실에 기인한다. 예를 들면 2005년도 지정 상호출자제한 기업집단 38개의 경우, 총수 일가는 여전히 4.94%의 지분으로 그룹 전체를 지배하고 있다. 이 총수 일가 지분에 계열사지분율을 더한 내부지분율은 51.21%인데 이는 2004년에 비해 각각 0.33%p, 2.12%p 증가한 것으로 계열사지분율이 총수 일가 지분율보다 조금 더 높아졌다. 또 이들 기업집단의 소속 계열사 835개 중 총수 및 친인척 지분이 전혀 없는 계열사도 502개나 됐다. 즉, 전체 계열사 수의 60.12%(2004년의 경우에는 347개 계열사로 전체의 66.0%)에 달하는 계열사에 대해 총수 일가는 지분을 전혀 소유하지 않고서도 이들을 지배하고 있는 것이다. 이와 같은 현상은 소유지배 괴리도와 의결권 승수는 대체적으로 총수 일가 지분과는 음의 상관관계를, 계열사 지분과는 양의 상관관계를 갖는다는 사실과 부합한다.

　소유지배 괴리도와 의결권 승수의 기업집단별 분포를 살펴보면 상호출자제한 기업집단 중에서 괴리도도 낮고 의결권 승수도 낮은 기업집단은 2006년 4월 한진, 현대중공업, 신세계, LS, 효성, KCC, 현대산업개발, 부영, 동양화학, 하이트맥주, 한국타이어, 중앙일보 등이다. 이에 비해 동양은 괴리도와 의결권 승수가 가장 높은 기업집단이며, 현대자동차, LG, 롯데, SK, 코오롱, 한화, 두산, STX 등은 모두 소유지배 괴리도가 30% 이상, 의결권 승수 5배 이상이다. 삼성과 현대의 경우에는 소유지배 괴리도는 25% 이하이나 의결권 승수는 5배를 넘는 기업집단이다.

2005년과 2006년 사이의 변화를 보면 삼성의 괴리도가 25% 이하로 하락했고, 동국제강, 세아, 대한전선, 대성 등도 괴리도가 1년 사이에 줄어들었다. 이에 비해 롯데는 괴리도 구간의 변화는 없지만 의결권 승수는 5배 이상으로 오히려 더 증가했다. 두산 그룹도 괴리도는 축소되었지만 의결권 승수는 더 커졌다.

소유지배 괴리도와 의결권 승수의 그룹별 차이는 1997년 이후 상위 기업집단과 하위 기업집단의 소유지배 괴리도 추이를 통해서도 확인할 수 있다. 〈표 2-19〉에서도 알 수 있듯이 1997년 이후 삼성, 현대, LG, SK 등 4대 그룹 및 현대자동차, 현대중공업 등 상위 재벌의 소유지배 괴리도[15]는 평균적으로 0.7을 상회하고 있고, 2000년과 2001년에는 0.8을 넘는 수준이다. 이 중에서 SK 그룹의 괴리도가 1997년 이후 가장 높은 수준을 유지하고 있고, 삼성재벌의 경우에는 0.8 수준에서 커다란 변화가 없다. 현대의 경우에는 1998년에서 2001년 사이에 괴리도가 크게 상승했으며, 현대중공업도

---

[15] 소유지배 괴리도를 측정하는 방법은 공정거래위원회처럼 지배주주의 의결지분율에서 소유지분율을 차감하는 방법이 일반적으로 쓰이고 있지만, 여기서는 1−(소유지분율/의결지분율)로 구했다. 따라서 1에 가까워질수록 소유지배 괴리도가 크다는 것을 의미한다.

	1997	1998	1999	2000	2001	2002	2003	2004	2005
삼성	0.802	0.803	0.796	0.816	0.810	0.806	0.772	0.792	0.794
현대	0.538	0.580	0.738	0.829	0.888	0.842	0.825	0.779	0.764
현대자동차				0.838	0.846	0.835	0.811	0.784	0.754
현대중공업					0.335	0.459	0.557	0.601	0.661
LG	0.767	0.794	0.803	0.757	0.690	0.613	0.712	0.732	0.716
GS								0.470	0.462
SK	0.784	0.882	0.883	0.902	0.920	0.928	0.905	0.899	0.899
평균	0.702	0.727	0.794	0.827	0.800	0.766	0.778	0.762	0.756
한진	0.354	0.417	0.317	0.412	0.425	0.504	0.470	0.485	0.538
롯데	0.648	0.425	0.537	0.540	0.543	0.557	0.625	0.629	0.604
한화	0.773	0.790	0.854	0.862	0.882	0.914	0.877	0.803	0.851
금호	0.752	0.873	0.780	0.773	0.792	0.749	0.713	0.660	0.647
두산	0.469	0.507	0.673	0.641	0.729	0.799	0.809	0.835	0.851
동부	0.674	0.720	0.685	0.490	0.479	0.576	0.486	0.539	0.515
평균	0.578	0.556	0.591	0.597	0.596	0.647	0.659	0.653	0.661

주 : 소유지배 괴리도 1− (지배주주 소유지분율 / 지배주주 의결지분율)
　　평균은 소유지분율 평균과 의결지분율 평균으로부터 계산.
자료 : 김진방·송원근(2006).

친족 분리 이후 괴리도가 크게 상승했다.

이에 비해 한진, 롯데, 한화, 금호, 두산, 동부 등의 경우를 보면 괴리도의 크기 자체는 상위 재벌들에 비해 낮으나 1997년 이후 괴리도의 증가 폭은 상위 재벌들에 비해 더 높은 것이 특징이다. 그리고 이들 6개 기업집단 중에서 한화와 두산그룹의 괴리도가 다른 4개 재벌에 비하면 상대적으로 높은 수준을 유지하고 있으며, 1997년 이후 추이에서도 금호를 제외하고는 대체적으로 괴리도가 상승하고 있다.

기업집단별 괴리도와 의결권 승수의 차이 이외에도 상장기업과 비상장기업 등 기업형태별로 양 지표의 차이를 살펴볼 필요가 있다. 두 기업형태

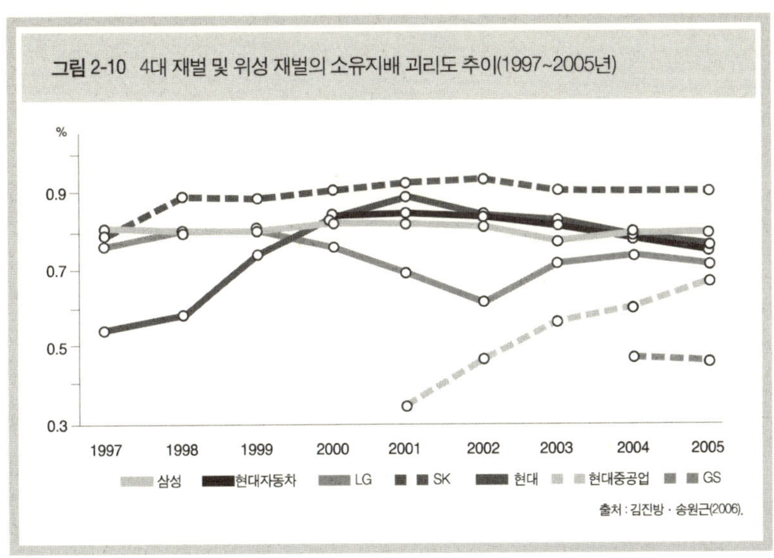

그림 2-10 4대 재벌 및 위성 재벌의 소유지배 괴리도 추이(1997~2005년)

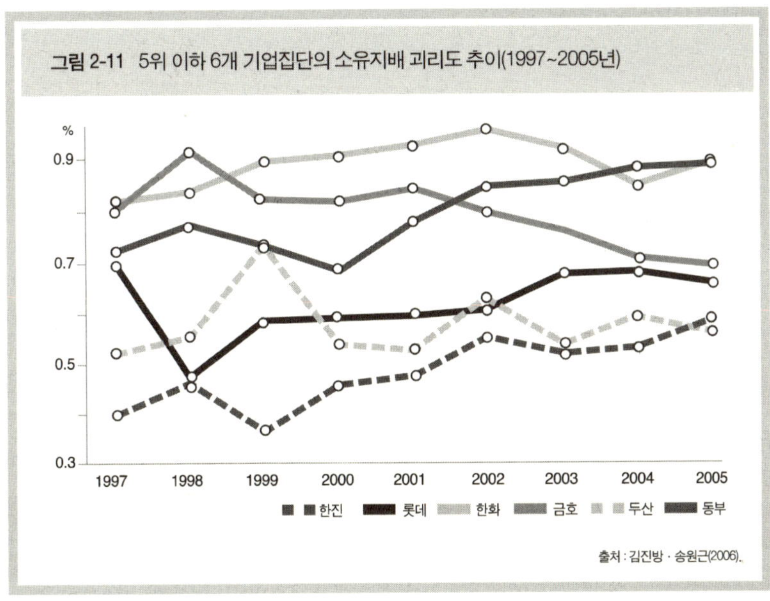

그림 2-11 5위 이하 6개 기업집단의 소유지배 괴리도 추이(1997~2005년)

구분		상장사		비상장사	
		괴리도	의결권 승수	괴리도	의결권 승수
상호출자제한 기업집단	2005	22.05%p	7.10배	53.15%p	137.41배
	2006	22.22%p	7.16배	53.52%p	59.69배
출자총액제한 기업집단	2005	27.55%p	8.75배	59.98%p	287.90배
	2006	23.82%p	8.46배	51.33%p	43.52배

출처 : 공정거래위원회.

의 소유지배 괴리도와 의결권 승수를 비교해 보면 두 지표 모두에서 비상장기업이 상장기업보다 훨씬 높다. 이는 상장기업보다 비상장기업의 소유지배구조가 더 왜곡되어 있음을 의미하는데(공정거래위원회 2005c), 상대적으로 비상장사에서 총수 일가의 직접 지분보다는 계열사 지분이 더 크기 때문일 것이다.

이와 같은 괴리도 확대는 계열사 간 복잡한 다단계 출자 및 순환출자를 통해 총수의 부당한 지배력을 확대하는 문제 말고도, 가공자본을 통한 경제력 집중 심화라는 문제를 낳는다. 뿐만 아니라 가공자본에 의한 지배력 확대는 결국 계열사 간 부의 이전을 통해 소액주주의 이익 침해 가능성을 높이고, 개별 기업들의 내부견제 시스템 작동을 방해함으로써 주식회사 자체의 건전성을 해칠 수 있다. 이는 기업 가치를 하락시키고, 기업지배구조를 더욱 악화시키는 결과를 초래한다. 물론 기업 지배구조가 개선되더라도 기업 경영을 못 해 성과가 나쁠 수 있고, 또 반대로 지배구조가 나쁘더라도 경영 능력이나 기술, 인력 등 다른 이유로 인해 기업 성과는 좋을 수도 있다. 그러나 어떤 경우에든 합리적인 의사 결정 체계를 갖추고, 주주, 채권자, 거래당사자, 종업원, 고객 등 이해당사자를 공평하게 취급하며, 정당한 권익을 보장하는 좋은 지배구조로 되어 있다면 기업 가치는 높아지고 경영 성과도 더 좋아질 것이다. 실제로 괴리도와 기업 성과 사이의 관계를 분석한 연구에 따르면[16] 괴리도 확대가 기업 가치를 하락시키고, 이것이 이른바 '코리아 디스카운트'(장하성 2001)[17]의 가장 중요한 요인이다.

그렇다면 다른 나라, 특히 경영권 방어를 위한 추가적인 장치가 있다고 알려진 유럽 국가는 어떠한가. Faccio & Lang(2002)에 따르면 대체로 유럽 기업의 최대 지배주주들은 평균적으로 34.64%의 소유지분cash-flow rights을 보유하고 있으며, 의결지분voting rights은 38.48%에 달한다. 이들의 소유지분과 의결지분 사이의 차이는 차등의결권이나 피라미드 등을 통해 추가로 확보되는 의결권 크기에 따라 결정된다.

〈표 2-21〉에서 알 수 있듯이 유럽 국가 중에서 독일, 프랑스, 오스트리아, 스페인 등은 소유권 지분이 40% 이상으로 나타나고 있어 상대적으로 소유권이 집중된 국가임을 알 수 있다.

반면 아일랜드, 영국, 노르웨이, 스웨덴 등은 소유권 지분이 25% 정도로 상대적으로 소유권 지분이 낮다. 그러나 소유권 지분이 낮다고 하여 반드

---

[16] 박경서·조명현(2002)은 기업 지배구조와 투명성이 기업가치와 밀접한 관계가 있다는 실증 분석을 제시한 바 있고, 조성욱(2003)은 소유지배 괴리도가 10%p 커질 때, 경상이익률은 0.2%p 하락한다는 것을 밝혀냈다. 박경서 등(2003)도 괴리도가 클수록 수익성이 낮은 것으로 분석했다. 또 Black et al.(2003)에서는 자산 2조 원 이상의 기업은 사회이사 50%를 두고, 사외이사후보 추천위원회를 두어야 한다는 법 규정을 이용해 이와 같은 강제적 규정이 경영 성과를 개선시키는 것으로 분석한 바 있다. 한편 외국의 경우에는 괴리도가 클수록 기업가치와 주가수익률이 낮은 것으로 조사된 바 있다(Lemmon et al. 2003; Classens et al. 2002)

[17] 증권거래소가 2003년 8월 KOSPI200에 편입된 우리나라 기업의 주가수익비율(PER)을 조사한 바에 따르면 우리나라 기업들은 11.0인 반면, 미국은 22.0, 일본은 39.8, 프랑스 15.8, 독일의 11.7에 비해 아주 낮은 수준이다. 대만도 23.3을 기록했다.

표 2-21 유럽 기업 지배주주의 소유권과 의결권 지분 현황

	국가	기업수(개)	평균(%)	표준편차(%)	중심값(%)	1사분위(%)	3사분위(%)
소유 지분	오스트리아	95	47.16	23.52	50.00	25.50	65.00
	벨기에	120	35.14	24.96	36.10	14.98	51.81
	핀란드	119	32.98	23.94	27.60	14.60	49.91
	프랑스	604	46.68	26.69	48.98	24.69	66.00
	독일	690	48.54	31.46	48.89	21.05	75.00
	아일랜드	68	18.82	17.32	14.24	6.76	26.03
	이탈리아	204	38.33	25.13	39.68	16.61	56.83
	노르웨이	149	24.39	21.26	19.42	8.91	36.12
	포르투갈	86	38.42	20.45	39.31	19.83	52.00
	스페인	610	42.72	30.46	32.55	18.50	64.91
	스웨덴	244	25.15	23.06	17.30	9.45	33.55
	스위스	189	34.66	24.69	29.00	12.85	51.00
	영국	1,628	22.94	17.87	16.21	10.96	29.66
	합계	4,806	34.64	26.76	25.90	13.02	51.00
의결 지분	오스트리아	95	53.52	22.77	54.70	34.00	75.00
	벨기에	120	40.09	23.20	39.56	19.49	55.86
	핀란드	119	37.43	22.44	33.70	20.80	52.36
	프랑스	604	48.32	25.55	50.00	28.70	66.00
	독일	690	54.50	28.70	50.76	27.00	76.91
	아일랜드	68	21.55	16.39	16.64	10.39	26.56
	이탈리아	204	48.26	21.00	50.11	31.39	63.15
	노르웨이	149	31.47	20.18	27.78	15.10	43.59
	포르투갈	86	41.00	19.18	44.95	22.28	52.30
	스페인	610	44.24	29.59	35.73	20.00	65.03
	스웨덴	244	30.96	22.37	24.90	14.50	40.55
	스위스	189	46.68	25.97	50.00	22.50	63.00
	영국	1,628	25.13	17.87	18.02	13.28	30.19
	합계	4,806	38.48	26.10	30.01	15.96	53.98

시 바람직한 것만은 아니다. 낮은 소유권 지분에도 불구하고 차등의결권 방식 등을 통해 의결권 지분을 많이 확보할 수 있기 때문이다. 따라서 소유권과 의결권을 함께 살펴볼 필요가 있다.

〈그림 2-12〉는 의결권 지분을 소유권 지분으로 나누어 구한 의결권 승수 현황으로, 대부분의 국가가 1.5 이하이다. 국가별로 의결권 승수가 가장 큰 국가, 즉 소유권과 의결권의 괴리가 가장 큰 나라는 스위스이며, 이탈리아, 노르웨이, 벨기에, 스웨덴 등도 상대적으로 의결권 승수가 큰 국가다.

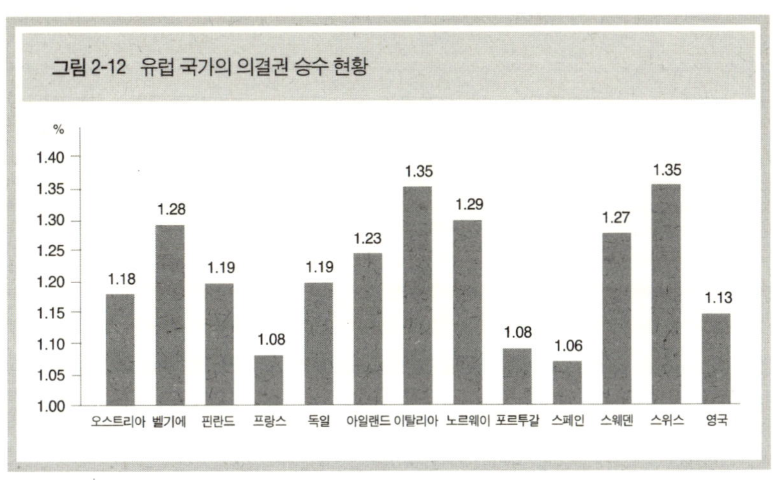

반면에 의결권 승수가 적은 국가는 스페인, 프랑스, 포르투갈 등을 들 수 있으며, 영국 등이 그 뒤를 잇고 있다. 의외로 스페인, 프랑스, 포르투갈 등의 의결권 승수가 낮은 것은 소속된 기업들의 소유권 지분이 40% 이상이어서 굳이 의결권 지분을 추가로 확보할 이유가 높지 않았기 때문이라고 추론해 볼 수 있다. 의결권 승수가 높은 국가 대부분이 상대적으로 소유권 지분이 낮다는 점에서도 같은 추론이 가능하다. 물론 이탈리아처럼 소유권 지분이 높으면서 의결권 승수가 큰 국가도 있다. 결과적으로 벨기에, 이탈리아, 노르웨이, 스웨덴, 그리고 스위스 등의 기업에서 최종 소유권과 최종 의결권의 차이가 상당한 반면, 나머지 국가에서는 그 차이가 크지 않다.

3. 계열사 간 내부거래와 그 효과

1) 내부거래의 효과

우리나라 재벌의 형성과 발전 과정에서 오래된 관행처럼 여겨온 계열사 간 내부거래의 효과는 이중적이다. 즉, 내부거래는 특정 재벌 혹은 국민 경제의 성장에 부정적인 효과를 초래하기도 하지만 동시에 긍정적인 효과도 가진다. 특히 후발산업화 국가의 발전모델과 실패, 그리고 '신성장 동력' 산업에 대한 진출을 모색함으로써 새로운 발전모델을 만들어 가야 할 시점에서 내부거래가 가지는 순기능은 앞으로도 더욱더 살려나가야 할 것이다. 예를 들면 부채의존적 성장이 불가피했던 후발국적 상황과 자본시장의 미비라는 조건하에서 정부 보증을 기반으로 한 새로운 사업 진출과 계열사 간 자금이나 상품 거래를 통한 새로운 사업 확대, 계열사 간 위험 분담, 그리고 내부 자본시장을 활용함으로써 가능했던 거래비용의 감소 효과 등이 대표적인 예라 할 수 있을 것이다.[18]

그러나 계열사 간 내부거래가 과거 부실 계열사를 지원하기 위한 부당한 거래였다는 사실은 부인할 수 없다. 실제로 그동안의 재벌 정책에서도 알 수 있듯이 계열사 간 내부거래와 관련된 최대 쟁점은 계열사 간 거래의

---

[18] 내부거래의 장점에 대한 논의는 여러 논자에 의해 제기된 바 있지만, 최근 재벌의 장점 가운데 하나로 내부거래를 부각시키려는 논의를 소개하면 다음과 같다. 즉, "삼성그룹의 반도체 산업진입, 현대 그룹의 조선 산업 투자 등에서 생생하게 나타나듯 내부거래는 재벌들이 신규 장기투자를 감행하는 데 활용한 주요 수단이었다. 재벌들의 내부거래 봉쇄는 기업 부채 비율 규제와 함께 한국 기업들의 공격적 투자 수행 능력을 약화시킨 주요 조치였다"(신장섭·장하준 2003).

부당성 여부였다. 즉, 부당거래를 통한 부실 계열사 지원이나 해당 시장 내의 경쟁 제한 행위, 그리고 부당한 부의 상속 등이 존재했는가 등이다. 이러한 관심은 계열사 간 상품 내부거래뿐만 아니라 출자나 주식취득, 금융 계열사에 의한 다른 계열사 우회적 지원, 그리고 계열사 간 채무보증 등 광의의 내부거래로 확대된 상황이다. 그럼에도 재벌개혁 과정에서도 드러났듯이 부당 내부거래와 관련된 사실들은 여전히 추적하기가 매우 곤란하다.

계열사 간 내부거래의 또 다른 문제는 내부거래는 총수 등 지배주주에 대한 부의 이전, 시장경쟁의 왜곡이나 산업집중을 심화시킬 우려가 있다는 것이다. 특히 계열사 간 출자와 같은 자본의 내부거래는 기업지배구조를 오히려 악화시킨다. 공정거래위원회 발표에 따르면 우리나라 재벌 그룹의 총수들은 전체 계열사 발행 주식의 평균 4.94%에 해당하는 지분 소유만으로 그룹 전체를 지배하고 있다. 의결권 있는 주식으로 계산하면 총수들은 주식 1주로 6.78주를 가진 것과 동일한 의결권을 행사하고 있는 것이다(공정거래위원회 2005). 이 중 삼성재벌은 총수 등 동일인의 지분이 0.8%에 불과하다. 이런 상황에서 계열사 간 상호 지원과 독립 계열사 혼자로서는 도저히 불가능했을 집단 시너지 효과가 합리적인 의사 결정에 의하지 않고, 또 기업을 둘러싼 여러 이해당사자의 이해를 무시한 채 진행되었다. 즉, 총수가 멋대로 계열사 간 자금 흐름을 결정하고, 또 이 과정에서 주주 이익을 침해하고 총수를 비롯한 일가의 사익을 챙겨왔던 것이다(김기원 2002).

2) 계열사 간 내부거래 현황

금융감독위원회는 2000년에 1999 회계연도의 16개 기업집단 결합재무

재벌 명	년도 말	총 매출액			내부매출액		
		전체	국내	해외	전체	국내	해외
현대	1999	112.98	83.33	29.65	43.04(38.1)	41.27(49.5)	1.78(6. 0)
	2000	91.39	75.74	15.65	29.49(32.3)	27.37(36.1)	2.12(13.5)
	2001	47.63	39.26	8.37	7.78(16.3)	7.74(19.7)	0.04(0.5)
삼성	1999	148.17	111.21	36.96	61.73(41.7)	46.56(41.9)	15.17(41.1)
	2000	185.66	134.88	50.78	81.67(44.0)	63.28(46.9)	18.39(36.2)
	2001	178.85	127.37	51.48	73.83(41.3)	54.90(43.1)	18.93(36.8)
LG	1999	83.48	62.28	21.2	31.76(38.0)	25.96(41.7)	5.80(27.3)
	2000	107.76	76.72	31.04	43.74(40.6)	32.66(42.6)	11.08(35.7)
	2001	115.28	79.13	36.15	45.69(39.6)	31.03(39.2)	14.66(40.6)
SK	1999	51.72	38.39	13.34	18.68(36.1)	11.46(29.8)	7.22(54.1)
	2000	60.61	42.62	17.99	24.15(39.8)	12.70(29.8)	11.44(63.6)
	2001	70.01	48.98	21.03	27.39(39.1)	15.89(32.4)	11.50(54.7)
4대 계	1999	396.36	295.21	101.15	155.21(39.2)	125.24(42.4)	29.97(29.6)
	2000	445.41	329.96	115.45	179.04(40.2)	136.01(41.2)	43.03(37.3)
	2001	411.77	294.74	117.03	154.69(37.6)	109.56(37.2)	45.13(38.6)
기타 계	1999	77.89	71.17	6.72	10.43(13.4)	9.48(13.3)	0.95(14.2)
	2000	73.39	65.46	7.93	8.30(11.3)	7.05(10.8)	1.25(15.8)
	2001	111.73	102.70	9.03	15.24(13.6)	13.69(13.3)	1.54(17.1)
총계	1999	474.25	366.38	107.87	165.64(34.9)	134.72(36.8)	30.92(28.7)
	2000	518.81	395.42	123.39	187.33(36.1)	143.05(36.2)	44.28(35.9)
	2001	523.50	397.44	126.06	169.92(32.5)	123.25(31.0)	46.67(37.0)

표 2-22 결합재무제표로 본 재벌의 내부거래 규모(1999~2001년) 〈단위 : 조 원, %〉

주 : 총 매출액은 내부거래 상계 전 총매출액이며, ( )는 비율, 내부매출액비율은 내부거래 상계 전 총매출액 대비 비율임.
   2001년의 경우 4대 계는 현대 대신 현대자동차가 포함된 것임.
출처 : 금융감독위원회(2000; 2001; 2002a).

제표의 분석 결과를 발표한 이후 2003년까지 매년 기업집단 재무제표를 분석 결과를 발표했다. 이를 통해서 외환금융위기 이후인 1999~2002년 말까지 우리나라 대표적인 재벌의 상품 내부거래 비중을 살펴보면 〈표 2-22〉와 같다. 1999년의 경우 분석 대상 16개 기업집단의 총매출액 대비 내부매출액이 차지하는 비율, 즉 상품 내부거래 비율은 34.9%에 이른다. 그러나 4대 재벌을 제외하면 나머지 그룹은 13.5% 정도에 불과해 수직계열화된 4대 재벌의 비중이 상대적으로 높은 것으로 나타났다. 즉, 현대, 삼성, LG, SK 등 4대 재벌의 상품 내부거래 비율은 평균 39.2%에 달했다.[19] 이어 2000년 말에는 4대 재벌의 내부거래 비율이 40.2%로 상승했는데, 이는 국내 계열사들에 대한 내부매출 증가보다는 해외 계열사들에 대한 내부매출의 증가 때문이었다. 삼성의 경우는 내부매출 비중이 44%로, 해외 계열사에 대한 내부매출 비중은 줄고, 국내 계열사에 대한 매출이 크게 증가했다.

2001년에는 삼성, LG, SK, 현대자동차 등 4대 그룹의 내부거래 비중이 2000년 39.5%에서 2001년 37.6%로 낮아진 가운데 4대 재벌을 포함한 자산 규모 상위 12개 기업집단의 내부거래 비중도 2000년 35.3%에서 2001년 32.5%로 낮아졌다. 이어 2002년 말에는 5대 기업집단 순위에 약간의 변동이 있었지만 삼성, LG, 한국전력, 현대차, SK 등 5대 기업집단의 내부거래 규모가 191조 원으로 전체 매출에서 차지하는 비중이 38.1%에 이르렀다. 이는 2001년의 165조 원(37.4%)보다 증가한 것이고 5대 집단 이외의 다른 기업집단의 9.7%에 비해서는 4배 가까이 높은 수치다.

외환금융위기 이전과 비교해 보면, 외환금융위기 이전 12년 동안 내부거래 평균치가 높은 그룹은 외환금융위기 이후에도 계열사 간에 높은 거래 규모와 비중을 유지하고 있다. 오히려 4대 재벌 모두 외환금융위기 이전보다 상품 내부거래 비율이 더 높아지고 있다. 이것은 금융감독위원회의 지적대로 외환금융위기 이후 재벌개혁 과정에서 수익성이 없거나, 주력 산업과 무관한 기업들을 매각·합병하면서 비관련 사업 기업을 매각·정리함으

---

19 참고로 대우그룹의 1997년 상품 내부거래 비중은 32.7%, 1998년은 32.0%였다.

| | 위기 이전 | | 위기 이후 | | | B−A |
	1987~96년	1997년(A)	1998년	1999년(B)	2002년(C)	
현대	20.0	31.6	28.4	38.1	10.7	6.5
삼성	24.1	30.3	24.6	41.7	57.9	11.4
LG	24.2	24.5	24.3	38.0	26.0	13.5
SK	20.3	21.5	21.6	36.1	32.5	14.6
한진	4.7	5.8	4.3	6.8	7.2	1.0
롯데	9.1	11.6	10.7	10.8	12.6	(0.8)
한화	12.4	4.7	11.7	10.7	17.5	6.0
금호	-	10.6	16.5	14.4	16.8	3.8
쌍용	17.4	38.6	41.8	8.6	13.7	(30.0)
한솔	23.2	24.1	25.3	25.2	23.3	1.1
두산	13.3	16.7	12.3	8.3	10.0	(8.4)
동부	18.8	7.3	13.7	7.8	9.9	0.5
코오롱	8.4	8.7	6.9	8.6	10.1	(0.1)
대림	-	26.6	23.6	16.0	21.4	(10.6)

주 : 각 년도 말 기준. 대우는 위기 이후, 새한 그룹은 위기 이전 자료의 누락으로 각각 비교에서 제외됨.
　　1999년 이전 내부거래는 소속 개별 기업 자료를 합산한 그룹 합산 총매출액 대비 관계사 매출의 비중을 의미함.
　　한솔그룹의 1987~96년 평균은 1996년 말 한 해 동안의 수치임.
출처 : 금융감독위원회(2000), 송원근(2000), 송원근·이상호(2005).

로써 상품 거래의 수직화율이 높아진 결과로 해석할 수 있다(금융감독위원회 2000). 4대 재벌의 국내 계열사에 대한 내부거래만을 보면, SK를 제외한 나머지 3대 재벌의 내부거래 비율은 40%를 웃돌고 있다. 특히 삼성과 SK는 해외 계열사와 행한 내부거래 비중도 40%를 넘는 것으로 나타났다.

　4대 재벌을 제외한 나머지 기업집단에서 한진, 한화, 한솔 등 일부 재벌을 제외하고는 상품 내부거래 비중이 1997년 외환금융위기 이전보다 줄어들었다.[20] 그러다가 현대와 LG 등 친족 분리 그룹이 많았던 재벌을 제외하면, 다시 내부거래 비중이 증가하는 현상이 나타났다. 4대 재벌을 포함한 다수 재벌의 상품 내부거래 비중 증대는 그만큼 계열사 간 의존도가 높아

표 2-24 삼성재벌의 계열사 간 내부매출 규모 및 비중(1997년 말~2004년 말) 〈단위 : 10억 원, %〉

년도	합산 계열사 수	매출액	내부매출액	내부매출 비중
1997	51	70,345,055	20,410,731	28.9
1998	37	79,277,295	28,314,089	35.7
1999	30	85,287,233	59,165,665	69.4 (41.7)
2000	44	100,883,539	38,163,541	37.8 (44.0)
2001	49	92,650,970	33,829,239	36.5 (41.3)
2002	51	107,776,335	39,109,515	36.3 (42.7)
2003	48	83,940,583	44,050,636	52.5 (38.7)
2004	45	104,961,907	60,733,415	57.9 (41.4)

주 : 내부매출 비중 중 ( )안은 금융감독위원회의 결합감사보고서에 따른 내부매출 비중임.
출처 : 송원근·이상호(2005)

져 기업집단의 결합력이 더 강고해지고 있음을 동시에 의미한다. 이것은 경제 위기 이후 계열사 출자 비율 상승을 통해서 이미 확인된 바 있다.[21]

삼성그룹의 계열사 간 내부거래를 좀 더 구체적으로 살펴보자. 1997년 말 약 20조 원에 이르던 삼성의 계열사 간 상품매출 규모는 2004년 말 기준 60조 원으로 약 세 배가량 증가했다. 대상 계열사의 전체 매출액에서 내부 매출액이 차지하는 비중도 28.9%에서 57.9%로 크게 증가했다(〈표 2-24〉).

[20] 이승철(2000)은 우리나라 기업집단 소속 상장회사의 1996년 내부거래 비중이 26%라고 주장한다. 또 수직거래관계인 종합무역상사와의 거래를 제외하면 내부거래 비중은 5대 재벌의 경우 7.33%, 30대 재벌의 경우 8.74%에 불과하며, 이는 일본 기업집단의 내부거래 비중과 유사하다고 한다. 그러나 이것은 내부거래를 과소 계상한 결과로 추측된다.

[21] 이 의미에 대해서는 금감위와 공정위는 엇갈린 해석을 내놓고 있다. 즉, 금감위는 '기업집단 내에서 수직계열화가 이뤄지는 경우 내부거래가 높아질 수밖에 없으므로 내부거래 비중이 높다는 것이 반드시 비정상적인 거래가 많다는 것을 의미하는 것은 아니다'라고 한 반면 공정위는 내부거래 비중이 높다는 사실 자체가 부당 내부거래의 가능성이 높을 것으로 추론해 부당 내부거래 조사를 계속하기 위한 근거로 삼는 것 같다.

삼성그룹의 내부매출, 즉 계열사 간 매출 거래를 각 계열사가 진출해 있는 업종별로 살펴보자. 업종별 내부거래액의 계산은 각 재벌 그룹의 연도별 결합감사보고서 상에 제시된 자료를 이용했기 때문에 결합재무제표 작성을 의무화한 1999년 이후부터만 그 규모를 알 수 있다. 우선 주목되는 것은 결합감사보고서 상의 그룹 전체 내부매출 비중이 앞서 서술한 전체 기업을 대상으로 할 경우의 내부매출 규모와 다르다는 점이다. 2002년 전체 기업의 내부거래 비중은 36.4%인데 비해 결합감사보고서상의 내부매출 비중은 42.7%로 6.3%의 차이가 발생한다. 반대로 2004년 말은 결합감사보고서 상의 비중이 더 낮다. 이것은 매년 결합재무제표에 포함된 계열사 수[22]에 차이가 존재하기 때문일 것이다.

이러한 점을 염두에 두고 내부거래 규모를 살펴보면, 동 내부거래 규모가 가장 큰 업종은 전자부품, 영상, 음향 및 통신장비 제조업 분야로 2002년을 기준으로 44조7,270억 원에 이른다. 이것을 동일 업종에 속해 있는 계열사들의 총 매출액 합계에서 차지하는 비중으로 계산하면 45.4%에 이른다. 2004년의 경우에는 동 업종의 내부매출액이 81조 원을 넘어 업종 내 내부매출 비중이 51.6%에 달했다. 삼성재벌을 하나의 거대기업이라고 할 때, 이 사업 부문 매출액의 절반 정도는 동일 기업의 다른 사업부에 판매된 셈이다. 35조6,020억 원에 이르는 도매 및 소매 부문에서는 내부매출 비중이

[22] 2004년 12월 말 삼성전자(주), 삼성물산(주), 삼성중공업(주) 등 46개 국내 비금융보험업 국내 계열사와 124개 비금융 해외 계열사 및 14개 국내 및 해외 금융 계열사의 재무제표에 의해 작성되었다. 2003년은 각각 45개, 126개, 15개, 2002년은 44개, 121개, 15개, 2001년에는 국내 비금융보험업 계열사와 금융 계열사 수는 2002년과 동일하고, 해외 계열사 수는 127개였다. 2000년에는 결합대상 계열사가 각각 37개(1999년 30개), 115개(1999년 112개), 14개(1999년 17개)였다(삼성전자(주) 각 년도 결합감사보고서).

표 2-25 삼성재벌의 업종별 상품 내부거래 현황과 비중 〈단위 : 십억 원, %〉

	업종	전자부품, 영상, 음향, 통신장비	도매 소매	금융 보험	건설업	화합물 화학제품	기타 운송장비	기 타	총계
1999	내부매출액	25,514	31,701	300			701	3,514	61,730
	비중	42.53	69.57	1.06			12.23	40.76	41.66
2000	내부매출액	37,449	38,515	168	1,387		145	4,002	81,666
	비중	45.10	77.14	0.49	26.01		5.37	37.53	43.99
2001	내부매출액	34,966	30,745	313	1,142	1,153		5,515	73,833
	비중	44.34	73.36	0.90	20.65	23.78		42.13	41.28
2002	내부매출액	44,727	35,602	514	1,156	1,291		5,502	88,791
	비중	45.42	76.67	1.36	20.20	24.07		39.78	42.74
2003	내부매출액	58,638	8,616	582	1,435	1,347		6,738	77,355
	비중	49.94	44.80	1.60	25.93	22.65		43.76	38.71
2004	내부매출액	81,519	7,712	571	1,809	1,624		8,529	101,764
	비중	51.59	35.35	1.66	32.52	22.40		45.31	41.38

자료 : 송원근·이상호(2005)

더 높아서 76.7%에 이르고 있다. 그러나 2004년에는 동 비중이 크게 감소해 35.6%로 하락했다. 2002년 말까지만 본다면, 이상 두 업종 모두 1999년에 비해 내부매출 비중이 증가하고 있음을 알 수 있다.

　건설업은 동 비중이 20.2%, 석유화학 및 화합물 제조업은 24.1% 수준이다. 한편 금융보험업은 총매출에서 내부매출이 차지하는 비중이 1.4% 정도 수준이다. 계열사를 대상으로 하는 영업 수익 등이 있기는 하지만 그 규모가 작을 수밖에 없는 업종의 특성에서 비롯된 것이다. 지금은 사라졌지만 삼성자동차와 삼성상용차 등의 계열사가 존재하던 1999년의 경우 운송장비업의 내부거래 비중은 12.2% 정도였다.

　1999년 이후 업종별 내부거래 비율의 변화를 요약하면, 그룹 전체적으로 동 비율의 뚜렷한 상승이나 감소 경향 없이 상당히 안정적으로 유지되고 있음을 알 수 있다. 단 4년 동안에 걸쳐 자산 규모가 가장 큰 전자 및 통신장비업의 내부거래 비중이 40% 초반 수준에서 50% 이상으로 상승하고 있고, 이는 그룹 전체 평균보다 더 높은 수준에서 변동이 일치하고 있다.

3) 부당 내부거래

계열사 사이에 이루어지는 내부거래는 상품 및 용역 이외에도 다양한 형태로 존재할 수 있다. 특히 자금의 내부거래는 계열사 지배의 중요한 방법으로 이용된다. 자금거래의 방법은 계열사 간 대여금 및 차입금의 거래가 있다. 대표적인 예는 모기업, 혹은 계열의 주력 기업이 직접 계열사에게 자금을 대여하는 대여금 명목의 내부 자본거래다. 이러한 자금거래는 재무제표 상의 장단기 대여금, 장단기 차입금, 그리고 또 특수관계자사채로 표현된다. 이 외에도 계열사를 지원하기 위해 실제 상품·용역거래와는 무관한 거액의 자금을 선급금 등의 명목으로 지급한다거나, 부동산 매각대금이나 공사대금을 장기간 회수하지 않는 방법들도 넓은 의미에서 내부자 거래라고 할 수 있다. 또 동일계열 산하 계열기업이 소유하고 있는 자회사 주식 배당금을 포기함으로서 해당 계열사의 자금 여력을 확보하는 방법이 있다. 채무지급보증이나 계열사 간 출자 및 주식 매입을 통한 자본 내부거래와 비교할 때 이들 자금이동 규모는 상대적으로 작으나 재벌그룹이 산하 계열사에 대한 지배 관계를 유지하는 중요한 방법 가운데 하나다.[23]

23 내부자금 거래와 관련해 금융감독위원회는 결합재무제표를 분석하면서 내부자금 의존도라는 개념을 사용하고 있는데, 이는 (지급보증＋자금대차)/(내부거래상계전 총부채＋지급보증)으로 정의된다. 즉, 금감위는 지급보증과 자금대차를 한꺼번에 고려하고 있다. 금감위가 2000회계연도

계열사 간 상품의 매출과 매입으로 나타나는 내부거래는 제조단계상 수직적으로 계열화된 연관 기업 사이에서 이루어지는 경우 다른 계열사에 대한 매출 비중이 높다는 사실이 크게 문제 되지 않을 수도 있다. 또 법적으로 독립되어 있지만 제조나 판매 기능은 그렇지 않은 계열사 형태의 기업조직이 선택할 수 있는 기업 전략이라는 주장(이규억 외 2002)도 계열사 간 내부거래 비중이 높다는 사실을 정당화하는 근거가 될 수 있다. 뿐만 아니라 많은 재벌에서 볼 수 있듯이, 종합상사 등을 이용한 판매 대행이나 원료 조달이 그룹 전체 내부거래 비중을 높이는 경우도 있다(이승철 2000).

문제는 상품의 내부거래를 포함해 자산, 자금, 인력 등의 내부거래가 계열사에 대한 부당 지원의 수단으로 사용됨으로써 비계열 독립 기업과 공정한 경쟁을 저해하고 계열사 확장 수단으로 이용됨으로써 경제력 집중을 심화시키고, 총수 지배력을 과도하게 유지·확장한다는 데 있다.

부당 내부거래는 "특수관계인 또는 다른 회사에 대해 부당하게 가지급금, 대여금 등의 자금이나 부동산, 유가증권, 무체재산권 등의 자산, 그리고 인력을 제공하거나 현저히 유리한 조건으로 거래해 특수관계인 또는 다른 회사를 지원하는 행위"로 정의된다(공정거래위원회 2005d).[24] 현행 공정거래

결합재무제표 작성 기업집단(14개)과 2001회계연도 12개 기업집단의 재무제표를 분석한 결과에 따르면 동 내부자금 의존도는 1999년 10.4%, 2000년 8.5%(2001년 12개 기업집단은 7.4%), 2001년 7.7%였다(금융감독위원회 2001; 2002a).

[24] 구조조정본부 인력 파견이 대표적인 사례로 꼽히는 부당한 인력 거래는 인력 파견을 통한 지원, 출자회사에 대한 인력 지원, 사무실 및 인력 등 계열회사 설립 지원, 인력 제공을 통한 지원, 인건비 과다 부담을 통한 지원, 무상 인력 파견을 통한 지원, 파견 인력에 대한 보수 미회수 등을 통한 지원, 파견 인력에 대한 역무비 과다 지급을 통한 지원, 창업 인력 지원 등 다양한 형태로 나타난다(공정거래위원회 2005d).

법 제23조 1항은 공정한 경쟁을 저해하는 불공정거래로서 아래와 같은 행위를 규제하고 있다.[25]

1. 부당하게 거래를 거절하거나 거래의 상대방을 차별해 취급하는 행위
2. 부당하게 경쟁자를 배제하는 행위
3. 부당하게 경쟁자의 고객을 자기와 거래하도록 유인하거나 강제하는 행위
4. 자기의 거래상의 지위를 부당하게 이용하여 상대방과 거래하는 행위
5. 거래의 상대방의 사업 활동을 부당하게 구속하는 조건으로 거래하거나 다른 사업자의 사업 활동을 방해하는 행위
6. 부당하게 특수관계인 또는 다른 회사에 대하여 가지급금·대여금·인력·부동산·유가증권·무체재산권 등을 제공하거나 현저히 유리한 조건으로 거래하여 특수관계인 또는 다른 회사를 지원하는 행위
7. 제1호 내지 제6호 이외의 행위로서 공정한 거래를 저해할 우려가 있는 행위

이와 같은 불공정거래로서 계열사 간 부당 내부거래는 외환금융위기 이후 공정거래위원회 조사에서 드러나듯이 부실 계열사 지원의 대표적인 수단으로 이용됐다. 공정거래위원회는 1998~2001년까지 열 차례에 걸친 부당 내부거래를 조사해 총 29조4,388억 원의 지원성 거래를 적발하고 신문 공표명령 등 시정명령과 함께 총 3,026억 원의 과징금을 부과한 바 있다.

이 중 외환금융위기로 몰락의 길을 걷게 된 대우그룹의 사례를 보면 1997~99년에 이루어진 지원성 거래 규모는 무려 5조4,300억 원에 달했을 정도다. 또 최근의 사례로서, 두산그룹은 순환출자 고리에서 핵심 계열사인

---

[25] 상품 및 용역의 부당한 거래는 1993년부터 금지를 명문화했고, 그 외 자금, 자산, 인력 분야에 대한 부당 내부거래 규제는 1996년 12월 공정거래법 개정 시 신설되었다.

구분	조사 기간	지원 주체	지원 객체	지원성 거래 규모	지원 금액	과징금
1차 5대	1998.5.8~6.20(44일)	80개사	35개사	40,263	2,244	704
2차 5대	1998.6.29~7.24(26일)	30개사	18개사	14,927	546	209
3차 5대	1999.5.6~7.3(59일)	53개사	38개사	123,327	2,500	790
4차 4대	2000.8.16~10.14(53일)	32개사	20개사	24,638	1,262	442
1차 6대 이하	1998.10.19~12.2(45일)	35개사	45개사	24,837	693	142
2차 6대 이하	2000.5.9~6.30(53일)	26개사	34개사	39,577	499	161
3차 6대 이하	2001.7.16~9.8(55일)	17개사	24개사	2,718	132	71
계열분리회사	1999.11.2~12.4(33일)	23개사	23개사	10,786	124	75
소계	8회(368일)	296개사	237개사	267,569	7,744	2,448
1차 공기업	1999.3.2~3.31(30일)	13개사	18개사	3,933	254	37
2차 공기업	2000.11.16~12.16(32일)	5개사	10개사	9,382	696	395
소계	2회(62일)	18개사	28개사	13,315	950	432
합계	총 10회(430일)	314개사	265개사	294,388	8,950	3,026

출처 : 공정거래위원회, 이규억(2002)의 재인용.

두산산업개발과 매출액 기준으로 그룹 내 최대기업이자 주력기업인 두산
중공업이 그룹 내 계열사 컨설팅과 인수·합병 등을 담당하는 네오플럭스
등의 계열사와 거래하는 과정에서 물품 대금을 비싸게 지급하거나, 특수관
계인들에게 대출금 이자를 대납하는 등의 방식으로 부당한 지원을 해 왔다.

그런데 문제는 계열사 지원을 위한 부당 내부거래가 금융계열사를 통해
서 우회적으로 이루어지고 있다는 데 있다. 재정경제부에 따르면 전체 부
당 내부거래 중 금융회사를 통한 내부거래 비중이 86.7%에 이르고 계열 금
융회사의 직접지원 사례도 51.3%에 이르는 것으로 나타났다(재정경제부
2004). 금융계열사를 통한 내부거래는 다양한 수단과 방법을 통해 이루어진
다. 특히 금융계열사에 의해 이루어지는 타 계열사 지원은 ① 총수의 경영
권 승계의 도구로 이용되거나, ② 계열 금융기관이 총수의 경영권 유지를

표 2-27	대우그룹의 유형별 부당지원행위			〈단위 : 100만 원〉
지원 행위	지원 주체	지원 객체	지원성 거래 규모	지원 금액
발행어음 우회 매입을 통한 과다 대출	대우캐피탈 등 3개사	(주)대우 등 5개사	849,274	66,403
기업어음 직접 매입을 통한 지원	대우캐피탈 등 3개사	(주)대우	3,826,729	4,077
관계회사 발행 기업어음 매입을 통한 지원	서울투신운용 등 3개사	(주)대우 등 5개사	245,000	2,772
외환 거래를 통한 지원	(주)대우	대우중공업	463,786	6,873
대금 미수령	(주)대우	대우정밀공업 등 3개사	12,582	1,531
광고료 선급금 지급	대우자동차 등 2개사	부산매일신문	32,695	4,184
합계			5,430,066	85,840

출처 : 공정거래위원회 내부자료, 김동환(2006) 재인용.

위해 계열사 지분을 보유하는 경우, ③ 계열 금융기관이 부실한 계열사에 부당 지원하는 경우, ④ 계열 금융기관이 재벌의 계열사 확장을 위한 전주錢主로 사용되는 경우 등 다양하다(최한수 2005). 이는 금융계열사를 매개로 한 내부거래가 결국 계열사 확장과 이들에 대한 총수 지배력을 유지하는 수단으로 기능 한다는 것을 의미한다.

그뿐만 아니라 금융계열사를 통한 내부거래는 '산업자본과 금융자본의 분리'라는 원칙을 훼손할 수 있다는 점에서 일반 비금융 계열사를 통한 내부거래에 비해 훨씬 더 심각한 문제이다. 예를 들면 동부생명, 동부화재, 동부캐피탈 등이 순환출자에 참여하고 있는 동부그룹은 금융계열사인 동부화재와 동부생명(및 동부건설)을 통해 아남반도체를 인수했고,[26] 아남반도체

---

[26] 2002년 7월 25일 동부화재해상보험(주)과 동부생명보험(주)은 아남반도체(주)가 실시하는 600억 원의 유상증자에 제3자 배정 방식으로 참여하면서 정상가격이 주당 5,000원에 미달함에도

가 다시 동부전자에 출자하고 이를 근거로 동부전자가 산업은행이 중심이
된 신디케이트단으로부터 대규모 차입을 실시했다(김상조 2002). 또 동양재벌
의 동양캐피탈 등 3사는 2001~03년까지 네 번에 걸쳐 동양생명에 11~12%
의 이자율로 후순위 대출을 했는데, 이는 시장금리보다 지나치게 낮은 금리
를 적용한 것으로 명백한 부당지원 행위였다. 자본잠식으로 지급여력 비율
이 68%까지 떨어진 동양생명이 금융감독위원회가 제시한 지급여력 비율
100%를 넘기기 위해 계열사를 동원한 것이다.

4. 금융계열사 성장과 금융자본의 산업자본 지배

1) 금융계열사 소유의 효과

　재벌들의 성장 과정에서 주목해야 할 또 다른 사실은 금융업에 대한 진
출, 즉 '산업자본의 금융자본 지배' 현상과, 이들 금융보험 계열사를 통한 비
금융보험 계열사의 지배, 즉 '금융자본의 산업자본 지배' 현상이다. 뿐만 아
니라 계열사 간 부당 내부거래와 이를 통한 계열사 지원의 우회로로 금융
계열사가 동원되는 경우도 많다. 그동안 삼성, LG, SK, 현대자동차를 비롯
한 대규모 재벌들의 성장은 주력 계열사 중심으로 이루어져 왔다. 예를 들

액면가 5,000원으로 신주 1,200만 주(동부화재해상보험 1,000만 주, 동부생명보험 200만 주)를
인수했다(공정거래위원회 2004f).

면 삼성은 전자 및 정보통신, LG는 정보통신, SK는 텔레콤과 정유, 현대자
동차는 자동차 등이 그것이다. 그러나 금융업의 경우 제1금융권 소속 기업
들에 대한 정부의 소유제한 정책에도 불구하고 재벌들은 이러한 주력 업종
못지않게 금융계열사들을 핵심 사업으로 지정·육성해 왔다.

　실제로 삼성, 지주회사 전환 이전의 LG, 현대 등 주요 재벌은 증권, 보험
등 은행을 제외한 모든 업종의 금융회사들을 계열사로 거느리고 있다. 과
거 재벌은 금융회사를 그룹의 자금줄로 기능하도록 육성해 온 것이 사실이
다. 그래서 '재벌 사금고'라는 별칭이 붙기도 했다. 최근에는 계열사 임원들
에 대한 스톡옵션 부여 등 각종 보험, 자산위탁 및 운용 등 막대한 수익 사
업을 담당할 계열사로서 금융회사를 설립하거나 인수하기도 했다.

　재벌의 금융업 진출은 1980년 초에 끝난 은행 민영화와 함께 시작되었
다. 금융업 진출은 은행을 비롯한 금융기업을 계열기업으로 직접 소유하거
나 출자를 통해 대주주가 됨으로써 실질적인 지배권을 행사하는 형태로 나
타난다. 그런데 금융업 진출은 정부의 허가에 의한 철저한 특허에 의해서
만 진입이 가능했다. 정부로부터 금융업과 관련된 특허를 얻는 것은 일종
의 특권이었으며, 따라서 기업 경영상의 위험을 정부 혹은 대출자인 은행
에 전가할 수 있었다. 이러한 점 때문에 금융기업의 소유는 다수 계열사로
이루어진 재벌의 유지에 매력적인 수단이 되었다. 한 실증 연구에 따르면
제조업을 중심으로 하는 우리나라 재벌기업들의 금융업 진입이나 겸업이
제조업의 효율성을 높이지 못하는 것으로 알려져 있다(좌승희 1998, 160). 그
럼에도 금융기관을 계열회사로 소유하려 하는 것은 계열 금융기업을 통해
기업 경영에 필요한 자금조달[27]과 관리는 물론 기업집단의 규모 확장과 계
열기업에 대한 지배관계를 유지할 수 있기 때문이다.

　그런데 이러한 지원은 계열소속 금융기관의 직접적인 지원[28] 이외에도

다른 기업집단 소속 타 금융기관을 우회한 자금지원,[29] 대기업집단 모기업
의 금융관련 서비스의 제공, 경쟁 기업에 대한 정보제공, 경쟁 기업을 대상
으로 한 여신지원 제한 등 다양한 형태로 나타난다(박경서 1997, 32). 뿐만 아
니라 기업집단 내 모기업을 비롯한 비금융보험 계열사에 의해 이루어지는
금융계열사에 대한 지원도 기업집단의 지배력을 공고하게 하는 역할을 한
다. 즉, 유상증자 참여 또는 후순위채권 인수 등에서 계열 증권, 투자금융
및 종합금융사들에 대한 우선 배정이나, 계열 투신사에 대한 장·단기 운영
자금 배정 등을 통해 금융계열사를 지원하는 것이다. 이외에도 금융보험
계열사는 총수 개인의 지분관리 등을 통해서 다각화된 기업집단에 대한 지
배력을 유지하는 중요한 수단과 통로로 활용되었다. 특히 금융계열사의 규
모가 커질수록, 그리고 여신과 수신, 유가증권 투자 등 다양한 금융 업무를
수행하면 할수록 계열소속 금융회사가 재벌의 지배수단으로 기능할 가능
성은 더욱 커지게 된다(이윤호 1999, 369). 뿐만 아니라 비금융보험 계열기업

[27] 재벌이 진출한 금융기관은 시중은행을 제외한 지방은행, 투자금융회사, 종합금융회사, 상호신
용금고, 증권회사, 생명 및 손해보험회사, 신용카드회사, 리스회사, 창업투자회사 등이 있는데 이
중 마지막 세 개 회사는 기업집단의 자금통로 역할을 수행할 수 없다.

[28] 공정거래위원회에 따르면 그동안 공정거래위원회가 조사를 통해 확인한 부당 내부거래 중 계
열 금융회사의 직접지원 사례는 총 지원액의 29%에 달하고 있다(공정거래위원회 2004a).

[29] 예를 들면 A재벌 소유 증권사가 B재벌 계열사 발행 증권을 인수해 주는 조건으로 B재벌 소유
증권사가 A재벌 계열사 발행 증권을 인수하는 방식이 그것이다. 또한 예금자가 금융기관에 돈을
맡기면서 어디에 투자해 달라고 투자처를 지정하는 특정금전신탁제도도 우회적인 지원 방식의 하
나다. 기업집단은 이를 통해서 CP 매입자금을 지원하거나 외화자금을 저리에 대출해 준다. 삼성
의 경우 삼성생명보험은 조흥은행을 비롯한 8개 은행 특정금전신탁 계정에 2,335억 원을 예치한
뒤 이들 은행에 삼성자동차 삼성에버랜드, 한솔제지 등 계열사가 발행한 CP를 낮은 금리로 매입
하도록 했다(『매일경제신문』 1998/07/29).

과 마찬가지로 자본의 이중 혹은 중복 계상, 경영 자율성 제약 등은 이들 금융계열사의 건전한 자산 운영을 저해하는 결과를 초래했다. 따라서 재벌의 금융산업 진출은 이른바 재벌기업의 "집단화 효과"를 극대화하는 것이라는 점에서 다른 분야에 대한 진출과는 구분되는 특성이 있다.

2) 금융계열사의 성장

재벌의 금융업 진출은 1997년 외환금융위기에서 본 것처럼 과도한 차입 경영과 기업 부실에 따른 부실 채권을 증가시킴으로써 금융 체제 전반을 위기에 빠뜨린 주요 원인으로 작용했다. 그 결과 위기 이후 진행된 금융 구조조정은 재벌의 금융산업 진출에도 커다란 영향을 미쳤다. 그중에서도 상위 4대 재벌의 금융업 부문은 큰 변화가 있었다.

1998년과 1999년 두 해 동안 4대 재벌의 금융계열사 변동 상황을 보면, 특히 현대의 변화가 주목된다. 현대는 1999년 3월 현대종합금융을 강원은행에 합병했으나 강원은행이 조흥은행에 흡수합병되어 현대계열사 목록에서 사라졌다. 1999년 3월 기아자동차를 인수하면서 따라온 기아포드할부금융은 곧 청산되었고, 현대해상화재보험이 1998년 12월에 친족 분리되었다. 그러나 2000년 2월에는 생명보험업에 진출했다. 이 같은 변화를 거쳐 현대의 금융계열사 숫자는 1997년 11개에서 1999년 아홉 개로 감소했다.

삼성은 같은 기간에 큰 변화를 보이지 않았다. 삼성생명이 삼성생명투자신탁운용을 설립하고, 기존의 삼성투자신탁운용을 합병했다(1999년 12월). 또 계열사들의 전액 출자에 의해 삼성벤처투자가 1999년 10월 설립되었으며, 보광창업투자가 1999년 3월 보광그룹으로 계열 분리되었다. 결과

표 2-28 금융계열사와 비금융계열사 간 지원 유형

	금융계열사의 비금융계열사 지원	비금융계열사의 금융계열사 지원
일반적 유형	• 자금의 직접지원(대출, 사채 인수와 매입, 증자 참여 등) • 자금조달의 지원(지급보증 등) • 주가 및 지분 관리 • 금융 정보 및 경쟁업체 정보 제공	• 금융 업무의 우선 배정 • 자금 지원 • 비금융 자원의 이용 기회 제공
증권회사	• 계열사에 유가증권 발행 서비스 제공 • 계열사 발행 증권에 대한 지급보증 • 계열사의 주가 관리 • 동일인 및 계열사의 지분 관리	• 유가증권 발행 및 유통 업무(위탁거래) 등 금융 업무의 우선 배정 • 발행사채의 인수 • 고객예탁금 예탁
투자신탁회사	• 계열사 발행 유가증권의 펀드 편입 • 계열증권사가 인수한 증권의 펀드 편입 및 주가 관리 • 계열증권사를 통한 위탁 거래 • 콜론 등에 의한 자금지원	• 장단기 운영자금의 우선 배정 • 계열 금융기업의 수익증권 매입 • 옵션 등을 이용한 계열 금융기업이나 펀드 간 이익의 대체
종합금융회사	• 계열사 어음 인수 및 매출 • 계열사 어음 CMA 편입 • 리스자금 제공	• 단기 여유자금의 우선 배정 • 발행 사채의 인수
보험회사	• 계열사에 대한 대출 • 계열사 발행 유가증권에 대한 투자 • 유상증자 참여 • 동일인 및 계열사의 지분 관리	• 기업의 영업망 제공 • 계열사 직원의 보험 가입

출처 : 이윤호(2005).

적으로 삼성의 금융계열사는 1997년의 8개에서 9개로 늘었다. LG그룹의 경우는 1999년 11월 LG종금이 LG증권으로 흡수합병되어 LG투자증권으로 새로 태어났고, LG화재해상보험과 LG창업투자는 친족 분리되었다. LG의 금융계열사가 1997년 9개에서 1999년에는 다섯 개로 가장 큰 축소를 보였다. 한편 SK의 금융계열사 변동은 없었다.

이러한 금융보험업 분야의 계열사 변동에도 불구하고 우리나라 재벌들은 소유제한이 없는 제2금융권을 중심으로 산업자본의 금융 지배를 점점 강화해 왔다. 예를 들어 1998~2002년 사이에 대기업집단 금융회사 비중이 자산 기준으로 생명보험사는 42% → 54%, 손해보험사는 45% → 56%, 증

기업집단	2001	2002	2003	2004	2005	2006	기업집단	2001	2002	2003	2004	2005	2006
삼성	8	9	9	8	9	10	CJ	4	4	3	3	3	3
LG	5	5	5	4	1	0	동양	9	8	8	8	8	7
SK	4	5	5	5	3	2	코오롱	2	2	2	2	2	1
현대자동차	1	4	4	2	2	2	한솔	4	3	3	1	0	0
한진	2	2	2	2	1	1	현대산업개발	1	1	1	1	1	1
롯데	1	1	2	2	2	2	영풍	1	0	0	0	0	
포스코	1	1	1	1	1	1	대한전선	0	0	1	1	2	2
한국토지공사	0	1	1	1	1	1	동원	0	5	6	6	-	
한화	4	4	6	6	6	7	부영	0	1	1	1	1	1
현대중공업	0	3	3	3	3	3	태광산업	3	3	3	4	4	6
현대	8	3	3	1	1	1	삼보컴퓨터	0	0	2	-	-	
금호	3	2	2	2	2	2	대성	0	0	1	2	2	2
두산	2	2	2	1	1	2	대상	0	1	1	-		
동부	6	6	6	6	7	7	KCC	-	-	-	3	2	2
효성	1	1	1	1	1	1	기타	3	0	0	2	1	1
대림	3	1	1	1	1	1	합계	76	78	85	80	68	69

주: 각 년도 4월 기준.

권회사는 44% → 52%로 증가했다. 대기업집단[30] 소속 계열금융보험사의 수도 2001년 4월 76개, 2002년 4월에는 78개, 그리고 2003년 4월에는 85개로 늘었다. 이후 전체 상호출자제한 기업집단 전체의 금융보험 계열사 수는 감소하고 있지만 삼성, 한화, 동부, 동양, 태광산업 등의 금융보험계열사 수는 변화가 없거나 이전보다 오히려 더 증가했다(〈표 2-29〉).[31]

[30] 상호출자제한 기업집단은 2001년 30개, 2002년 43개, 2003년 49개, 2004년 51개, 2005년 55개, 2006년 59개다(매년 4월 1일 기준).

[31] 2000년 및 2001년 현대 그룹의 경영 부실 등에 의해 5개 금융보험사가 계열 제외(현대기술투

| 표 2-30 | 상호출자제한 기업집단 내 금융보험업의 자산 비중 분포(2005년 4월 1일) | 〈단위 : %〉 |

금융업 자산 비중	재벌
10% 미만(47개)	한전(0.0), LG(0.8), SK(9.4), 한국도로공사(0.0), 롯데(8.2), KT(0.0), 포스코(0.0), 대한주택공사(0.0), 한진(1.0), GS(0.0), 한국토지공사(4.2), 현대중공업(1.4), 한국가스공사(0.0), 두산(0.4), 한국철도공사(0.0), 신세계(0.0), GM대우(0.0), CJ(8.1), LG(0.0), 동국제강(0.0), 대림(0.1), 대우건설(0.0), 대우조선해양(0.0), 효성(6.8), 코오롱(2.1), KT&G(0.0), 농업기반공사(0.0), STX(0.0), 현대백화점(0.0), 현대오일뱅크(0.0), KCC(1.2), 세아(0.0), 현대산업개발(0.4), 하나로텔레콤(0.0), 한솔(0.0), 부영(0.6), 대한전선(1.7), 영풍(0.0), 이랜드(0.0), 대성(1.6), 대우자동차(0.0), 농심(0.0), 동양화학(0.0), 하이트맥주(0.0), 문화방송(0.0), 삼양(0.0), 한국타이어(0.0)
10~30%(2개)	현대자동차(17.9), 금호아시아나(25.9)
30~50%(2개)	동부(45.3), 현대(34.5)
50~70%(2개)	삼성(56.2), 태광산업(61.6)
70% 이상(2개)	한화(73.9), 동양(75.7)

출처 : 공정거래위원회(2005a).

    금융보험사의 계열사 출자는 규모가 큰 재벌일수록 더욱 증가하는 경향을 보이고 있는데(공정거래위원회, 2004b) 이들 금융보험사 계열사들이 각 그룹에서 차지하는 비중을 살펴보자. 2005년에 지정된 55개 상호출자제한 기업집단(자산 2조 원 이상인 기업집단)의 그룹 내 금융보험업의 자산 비중을 보면 47개 기업집단이 10% 미만이다. 그러나 한화와 동양은 70% 이상, 삼성과 태광산업 그룹이 50% 이상을 차지하고 있어 두 집단 사이의 차이가 크다는 것을 알 수 있다(〈표 2-30〉). 네 재벌 중에서 금융업의 비중은 삼성재벌이 가장 낮지만, 삼성을 제외한 세 개 기업집단은 삼성과 규모 면에서 비

자, 현대기업금융, 현대생명, 현대선물, 현대울산종합금융)되고, 쌍용, 고합그룹 등이 지정 제외됨에 따라 3개 금융보험사(쌍용캐피탈, 쌍용화재해상보험, 서울할부금융)가 지정 제외되었다.

교도 할 수 없다는 점에서 삼성재벌 내 금융보험업 비중은 유례가 없는 것이다. 2005년 삼성재벌의 금융계열사[32] 9개사의 총자산은 117조6,000억 원으로, 그룹 전체의 총자산 209조1,000억 원의 56.2%를 차지하고 있다.[33]

3) 산업자본의 금융자본 지배

재벌의 금융보험 계열사 소유 역시 비금융보험 계열사의 출자와 지분 소유를 통해서 이루어지는 것이 보통이다. 연도별 상호출자제한 기업집단으로 지정된 기업집단 소속 계열사들이 보유한 계열 내 금융보험사의 지분을 통해 산업자본의 금융지배 현황을 살펴보자. 2006년 4월 우리나라 출자총액제한 기업집단 소속 금융보험계열사의 평균 내부지분율은 55.8%, 상호출자제한 기업집단의 경우에는 67.9%에 이를 정도다. 즉, 출자총액제한 기업집단 금융계열사 지분의 절반 이상, 상호출자제한 기업집단 금융보험계열사 지분의 3분의 2 이상을 같은 그룹 내 계열사들이 소유하고 있는 것이다. 2002년 이후부터 변화를 보면 2003년 5월까지 1년 동안은 금융보험계열사의 내부지분율이 약간 감소하는 경향을 보였다. 출자총액제한집단

32 2005년 4월 삼성그룹의 계열사는 총 61개사로, 그 중 금융기관은 삼성벤처투자(주), 삼성생명보험(주), 삼성선물(주), 삼성증권(주), 삼성카드(주), 삼성투자신탁운용(주), 삼성화재해상보험(주), (주)생보부동산신탁, 삼성화재손해사정서비스(주) 등 9개사다.

33 2002년 말, 금융계열사의 그룹 내 자산 비중이 70%가 넘는 한화, 동부, 동양, 동원 등은 그룹 전체 매출의 30% 이상을 차지하고 있고, 태광산업도 30%가 넘는다. 그룹 내 자산 비중이 50%를 넘는 삼성과 현대의 경우, 매출액의 그룹 내 비중은 10~30%를 기록하고 있다. 금호는 그룹 내 자산 비중이 30% 미만인 것에 비하면 금융업의 매출액 기여도가 높은 편에 속한다.

표 2-31 재벌 소속 금융보험계열사의 내부지분율 변동 현황(2002~2006년) 〈단위 : %〉

기업집단	2002	2003	2004	2005	2006	기업집단	2002	2003	2004	2005	2006
삼성	58.59	58.60	59.51	75.05*	81.22	롯데	42.54	85.67	95.45	97.92	97.10*
LG	26.02	16.74	30.43	70.70	-	효성	100.00	100.00	100.00	100.00	100.00
SK	55.65	60.93	79.69	81.94	52.37	대림	40.00	40.00	57.00	60.00	60.00*
현대자동차	91.90	93.51	89.33	81.26	54.01	CJ	42.93	41.83	53.74	51.21	51.21*
한진	29.19	28.57	37.20	34.34*	30.87*	동양	59.70	53.75	60.28	72.80	65.51
한화	30.26	33.04	36.82	35.08	35.44	코오롱	72.96	88.38	100.00	73.93	100.00
현대중공업	69.79	69.79	72.82	72.82*	70.60*	한솔	68.79	57.37	99.59	-	-
현대	25.66	25.51	19.26	15.12	16.54	대한전선	-	91.80	91.80	74.59	79.41
금호	74.64	87.77	92.90	86.77	67.05	동원	35.95	46.46	73.32	-	-
두산	89.57	89.83	100.00	100.00	100.00	부영	55.00	55.00	77.50	72.50	72.50
동부	52.32	51.41	71.02	71.31	71.24	태광산업	35.63	35.63	93.43	96.86	74.49
						삼보컴퓨터	-	39.76	-	-	-
						대성	-	48.28	-	-	-
						현대산업개발	-	-	-	63.92	64.14
						KCC	-	-	-	-	100.00
출자총액제한 기업집단 계	44.94	41.91	49.91	49.18	55.82	상호출자제한 기업집단 계	46.93	44.67	70.58	74.88	67.92

주 : 각 년도 4월 기준 발표 금융보험계열사임. 단 2004년과 2005년은 대성, KCC, KT, 포스코, 한국토지공사, 2006년은 대성,
중앙일보, 포스코, 한국토지공사 소속 계열사를 제외했음.
2005~06년 출자총액제한 집단의 *은 상호출자제한 기업집단에 속한 기업집단이며, 2006년 상호출자제한 집단의 *은
출자총액제한집단 소속 집단임.

의 경우 금융보험사의 내부지분율이 3.03%p 감소해 41.91%를 나타냈다.
또 동 기간에 상호출자제한 기업집단 소속 계열사들이 보유하고 있는 계열
금융보험사의 지분은 46.93% 에서 44.67%로 2.26%p 감소했다. 그러나 여
기에는 한화그룹의 대한생명 인수건[34]이 포함되어 있다. 따라서 이를 제외

---

[34] 한화그룹은 대한생명보험(주)의 인수로 계열금융보험사의 자본금 총액이 2001년 2,700억 원
에서 2002년 4조500억 원으로 증가해 내부지분율이 크게 낮아졌다.

한 경우, 금융보험사 내부지분율은 46.93%에서 49.39%로 2.46%p 증가했다. 그러나 이후 금융보험사의 내부지분율은 다시 증가하기 시작했다. 상호출자제한 기업집단의 경우 2005년에서 2006년 사이에만 내부지분율이 감소했을 뿐이다(〈표 2-31〉).

4) 금융자본의 산업자본 지배

비금융보험 계열사 등을 동원한 금융계열사 주식 보유와 반대로 금융보험사를 통해 계열사를 확장하는 경우를 살펴보자. 금융계열사를 통한 지배력 유지와 확대 효과는 재벌들의 금융업 신규 진출의 강력한 유인인데, 이는 '금융자본의 산업자본 지배'뿐만 아니라 '금융자본이 지배하고 있는 산업자본의 금융자본의 지배'라는 심각한 문제를 가지고 있다. 그것은 첫째, 금융기업 자산의 대부분은 부채, 즉 저축자의 자금으로 구성되어 있다는 점이다. 따라서 금융기업의 이사·경영자·지배주주는 주주에 대해서만이 아니라 저축자에 대해서도 일반기업의 이사·경영자·지배주주가 부담하고 있는 선량한 관리자로서의 주의 의무(이하 선관주의의무善管注意義務)와 충실의무에 버금가는 의무를 지고 있다.

둘째, 생명보험사나 투자신탁 등 금융계열사는 대부분이 비공개기업이다. 따라서 이사·경영자·지배주주의 신임의무를 통해 그 이익을 보호할 외부 주주가 사실상 존재하지 않는다. 이것은 비금융기업의 경우 문제를 단순하고 투명하게 만드는 효과가 있으나, 금융기업의 경우에는 오히려 저축자에 대한 신임의무 위반의 가능성을 높이는 반면 이에 대한 제재 가능성을 낮추는 문제를 낳는다.

기업집단	2001	2002	2003	2004	2005	2006
삼성	25	26	26	27	27	26
LG	17	18	21	9		
SK	5	6	8	8	5	2
현대자동차	4	8	8	5	4	4
한진	4	4	6	6		
롯데	0	0	1	1	2	2
한화	4	4	8	7	6	8
현대중공업	2	2	2	2	2	2
현대	19	8	11	3	3	3
금호	1	1	1	2	1	1
동부	11	9	10	10	9	9
CJ	2	3	4	1	1	1
코오롱	2	2	2	2	2	
동양	12	9	10	11	12	10
한솔	1	4	3	3		
태광산업	5	4	4	5	4	7
현대산업개발	0	1	1			
동원		9	9	6		
대한전선				1		
중앙일보						1
삼보컴퓨터		0	9			
합계	114	118	144	109	78	76

출처 : 공정거래위원회.

마지막으로, 비공개기업의 특성상 생보사와 투신사 같은 경우에는 집중된 소유구조를 갖는데, 그 지배주주는 대부분 자연인이 아니라 법인이며, 많은 경우 산업자본이다. 따라서 모기업의 이익을 위해 자회사의 이익이 희생될 가능성이 크며, 결국 가입자나 저축자의 희생으로 귀착될 가능성이 높다(김상조 2002).

금융자본의 산업자본 지배 현황을 보면, 2006년 4월 금융보험사 출자가

표 2-33 금융보험사의 계열사 주식 보유 현황　〈단위 : %, 보통주 기준, 매년 4월 1일〉

기업집단	2001	2002	2003	2004	2005	2006
삼성	2.72	3.29	3.23	7.58	16.40	16.30
LG	4.79	5.43	5.34	3.52	-	
SK	0.36	0.70	0.88	1.34	2.62	0.28
현대자동차	4.94	7.71	11.04	7.88	4.67	4.06
한진	2.28	2.39	2.68	1.51	-	
롯데	0.00	0.00	45.00	4.59	4.54	4.54
한화	5.34	5.34	8.66	2.51	2.76	3.17
현대중공업	74.00	74.00	74.00	65.03	65.03	67.01
현대	4.72	11.22	13.09	4.86	6.15	6.15
금호	1.37	1.04	6.24	2.84	6.24	16.30
동부	9.78	11.21	6.11	8.69	9.32	13.75
CJ	26.65	18.36	17.10	91.80	91.80	91.80
동양	18.23	19.76	19.48	40.12	42.74	36.60
코오롱	8.54	7.97	7.97	2.50	2.50	
한솔	6.28	25.21	29.89	28.78	-	
동원	0.00	21.41	30.12	63.64	-	
태광산업	13.60	14.03	14.03	8.62	16.12	16.55
삼보컴퓨터	0.00	0.00	2.58	-	-	
중앙일보						0.72
기업집단 평균	4.62	7.40	8.06	9.94	12.58	12.40

출처 : 공정거래위원회.

있는 13개 기업집단 소속 금융계열사(총 26개)들은 모두 76개 비금융보험 계열사의 지분을 보유하고 있다. 물론 이 숫자는 2001년 총 19개 기업집단 의 금융보험사가 주식을 보유한 계열사 수인 114개보다는 적은 수다(〈표 2-32〉). 금융보험계열사 출자금의 총액은 2조3,089억 원인데, 이 중 삼성 혼 자 1조2,682억 원을 출자함으로써 전체의 절반을 넘었다.

금융계열사가 보유한 계열사 수가 가장 많이 증가한 해는 2002년에서 2003년 사이로 상호출자제한 기업집단 소속 금융·보험사가 지분을 보유하고 있는 계열회사 수가 2003년 4월 144개를 기록했다. 이는 2001년 4월의 114개사에서 2002년 4월 118개사로 계열사가 증가한 것에 비해 아주 큰 것이다. 그중에서도 LG그룹이 18개사에서 21개사로, 한화가 4개사에서 8개사로, 분리된 현대 재벌이 8개사에서 11개사로 각각 증가했다.

금융보험사의 계열사지분율 역시 2001~05년 사이 계속 상승(4.62%→7.40%→8.06%→9.94%→12.58%)했다(〈표 2-33〉). 2006년에는 2005년에 비해 약간 감소해 12.40%를 기록하고 있다.

이를 좀 더 구체적으로 살펴보자. 2003년 3월 기준으로 2002년 대비 기업집단별 계열사 주식 증감 현황을 보면, 금융보험사를 보유하고 있는 19개 집단 중 10개 집단의 계열사 지분이 상당히 증가했음을 알 수 있다.[35] 나머지 9개 기업집단 중 5개 집단은 변동이 없으며, 4개 집단은 금융보험사가 보유한 계열사 지분이 근소하게 감소했다. 이것은 2002년 1월 계열 금융보험사의 계열사 주식에 대한 의결권제한 완화로 인해 계열사 주식 취득 유인이 증가했기 때문이다.

〈표 2-33〉에서 읽을 수 있는 또 다른 특징은 2004년에 비해 출자에 동원된 계열사 수가 감소했음에도 금융보험사가 가진 다른 계열사에 대한 지분율 평균이 크게 상승했다는 점이다(9.94%→12.58%). 이것은 전체 집단의 출자금이 2004년에 비해 692억 원(2조3,615억 원→2조4,307억 원) 증가했기 때문이다. 개별 집단을 살펴보면 삼성과 태광산업의 지분율이 크게 높아진 것에 비해 현대자동차가 가장 많이 감소했다(7.88%→4.67%).

---

[35] 한화 5.34→8.66%, 금호 1.04→6.24%, 한솔 25.21→29.89%, 동원 21.41→30.12% 등이다.

제3장

재벌개혁의 성과와 한계

1. 기업 구조조정과 기업 지배구조 개혁

2. 주식시장의 발전과 은행의 역할

3. 기관투자가의 역할과 경영권 시장

4. 기업의 주주 가치 경영 실상

1. 기업 구조조정과 기업 지배구조 개혁

벱척Lucian Bebchuk은 주식회사의 소유구조 형태를 분산 소유구조dispersed ownership: DO, 대주주가 주식의 절반 이상을 점유하는 지배적 구조controlled structure: CS, 그리고 낮은 지분율이지만 회사를 실질적으로 지배하는 지배적 소수구조controlling minority structure: CMS로 구분한다(Bebchuk 1999). 이 중 마지막 CMS구조는 우리나라와 마찬가지로 가족지배 복합기업이 많은 미국[1]을 제외한 다른 나라에서 흔히 볼 수 있는 형태다. CMS는 일반적으로 의결권이 다른 주식을 발행하는 차별적 주식 제도·피라미드형 출자 구조·주식 상호 보유라는 세 형태를 보일 수 있지만, 우리나라의 상법은 차등의결권주식과 같은 다중주식제도를 원칙적으로 금지하고 있다. 따라서 앞에서도 살펴보았듯이 우리나라 재벌기업들의 기업지배 형태는 피라미드형 출자, 특히 계열사들 사이의 상호 주식 보유를 기본으로 하고 있다.

소유구조가 어떠하든 주식회사 형태의 기업 지배구조 문제의 핵심은 경영자의 대리인agency 문제를 어떤 방법으로, 그리고 어느 정도 완화시킬 수 있는가 하는 것이다. 대리인 문제를 완화하기 위한 제도적 장치로는 주주총회, 사외이사회, 감사제도 등이 있다. 여기에 경영자의 이해와 주주의 이해를 일치시키는 스톡옵션stock option제도 등도 대리인 문제를 완화하는 방법으로 널리 사용되고 있다. 또 이른바 기업 경영권 시장Market for Corporate Control,

---

1   최근 미국과 유럽, 그리고 아시아 국가 기업 지배구조를 비교한 연구는 미국의 소유집중이 그 동안 과소평가되었으며 미국도 가족 트러스트(family trusts) 중심의 지배주주(controlling shareholder)가 일반적인 예상보다 다수 존재한다는 사실을 규명했다(Gadhoum et al. 2005).

기관투자가의 경영 감시 등 이른바 '시장을 통한 규율' 혹은 외부 견제장치도 경영자의 대리인 행동에 영향을 미친다. 그러나 주식회사제도가 잘 발달한 미국의 경우, 기업 내·외부의 견제장치를 통한 주주들의 경영 감시에도 불구하고 '경영자자본주의'의 틀을 지속하고 있다. 그만큼 기업 경영자의 재량권이 크고, 이들의 대리인 행동 가능성이 큰 것이다. 이는 주식회사 중심의 기업 시스템 내에서 경영자의 대리인 행동을 완전하게 막을 수 있는 제도적 장치를 만든다는 것이 현실적으로 쉽지 않음을 의미한다.

다른 한편으로 소유와 경영의 분리에서 비롯되는 대리인 행동을 완화하기 위하여 지배주주에게 기업 경영을 맡기는 방법이 있다. 이 방법은 경영자의 대리인 행동이 초래하는 문제를 일부 완화할 수는 있지만, 대신 다른 여러 가지 문제점을 야기한다. 지배주주가 경영지배권을 행사하는 과정에서 주주나 경영자·종업원 등 다른 이해당사자의 이익에 반하는 결정을 내릴 수 있고 이를 통해 그들의 부를 지배주주 자신에게 이전할 수 있기 때문이다. 지배주주에 의한 몰수expropriation 가능성은 기업의 합리적 의사 결정을 저해한다. 예컨대, 적은 지분을 가진 지배주주는 기업에 과다한 위험 부담을 주는 채무를 통해 자금을 조달하려는 투자계획을 선호할 수 있으며, 경영을 통제하는 지배주주에 의한 해고 위협이 상존하는 환경 속에서 경영자·피고용자의 유인이 왜곡될 수 있다. 이러한 가능성은 기업의 외부 자금조달에도 지장을 초래한다.

몰수 가능성에 따른 폐해는 위에서 말한 CMS구조에서 더욱 심각해진다. 즉, 특정 개인이나 그 가족이 소유권을 현저히 능가하는 지배권을 보유하면서 기업을 경영하게 되면, 대출 은행이나 다른 주주들이 이들을 효과적으로 감독·견제하기 어렵다. 이는 현재 우리나라 재벌기업에서 볼 수 있는 전형적인 현상이다. 따라서 재벌기업의 기업지배 문제는 경영자와 지배주주 간의 대리인 문제가 아니라 지배주주와 소수주주 간의 갈등에서 비롯된다고 할 수 있다(이규억 2002). 따라서 총수와 그 일가가 다수 계열사를 지배주주로서 지배하고 있는 기업 시스템 하에서 지배구조 개선은 애초부터 경영자의 대리인 행동을 방지하여 경영자자본주의를 극복해야 하는 문제와 총수의 지배력을 약화시켜야 한다는 두 가지 문제를 동시에 해결해야 한다는 의미를 내포하고 있었다.

1) 사업구조조정과 재무구조 개선의 실상

기업 지배구조 개선을 위한 내·외부의 견제장치를 살펴보기 전에 외환금융위기 이후 우리나라 재벌기업의 사업구조조정과 재무 구조 개선 실태와 그 결과를 살펴보자.

우리나라 재벌기업들은 외환금융위기 이후 사업구조조정, 계열사 간 지급보증 해소와 분사화, 부채비율 축소 등 재무구조 개선 조치를 단행했다. 그 결과 부실사업 혹은 한계사업의 정리나 부채비율 축소, 계열사 간 지급보증 해소, 내부지분율의 하락, 사외이사의 확대 등 정량적인 지표들은 상당히 개선되었다. 그러나 이러한 지표 개선이 가지는 상징적인 의미에도 불구하고[2] 그것은 한계가 많은 것이었다. 예를 들면, 사업구조조정은 사업성이 떨어져 이미 정리할 수밖에 없는 사업 부문을 정리하는 것이었으며, 계열사 축소도 주로 합병, 예컨대 다른 계열사의 해당 사업부 인수 등의 방

---

2 기업 구조조정이 몇 가지 긍정적 변화들을 담고 있음에도 불구하고 전체적으로 볼 때 한국 기업부문의 활력을 저해했다고 비판한다(신장섭·장하준 2003).

표 3-1 30대 대기업의 종업원 수 추이							〈단위 : 1,000명〉
년도	1997	1998	1999	2000	2001	2002	2003	2004
30대 대기업	879	803	711	695	671	645	651	672

출처 : 한국개발연구원(2006).

식으로 이루어진 것으로서, 이들 부실 사업부는 주로 우량 주력 기업들이 떠안게 되었다. 계열 분리 혹은 독립기업화를 통한 핵심 역량의 강화라는 것도 재벌 2·3세들의 재산 분할 등의 의미가 더 컸다. 1987년 이후 삼성은 처음에는 음식료업의 CJ, 제지업의 한솔, 백화점업의 신세계 등 주력 업종을 전문화한다는 취지로 계열 분리를 단행했다. 그러나 이들 '위성 재벌'은 이후 주력 업종 이외의 계열사를 다시 신설하면서 사업 영역을 급속하게 확대했다. 따라서 사업구조조정이라는 이름으로 진행한 재벌기업의 친족 분리는 세포분열의 방식으로 새로운 재벌을 확대재생산하는 과정이라 할 수 있다(송원근·이상호 2005). 오히려 구조조정의 가장 큰 영향은 대규모 인력 감축이었다. 인력 구조조정은 재벌기업에서 심해 30대 대기업의 종업원 수가 외환금융위기 직후인 1997년 88만 명에서 2004년 67만 명으로 급격히 줄어들었다. 삼성의 경우, 1997년 말 총 피고용자 수는 16만7,000명이었는데, 1999년 말에는 11만3,000명으로 2년 사이 무려 32%가 줄었다.

또 부채비율과 내부지분율이 하락하는 등 재무구조가 개선된 데는[3] 대

---

3   삼성재벌은 1999년 6월에 이미 부채비율 200% 이하라는 목표를 달성했다(부채비율 1999년 125.25% → 2002년 67.84%, 차입금의존도 1999년 32.34% → 2002년 13.10%). 1997년 2조 3,000억 원에 달하던 계열사 간 상호 채무지급보증도 여신상환과 신용전환을 통해서 해소해 1999년 말에 완전 해소했다.

규모 유상증자나 자본재평가를 통한 자본 총계의 변동이 크게 영향을 미쳤다. 1999년 상장기업의 유상증자 규모는 29조2,346억 원으로, 이는 2003년 1조4,579억 원, 2004년 5,764억 원에 비하면 엄청나게 큰 규모다(유철규 2004). 외환위기 이후 많은 계열사가 친족 분리나 매각·합병 등을 통해 그룹에서 제외되었지만 자본금이 4조4,4336억 원에서 8조4,633억 원으로 크게 늘어난 삼성재벌의 경우 이러한 변동은 대규모 유상증자를 통한 것이었고, 이것이 그룹 전체의 재무 관련 비율을 개선시키는 효과를 가졌다.[4]

오히려 재벌들은 외환금융위기 이후 막대한 공적자금을 투입한 기업 구조조정의 이득을 누리기도 했다. 한 연구에 따르면 2001년 말 총 155조 원에 이르는 공적자금 중에서 재벌을 포함한 기업 부문의 수혜율이 90%를 상회하는 것으로 나타났다(홍영기 2004). 삼성재벌의 경우에도 빅딜big deal을 계기로 유화를 포함 항공, 발전설비, 선박용 엔진 등 적자 및 부채 규모가 큰 사업을 정리할 수 있었고, 그룹 차원에서 퇴출을 결정한 항공기 사업을 컨소시엄에 넘겨준 이후에도 동 컨소시엄의 주도권을 확보했다. 삼성종합화학도 현대석유화학과 합병으로 아시아 거대기업으로 재탄생했고, 약 2조 원의 출자전환 혜택까지 누렸다.

---

4 자산 규모는 오히려 약간 증가하고 있다. 1998~99년에 부채가 11조6,000억 원 정도 감소했지만, 자본증가는 12조9,000억 원 증가했기 때문이다. 삼성 역시 자본의 증가폭은 1999년이 더욱 큰데, 1998~99년 자본증가의 주요인은 유상증자(6조8,000억 원), 재평가적립금(4조9,000억 원), 그리고 투자주식평가이익(3조9,000억 원) 등이다(참여사회연구소 1999).

표 3-2 공적자금의 수혜율과 부담률　　　　　　　　　　　　　　　〈단위 : 조 원, %〉

공적자금의 수혜 구조(2001년 말)			공적자금의 손실 부담 구조	
부문	액수	비중	부문	액수
재벌 등 기업 부문	140.4	90.4	금융권 충당분	20(25년)
개인 및 가계 부문	14.9	9.6	정부 재정	49
			회수 곤란	69
계	155.3	100	계	138

주 : 공적자금의 손실 부담 구조는 2002년 3월 말 기준 정부 상환 대책으로 정부 재정에는 조세 혜택 조정, 세원 발굴, 재정 지출 감축 등이 포함된다.
출처 : 홍영기(2004).

2) 내부감시장치 강화의 귀결

　재벌 그룹의 구조 개혁은 사업구조조정뿐만 아니라 지배구조 개선을 위한 내부감시장치의 강화로 나타났다. 기업 지배구조 개선에 대한 요구는 총수 중심의 기업 지배구조의 실패가 1997년 경제위기를 초래한 주요 원인 중의 하나라는 인식 때문에 설득력을 더해 갔다. 외환금융위기 당시 김대중 정부가 재벌에 대해 요구했던 개혁의 본질은 글로벌 금융시장 질서에 순응하는 경제 시스템 혹은 기업 시스템이다. 물론 이 금융 및 기업 구조조정 과정에서 새롭게 도입된 시스템과 제도는 과거 발전국가 시기의 제도와 잘 조응하지 못하는 경우가 많았지만 기본적으로는 '주주자본주의'를 지향하는 시스템이었다. 경제 시스템 변화로 외환금융위기 이전의 정부-기업 간 위험 분담 체계가 본질적으로 변화하면서 재벌과 정부 간 협력 관계 대신 시장 규율이 작동하기 시작한 것이다.

　시장에 의한 기업 규율을 전제로 내부감시장치를 강화하는 대표적 수단은 이사회 중심의 투명경영 혹은 책임경영 체제를 구축하도록 사외이사 비

표 3-3 외환금융위기 전후의 사외이사와 감사위원회 제도 강화

구분	사외이사	감사 및 감사위원회
1999년 이전	증권거래소 상장 규정에 사외이사제도 도입(1998.2)	감사선임 시 대주주 의결권 3% 이내 제한 (1997) 감사위원회 제도 신설(1999)
2000년 1월	사외이사 선임 의무화(4분의 1, 자산 2조 원 이상은 2분의 1) 사외이사후보추천위원회 설치	자산 2조 원 이상 감사위원회 설치 의무화 (3분의 2 이상 사외이사 구성)
2001년 2월	사외이사 후보 추천제도 개선 (1% 이상 보유주주 사외이사 추천권 부여)	감사위원 선임 시 대주주 의결권 3% 이내 제한 감사위원회 위원장 사외이사로 선임

출처 : 이주선(2002).

중을 전체 이사 절반 수준으로 확대하고, 기존의 감사제도도 감사위원회로 바꾸고 그 위원장을 사외이사로 선임해 감사의 독립성을 높이는 것 등이다.

이와 같은 수단들은 기업 지배구조의 글로벌 표준 형성을 목표로 한 정부 정책에서도 확인할 수 있다. 예를 들면 집중투표제cumulative voting system 도입, 서면투표제 도입 및 시행, 내부거래위원회 설치와 운영, 사외이사후보추천위원회 및 사외이사후보추천자문단을 통한 사외이사 선임 등의 네 가지 요건 중 세 가지 이상을 갖추는 기업을 기업 지배구조 모범 기업으로 선정하고 이 기업을 출자총액제한제도에서 졸업할 수 있도록 했다. 이러한 노력의 결과 사외이사 수가 절반을 넘는 기업이 생겨나고, 독립적인 감사위원회가 설치되는 등 기업 내부의 감시장치가 강화되었다. 다른 한편으로는 미국의 엔론Enron사 파산 등 대규모 회계부정 사건을 계기로 회계 감독 및 공시 제도에 있어서 법적·제도적 개선 등이 있었다. 최고경영자CEO 및 최고재무책임자CFO가 재무보고서에 서명하도록 하고(302조), 감사인이 내부 통제 과정을 인증·날인하도록 한(404조) 샤베인 옥슬리법Sarbanes-Oxley Act, SOX의 영향으로 공인회계사법과 외부감사법, 증권거래법 등이 개정됨으로

구분	2003		2004		2005		2006	
	전체	동일 기업	전체	동일 기업	전체	동일 기업	전체	동일 기업
주주의 권리	11.00	11.09	12.15	12.25	11.98	12.12	11.80	12.10
이사회구성	4.75	5.37	3.28	3.61	3.05	3.67	2.90	3.61
이사회운영	7.84	7.91	8.15	8.25	8.57	9.32	9.58	9.99
투명성	10.52	10.92	11.06	11.39	12.09	12.69	12.34	13.00
종합지표	38.39	38.39	39.00	38.61	40.17	41.13	41.26	42.13

주 : 종합지표는 KDI 분석결과 점수로 표준화한 점수.
출처 : 한국기업지배구조개선지원센터.

써 기업 경영에 대한 내부감시 체제가 강화되기 시작했다.

이러한 제도적 변화에도, 공정거래위원회가 (사)한국기업지배구조개선지원센터에 의뢰해 주주 권리 보호, 이사회 구성, 이사회 운영, 투명성 등 4개 부문, 43개 항목을 평가한 결과(한국기업지배구조개선지원센터 2006)에 따르면, 우리나라 상장·등록 기업들의 내부견제 시스템에 대한 평가지수는 전반적으로 여전히 미흡한 것으로 나타났다.[5]

이를 부문별로 보면, 주주 권리를 보장하는 제도로서 집중투표제와 서면투표제 도입 기업이 6.23%와 14.01%(2006년 기준)에 그치고 있고, 이사회 구성에 있어서도 전반적으로 낮은 수준이며, 사외이사의 비중과 역할이 여전히 미흡한 것으로 드러났다. 이사회 운영에 있어서도 성과연동형 스톡옵션 부여 여부, 사외이사 지분 수준 등의 항목에서 매우 낮은 수준을 보였고,

---

[5] 종합지표는 2003년 38점(100점 만점), 2004년 39점, 2005년 40점, 2006년 41점 수준으로 매년 개선되고 있는 것으로 나타났으며, 4년 연속 동일한 기업을 대상으로 분석한 결과는 2003년 38점, 2004년 39점, 2005년 41점, 2006년 42점으로, 개선 정도가 상대적으로 크게 나타났다.

투명성과 관련된 공시 항목들은 대체로 잘 지켜지고 있으나, 개별 이사의 보수 공시 등 자발적인 정보 제공에는 인색한 것으로 나타났다.

한편 규모별로는 자산 2조 원 이상 기업집단 소속 기업들이 기타 기업보다 제도개선 수준이 평균적으로 높으며, 연도별 개선 폭도 크게 나타났다. 이것은 대부분 이사회 구성과 이사회 운영 부문 지표 차이에 기인한다.

그러나 이러한 제도의 실질적 운영과 관련해 이사회 운영의 독립성에 관한 전문가 설문 결과에 따르면 사외이사의 독립성이나 이사회의 지배주주 견제 기능은 2003년에 비해 오히려 더 약화되었다. 즉, CEO 등 사내 등기임원 임용은 94.6%(2003년 93.7%), 사외이사 선임은 87.2%(2003년 79.2%)가 그룹 총수나 구조조정본부에 의해 이루어진다고 응답했고, 특수관계인과 행한 거래에 대한 이사회 논의가 형식적이거나 아무런 논의 없이 통과된다는 대답도 79.1%(2003년 76.0%) 수준을 보여 2003년에 비해 그 기능이 떨어지고 있음을 알 수 있다. 게다가 몇몇 분야의 제도개선에도 불구하고 기업 경영을 감시하기 위한 기업 지배구조 관련 장치는 명목에 불과한 것들이 많았다.[6] 뿐만 아니라 총수지배력의 상징으로서 외환금융위기 이후 폐지 압력이 높았던 이른바 그룹 기획조정실이나 그룹 비서실은 구조조정본부라는 이름으로 명칭만 바뀌었을 뿐 계열사에 대한 총수의 절대적 지배력을 유지하는 실세 기구라는 본질에는 변함이 없었다.[7] 삼성그룹도 '그룹

6 일례로 삼성전자는 2004년 13명의 이사 중 7명을 사외이사로 두고, 전원 사외이사로 구성된 감사위원회를 두고 있었지만 이전 4년 동안 이사회 상정 안건 중에서 반대 안건은 한 건도 없었다.

7 당시 새로 등장한 구조조정본부는 재벌들의 선택이라기보다는 오히려 정부가 유도한 측면이 강했다. 정부는 2년의 기간에 한해 구조조정본부를 두게 하고, 지배 대주주를 업무집행 지시자(de facto director)로 상법에 기재하고 주요 계열사의 대표이사로 등재하도록 의무화해 문제가 생길 경우 경영에 대한 책임을 명시적으로 추궁할 수 있는 토대를 만들었다.

비서실'에서 '기업구조조정본부'[8]로 명칭이 바뀌었지만, 기업구조조정본부는 구조조정 과정에서 이전보다 더 강력한 권한을 가진 기구로서 그룹 내 중요한 의사 결정에 더욱 많은 영향을 미쳤다. 역설적이게도 재벌개혁으로 없어져야 할 구조조정본부가 오히려 그룹의 구조조정을 담당하는 상황이 발생했으며, 나아가 그룹의 경영권 승계 작업을 실질적으로 주도했다. 후술하지만 e-삼성(주)을 기반으로 한 이재용의 인터넷 사업 진출에는 기업구조조정본부가 주도한 그룹 차원의 총력 지원이 있었고, 이를 통해 이재용을 그룹 후계자로 양성시킨다는 계획을 실행해 나갔다.

---

8 1998년 그룹 비서실에서 이름을 바꾼 기업구조조정본부는 법무실, 재무팀, 경영진단팀, 기획팀, 인사팀, 홍보팀, 비서팀 등 7개 실·팀으로 구성돼 있다. 규모는 각 계열사에서 파견한 120여 명 정도이다. 구조조정본부는 그 자체로서 별도 법인이 아니므로 직원들의 실제 소속은 삼성전자, 삼성생명, 제일기획 등이며, 이와 같은 인력 파견도 계열사 간 내부 인력 거래의 한 유형이다.

내부견제장치 개선이 한계를 보이는 것은 소유가 집중되어 있고 경영권 프리미엄이 높은 기업의 지배주주들이 기업 지배구조 개혁에 반대하는 일반적인 경향(LLS & V 1999)의 반영이다. 특히 계열사 간 출자 등을 통해 총수와 그 일가가 실질적 지배주주인 우리나라 재벌기업들의 반발은 더욱 심할 수밖에 없다. 이러한 문제와 별개로 내부감시장치를 통한 경영 규율이 갖는 근본적인 제약도 그것을 실질적으로 강화하지 못한 원인이 되었다. 예를 들면 사외이사의 비중을 50% 이상으로 하고 사외이사 중심의 이사후보추진위원회를 둠으로써 사외이사로 하여금 주주이익에 책임을 지도록 하는 것은 이사회 기능에 대한 과도한 믿음의 대표적 예이다.

3) 투명성 강화

기업 지배구조 개혁과 함께 기업 경영의 투명성에 대한 요구도 높아졌다. 기업 투명성에 대한 요구는 어떤 측면에서는 내부감시장치 개선보다 더 우선해야 할 근본적인 문제다. 이런 측면에서 후진국이나 신흥 시장경제국가들처럼 기업 지배구조 프리미엄이 높은 국가들에서는 사외이사제도, 감사위원회, 집단소송class action 등과 같은 선진국형 처방보다는 오히려 회계기준의 정비와 회계 전문가에 대한 규제, 법관과 공무원에 대한 교육, 공시기준의 정비, 나아가 정직성을 강조하는 문화적 기반의 구축 등과 같은 본질적인 문제에 대한 관심이 더 중요하다(Black 2000). 공시제도[9] 확립과 기

---

9   우리나라 기업공시제도는 상법과 증권거래법에서 규정하고 있는데, 전자는 정관, 의사록, 영

업의 성실한 이행을 통한 경영투명성 확보는 지배구조 및 기업개혁의 기초일 뿐만 아니라 시장 경제가 제대로 작동될 수 있는 기본이다.

외환금융위기 이전까지는 3% 이상 지분 소유자에게만 회계장부 열람청구권이 허용되어 실질적으로 소수주주의 정보 접근은 차단되어 있었다. 그러나 1998년 이를 1%(자본금 1,000억 원 이상이면 0.5%)로 낮추어 회계 정보에 대한 접근이 쉬워졌다. 기업 공시를 강화하고 투명성을 높이려면 향후 이 비율을 더욱 낮춰야겠지만, 이와 더불어 허위 및 불성실 공시에 대한 처벌도 중요한 요소 중 하나다. 현재 불성실 공시에 대해 주식의 매매거래 정지나 증권위에 조사 의뢰, 형사고발, 유가증권 발행 제한, 임원 문책 등을 할 수 있으나 위반 시 처벌도 미약하고 처벌 사례도 매우 드물다.[10] 우리나라는 동 규정을 위반한 임직원에 대해 1년 이하의 징역 또는 1천만 원 이하(은행법 제68조), 500만 원 이하(증권거래법 210조)의 벌금을 부과하고 있을 뿐이다. 또 은행에 대해서는 처벌 사례가 없고 증권회사나 보험회사 경우에도 검찰에 고발하거나 임직원을 문책하는 수준에 그치고 있다.

가지급금, 금전 및 유가증권 대여, 지급보증 등 계열기업 간 내부거래 및 지배주주와 계열기업 간 자기거래에 대해서는 내부거래위원회 설치를 의무화하도록 했다. 또한 계열사 지분을 기준으로 한 연결재무제표나 실질적

업보고서, 회계감사자료, 외부감사의견서 공시, 소수주주의 회계장부 열람권 등을 포함하며, 후자는 증권 발행과 관련된 유가증권신고, 감사보고서, 공개매수신고서, 사업신고서 등의 발생시장 공시와 통상적인 상장기업 공시, 공개매수와 주식대량보유상황 보고 등 M&A 공시를 포함한다.

10 미국에서는 은행의 의도적인 허위보고 및 공시규정 위규 시 위규 1일 당(자료 제출 이후 정정 시까지의 일수) 100만 달러 또는 자산의 1% 중 적은 금액 기준으로 과태료가 부과된다. 미국 법원은 1996년 2월 일본 다이와(Daiwa) 은행이 11억 달러의 거래 손실을 숨겼다는 이유로 다이와 은행에 대해 3억4,000만 달러의 벌금을 부과한 바 있다.

표 3-6 외환금융위기 전후의 투명성 관련 제도 변화

구분	일시	내용	관련 법령
공시 제도	1998.1	전자공시제도 도입	증권거래법 194조 2
	1998.4	상호출자제한 기업집단 계열사 거래액이 자본금의 10% 이상 시 공시	증권거래법 제186조 상장법인 등의 경영사항 신고 규정 4호
	1999.2	유가증권 신고 시 예측정보 공시	증권거래법 제8조
	1999.2	분기보고서 제도 도입(사업연도 개시 후 3월 간 및 9월 간 실적 보고)	증권거래법 제186조의 3
	1999.12	100억 원 이상인 내부거래에 대해서는 이사 회 의결을 거쳐 거래목적, 대상금액 공시 공시대상: 10대 그룹 → 30대 그룹으로 확대 (2000) → 2조 원 이상 기업집단(2002)	공정거래법 제11조의 2
	2000.1	공시 의무 위반 시 제재 강화	증권거래법 제206조의 11, 제210조
회계 투명성	1998.1	30대 그룹 결합재무제표 작성	외감법 제1조의 3
	1998.1	감사인, 회계관계인 민형사 책임 강화	외감법 제16, 17, 19, 20조
	2000.1.	감사인선임을 위한 감사인선임위원회 구성	외감법 제4조
	2000.7	독립적인 민간회계기준 제정 기구 설립	외감법 시행령 제7조의 2
	2000.12	부실감사인에 대한 행정상 제재 강화	외부감사 및 회계 등에 관한 규정

출처 : 이주선(2002), 양세영(2003).

지배관계를 기준으로 한 결합재무제표 작성을 의무화함으로써 내부거래 및 자기거래와 관련된 투명성을 높이는 제도가 도입되었다. 나아가 회계 관련 정보를 공개하는 전자공시제도를 도입해 기업자산의 평가와 공시 내용을 주주들이 이전보다 훨씬 더 쉽게 확인할 수 있는 길도 마련했다.

분식회계와 관련해서는 대우사태, SK글로벌, 두산산업개발[11] 분식회계

---

11 증권선물위원회가 밝힌 두산산업개발의 1995~2001년까지 7년 동안의 분식회계 규모를 보면 총 3,734억9,700만 원이다. 공사수익 과대계상 최고 2,903억2,500만 원. 임직원 관련 미수금 과소 계상 최고 219억2,900만 원. 자산·부채 과소계상은 최고 612억4,300만 원 등이다. 그런데 두산산 업개발이 2005년 8월에 스스로 밝힌 규모는 2,797억 원과 차이가 있다. 어쨌든 두산 측이 밝힌 분 식회계 기간(1995~2001년)은 박용성 회장과 경영권 분쟁을 벌인 박용오 전 회장이 그룹회장을

등을 계기로[12] 이와 유사한 형태의 회계 투명성을 강조하는 법률이 잇따라 제정되었다. 이와 같은 회계개혁법안 대부분은 미국의 개혁법안을 그대로 채택하고 있다. 특히 투명회계에 관한 경영진의 역할 및 책임 강화, 감사인 독립성 강화, 부실회계에 대한 처벌 강화 측면에서는 미국의 회계개혁과 일맥상통한다. 투명회계와 관련해 개정된 주요 내용은 크게 세 가지다. 첫째, 최고경영자와 재무담당이사[CFO]의 공시서류 인증 의무 규정을 두었다. 부실회계 사건이 발생할 경우 CEO, CFO가 대외적인 책임을 부담하게 한다는 것이다.[13] 둘째, 내부 회계관리 규정을 두어 공시 이전에 재무정보의 오류나 왜곡을 방지하도록 했다.[14] 셋째, 외부 감사인의 독립성 강화를 규정

맡았던 시기였고, 박용성 회장 측이 형인 박용오 전 회장을 압박하려고 분식회계 사실을 자발적으로 공개한 혐의가 짙었다. 이러한 혐의는 박용오 전 회장이 2005년 7월 그룹 회장직에서 쫓겨나자 1,700억 원에 달하는 두산그룹의 비자금 조성 의혹을 폭로했다는 점 때문에 분식회계 자진공표가 총수 일가의 경영권 분쟁과 관련되어 있다는 의혹을 더욱 증폭시켰다.

[12] 2001년도 결산보고에 따르면 SK글로벌(주)의 매출액은 18조 원으로, 1,300억 원의 적자를 기록했다. 그러나 이는 매출채권 등 수익성 항목에서 수천억 원씩 부풀려진 것이다. 실제 SK글로벌(주)의 분식회계 규모는 1조4,000여억 원으로 금액상으로는 대우그룹의 23~40조 원, 기아그룹 4조5,000억 원에 이은 사상 세 번째 규모로, 동아건설 한보그룹의 7,000여억 원보다는 배나 많다.

[13] 증권 거래법 8조, 186조, 207조에는 기업의 공시서류에 대한 CEO 등의 인증 의무를 규정하고 있다. 외부에 공시되는 모든 기업 내부자료가 거짓이 없음을 CEO 등이 인증하도록 의무화한 것이다. 적용범위는 유가증권 신고서 및 사업보고서는 물론 반기 및 분기 보고서까지 포함된다. CEO는 이들 공시서류에 대해서 허위로 기재 및 표시하지 않았고, 중요한 사항이 누락되지 않았음을 최종적으로 인증해야 한다. 이를 위반할 경우 5년 이하의 징역, 3,000만 원 이하의 벌금이 부과된다. 이처럼 투명회계에 관해 CEO 등의 책임이 강화된 점이 개정법의 가장 중요한 특징이다. 이제 기업의 부실회계와 관련해서는 최종 인증자인 CEO, CFO가 전적으로 책임져야 한다.

[14] 외감법 2조 2항에서는 투명회계의 관점에서 내부회계관리제도를 정비해 운영할 것을 강조하고 있다. 규정에 따르면 자산 규모 70억 원 이상의 기업들은 신뢰할 수 있는 회계정보의 작성 및 공시를 위해 내부회계관리 규정과 이를 관리 운영하는 조직을 내부적으로 갖추어야 한다. 또한 회계정보는 반드시 내부회계관리제도에서 규정하고 있는 사항을 준수해 작성되어야 하며, 작성된

하고 있다.[15] 이는 투명 회계를 저해하는 요인을 원천적으로 차단하기 위한 것이다.

4) 주주 권한 강화와 소액주주운동의 성과[16]

내부감시장치 강화나 투명성 제고를 위한 공시제도 강화의 궁극적 목적은 기업의 소액주주들을 보호하기 위한 것이다. 세계 각국의 대기업들이 당면하고 있는 문제는 소유와 경영의 분리에서 발생하는 전문경영인에 대한 통제 문제가 아니라 대다수의 기업을 직접 경영하고 있는 지배주주들에 대한 통제와 소수주주 보호 문제다(LLS & V 1999). 실제로 현대 주식회사 체제에서 소액주주 보호 정도가 어떤가는 자본시장의 발달 정도를 가늠하는

회계정보는 위조, 변조, 훼손 및 파기되어서는 안된다고 규정하고 있다. 이 법에 따르면 CEO는 내부 회계관리제도의 관리, 운영에 대해 최고 책임자의 역할을 수행하며, 내부회계관리제도를 담당하는 상근이사 1인을 내부회계관리자로 지정해야 한다. 내부회계 관리자인 상근이사는 반기마다 내부회계관리제도의 운영실태를 이사회 및 감사에게 보고해야 한다. 감사는 내부회계관리제도의 운영실태를 매년 평가해 그 결과 및 개선사항에 대한 내용을 이사회에 사업연도마다 보고해야 한다. 이 내부회계관리제도는 외감법에 명시되어 있으나 아직까지는 유예기간이 적용되고 있다.

15 부실회계를 원천적으로 차단하려는 목적의 공인회계사법 개정을 들 수 있다. 공인회계사법 21조, 33조에서는 감사의 공정성을 저해하는 요소를 나열하고 그에 해당하는 공인회계사 및 회계법인은 감사 자격을 박탈하는 직무 제한 규정을 두고 있다. 이 규정에서는 해당 기업과 특수한 관계에 있는 공인회계사나 회계법인은 감사업무를 수행하지 못하도록 제한하고 있다. 회계법인이 특정 기업의 주식을 소유하고 있거나 출자하고 있는 경우 그 기업에 대해서는 감사업무를 수행할 수 없다. 또한 6년 이상(코스닥법인 등은 4년) 연속으로 감사 업무를 수행하는 경우 감사 파트너를 의무적으로 교체해야 하는 규정도 신설했다. 이 규정은 회계법인과 기업이 지나치게 오랫동안 관계를 유지하면서 발생할 수 있는 부실회계를 최소화시키려는 것이다.

16 소액주주운동의 성과에 대해서는 김상조(2005b)를 참조했다.

중요한 척도로 인식되고 있다(La Porta et al. 1997).

LLS & V가 사용한 소수주주 보호 정도의 측정 기준은 다음 여섯 가지다. ① 우편에 의한 의결권 대리행사가 가능한지 여부 ② 주주총회 의결권 행사에 주권의 사전 제출이 필요한지 여부 ③ 누적투표제가 채택 가능한지 여부 ④ 주주총회 결의에 대해 주주가 법원을 통해 이의를 제기할 수 있는지 여부 ⑤ 10% 또는 그 미만의 지분을 가진 주주가 주주총회를 소집할 수 있는지의 여부 ⑥ 주주의 신주인수권 인정 여부. 이와 같은 기준에 비추어 볼 때, IMF 외환금융위기 이후 우리나라 기업들의 소수주주 보호장치는 상당한 발전을 이루었다.[17] 실제로 대표소송권, 이사·감사 해임청구권 등 소수주주권 행사요건이 많이 완화되었고 이는 지배구조 개선을 위해서 바람직한 것이었다. 대표소송권은 행사요건이 발행 주식의 5%로 되어 있었으나 1998년 5월 0.01%로 개정되고 이사·감사에 대한 해임 청구권은 0.5%로, 회계장부 열람청구권은 1% 등으로 완화되었다. 그러나 한 주만 가지고 있어도 대표소송을 할 수 있는 미국과 일본의 사례에 비추어 보면 그 기준은 더욱 완화될 수도 있을 것이다. 또한 지금보다 더 쉽게 소송을 제기할 수 있도록 비용을 낮추고 규정도 단순화해 나가야 할 것이다.

증권관련집단소송법은 기업의 허위공시, 주가조작, 내부자 거래, 분석

---

17 증권거래소의 조사(2000년 11월 29일자 보도자료)에 따르면, 조사 대상인 우리나라 465개 상장회사 중 약 12.9%가 감사위원회를 도입했으며, 약 22.4%가 집중투표제를 채택했다. 약 15.1%가 서면투표제도를 채택했고 소수주주들의 주주총회 참석률은 35.7%에 이른다. 사외이사들을 위한 책임보험에 가입한 회사들은 약 25%이며, 과거 3년간 주주대표소송을 경험한 회사는 10개 회사이다. 코스닥 등록 법인의 경우, 위에서 소개한 자료에 따르면 조사 대상 508개 회사 중 11개 회사가 감사위원회를 도입했고 165개 회사가 집중투표제를 채택하고 있다. 2001년 3월 633개의 상장회사가 사외이사를 두고 있는데 그 총수는 68명의 외국인을 포함해 1,469명에 이른다.

주주권	상법		증권거래법		
	(구)상법	1998.12	1997.4	1998.2	1998.5
대표소송권	5	1	1(0.5)	0.05	0.01
이사위법행위유지청구권	5	1	1(0.5)	0.5(0.25)	0.5(0.25)
이사·감사해임청구권	5	3	1(0.5)	0.5(0.25)	0.5(0.25)
회계장부열람청구권	5	3	3(0.5)	1(0.5)	1(0.5)
주주제안권	-	3	1(0.5)	1(0.5)	1(0.5)
임시주총소집청구권	5	3	3(0.5)	3(1.5)	3(1.5)
업무·재산상태검사인 청구권	5	3	3(0.5)	3(1.5)	3(1.5)

주 : ( )는 자본금 1천억 원 이상인 상장법인에 적용. 6개월 이상 보유 조건.
출처 : 재정경제부, '소수주주권 행사요건'

회계, 부실감사와 같은 불법행위로 인해 다수의 투자자들이 재산적 피해를 입은 경우, 투자자 가운데 1인 혹은 다수인이 대표당사자가 되어 손해배상 청구소송을 제기할 수 있도록 한 제도다. 이 법의 시행으로 보고서의 허위 기재, 미공개정보의 이용, 주가 조작 및 감사인의 부실감사를 원인으로 하는 손해배상청구가 늘어날 전망이다. 집단소송법의 적용 시기는 자산 규모에 따라 다르다. 부실회계에 관한 규정은 자산 2조 원 이상의 기업에 한해 2005년부터 적용되고, 자산 2조 원 미만의 기업은 2007년부터 적용된다. 또한 미공개 정보를 이용해 부당 이득을 취득하는 행위 및 주가조작은 상장 및 코스닥 등록 기업에 대해 2005년부터 이 법을 적용하고 있다.

그동안 참여연대 경제개혁센터를 중심으로 한 소액주주운동은 주주대표소송과 같은 좁은 의미의 소액주주운동으로서뿐만 아니라 재벌개혁 운동, 금융개혁운동, 그리고 이 양자를 모두 포괄하는 기업 지배구조 개선 운동, 나아가 경제민주화 운동이라는 더 확장된 형태의 운동을 포함하고 있다는 점에서(김상조 2005b) 나름대로 긍정적인 평가를 할 수 있다. 또 이러한 운동은 재벌기업의 이사, 경영진, 지배주주로 하여금 기업지배구조 개선 노력을 강제한다는 점에서 왜곡된 지배구조를 가진 기업 시스템에 대해서는 상당한 의미를 가질 수 있다. 그런 측면에서 소액주주운동은 그동안 기업들로부터는 경영자율성에 대한 과도한 간섭 또는 기업가정신entrepreneurship을 훼손시킨다는 비판을 받았다. 그러나 소액주주운동이 반反기업적이고 사회주의적이며 자유시장 경제질서를 부정하고 있다는 비판의 근거나 논거들은 총수를 중심으로 한 재벌기업 지배주주들의 반反개혁적 성향을 위장하기 위한 수단에 불과하다. 소액주주운동에 대한 극우적 왜곡인 것이다.

다른 한편으로 소액주주운동이 재벌 합리화에 기여하는 자본주의 체제 내 운동에 불과하다거나, 앵글로색슨식 주주자본주의 이식을 촉진하는 첨병 역할을 하고 있다는 비판도 있다. 이러한 비판은 자본주의에 대한 본질적 문제제기 혹은 주주자본주의의 대립모델로서 '이해당사자 자본주의'stakeholder capitalism를 지향하는 이른바 좌파적 혹은 진보적 관점의 비판이다. 이러한 비판은 주주자본주의 심화와 함께 국제 투기자본에 의한 경영권 인수 위협 등 폐해가 나타나고, 이들에 의한 국부 유출의 우려가 높아지면서 더 설득력을 얻게 되었다. 그런데 문제는 '진보적 관점'에서 '대안을 찾기 위한' 비판들이 이른바 민족주의 정서를 등에 업고, 재벌 총수의 부당한 지배력을 정당화하고, 결국 재벌 체제를 온존시키려는 재벌의 이해관계를 정확하게 반영하고 있다는 점이다. 따라서 의도와는 무관하게 소액주주운동 등 주주자본주의 일반에 대한 비판(이찬근 2003; 2004; 정승일 2003)은 재벌 체제의 복귀를 의미할 수밖에 없게 되었고, 주주자본주의의 대당으로서 이해당사자 자본주의의 담론과 실천적 의미를 오히려 퇴색시키고 말았다.

'장하성펀드'로 잘 알려진 '한국기업지배구조펀드'Korea Corporate Governance Fund: KCGF도 기업 지배구조 개선에 적극적인 활동을 전개하고 있다. 이 펀드는 2006년 4월부터 국내외 투자자를 대상으로 1,300억 원가량의 자금을 모집해 조세 피난처인 아일랜드에 등록한 역외펀드다.[18] 이 펀드는 주주제안권이나 소수주주권, 주주대표소송권 등 소액주주들에게 보장된 주주권리를 행사하기 위해 가능 지분을 확보하고 이를 통해서 지배구조 개선을 위한 활동을 전개하고 있다.[19] 장하성펀드의 기본 목적은 잘못된 지배구조 때문에 시장에서 제대로 평가받지 못하는 기업을 선정해 직접 지배구조를 개선함으로써 기업가치를 높여 투자 수익을 거두는 데 있다. 그러나 이러한 긍정적 평가와 달리 '한국기업지배구조펀드'는 사실상 외국의 투기자본으로 국부 유출을 심화시키는 주범이며, 또 기업 지배구조 개선보다는 저평가 자산주를 발굴해 이른바 '주가 띄우기'에 열을 올림으로써 시장의 변동성을 확대시키고 주주 가치 경영을 오히려 왜곡시킨다는 비판도 받고 있다.

일각에서는 적극적으로 주주행동주의shareholder activism를 이끌고 있는 시민단체 운동을 높이 평가하기도 한다(Choi and Cho 2003). 그러나 이러한 긍정적 평가와 더불어, 한국 기업지배구조펀드의 활동이 아직 초창기임을 고려하더라도 이 운동을 통해서 우리나라 기업의 지배구조에 실질적인 개선이 있었는가는 여전히 의문이다. 문제는 소액주주운동이라는 표현과는 달

[18] 운용은 외국계 라자드에셋매니지먼트가 맡고 있으며 미국의 버지니아대와 조지타운대 재단, 국내 하나금융 등 국내외 10여 개 기관이 참여한 것으로 알려졌다(『조선일보』 2006/09/13 인터넷 판). 장하성 교수가 운영위원으로 활동하고 있는 "좋은기업지배구조연구소"는 라자드 측에 기업지배구조 등에 대한 정보를 제공하는 컨설팅 계약을 맺고 있다.

[19] 장하성펀드는 첫 번째 목표 기업을 태광산업그룹 계열사인 대한화섬(주)으로 삼고 2006년 8월 23일 이 회사 지분 5.15%를 매수했고 9월 19일 이호진 태광 회장이 천안방송 지분 67%를 편취했다고 주장한 데 이어 주주명부 열람 등을 주장했다. 이어 화성산업, 크라운제과, 동원개발 등의 지분을 매입하여 경영 참여를 모색하고 있다.

리 운동의 실질적인 주체가 소액주주들이 아니라는 데 있다. 이는 주주들이 기업 지배구조 개선을 위해 장기적으로 헌신할 유인이 취약한 데서 기인한다. 이런 이유로 소액주주운동은 시민단체에 의해 외부에서 주입된 것이며 따라서 장기적으로 지속될 수 없는 과도기적인 현상이다(김상조 2004). 다른 한편으로 소액주주나 일부 펀드에 의한 주주행동주의 운동은 기업 경영에 대한 기관투자가들의 적극적인 참여와 개입, 즉 기관행동주의의 실효성이 확보되지 않는 한, 외국자본에 의해 주도될 수밖에 없다. 이와 같은 상황에서 소액주주운동 자체만으로 기업 지배구조를 개선하기에는 제약이 많다.

2. 주식시장의 발전과 은행의 역할

1) 주식시장의 발전과 기업 자금조달 구조 변화

외환금융위기 이후 금융 체제는 기본적으로 세계 금융자본이 주도하는 시장 중심, 특히 주식시장 중심의 금융 체제를 지향하는 것이었다. 과거 은행 중심 시스템 하의 제도와 규칙은 시스템 위기를 초래한 주범이었으며 이른바 '글로벌 표준'에 부합할 수 없는 것처럼 보였다. 그 결과 적어도 이론적으로는 주식시장이 기업 자금조달의 주요 통로로 기능할 수 있으며, 또 주식시장이 발전할수록 기업 경영에 대한 자본시장의 압력이 커짐으로써 시장에 의해 기업 경영을 규율하는 것이 가능해졌다.

표 3-8 기업 자금조달 구조의 변화 〈단위 : 조 원, %〉

년도	1990~97 평균	1998	2000	2002	2004
총액	115.9	59.6	128.7	167.2	176.6
내부 자금	33.9(29.3)	31.6(53.0)	62.9(48.9)	83.9(50.2)	110.8(62.7)
외부 자금	82.0(70.7)	28.0(47.0)	65.8(51.1)	83.3(49.8)	65.8(37.3)

출처: 최호상(2006).

실제로 외환금융위기를 계기로 금융시장에서 일어난 가장 큰 변화는 주식시장의 급격한 성장이다. 1997년 말 상장기업 수 776개사에 총 71조 원이었던 코스피KOSPI 시가 총액은 2006년 11월 말 703조3,000억 원으로 늘었으며, 일일 평균 거래대금 또한 5,000억 원대에서 2조9,900억 원대로 급증했다.[20] 코스닥시장도 1998년 말 331개사, 8조 원에 불과하던 시가총액이 73조1,000억 원으로 증가했고, 하루 평균 거래대금은 1조6,800억 원에 이르렀다.[21]

금융시장의 또 다른 변화는 기업의 자금조달 구조에서도 나타났다. 1970년대 중반 이후 80년대 후반까지는 기업의 경상이익 증가 등으로 내부 자금조달 비중이 확대되었으나, 1990년대 들어서는 기업의 설비투자 확대로 투자자금 수요가 증가한 가운데 기업수익성이 낮아져 내부 자금조달

[20] 2005년 기준으로 본 명목 GDP 대비 상장주식 시가총액의 비율은 90.5%다. 이는 자본시장이 발달한 주요국에는 미치지 못하는 것이지만 주식시장의 성장세를 보여 주는 지표라 할 수 있다. 참고로 동 비율은 미국 135.5%, 일본 100%, 영국 138.9%, 대만 137.5%, 싱가포르 218.2% 수준이다(한국은행 2006).

[21] http://km.krx.co.kr(코스닥시장 → 통계정보 → 비교통계).

| 표 3-9 기업의 외부 자금조달 추이 | | | | | | | | | 〈단위 : 조 원, %〉 |

	1997		1998		2002		2005		2006 상반기	
	금액	비중	금액	비중	금액	비중	금액	비중	금액	비중
외부자금	118.0	100.0	28.0	100.0	83.3	100.0	98.2	100.0	43.1	100.0
간접금융	43.4	36.8	-15.9	-56.8	50.1	60.1	30.0	30.5	16.0	37.1
·은행	15.2	12.9	0.3	1.1	41.1	49.3	17.0	17.3	14.0	32.5
·비은행	28.2	23.9	-16.6	-59.3	8.6	10.3	13.0	13.2	2.0	5.4
직접금융	44.1	37.4	49.5	176.8	20.0	24.0	43.4	44.2	21.4	49.7
·주식	9.0	7.6	13.5	48.2	28.7	34.5	19.4	19.8	8.3	19.3
·회사채	27.5	23.3	45.9	163.9	-7.9	-9.5	7.6	7.7	8.3	19.3
·기업 어음	4.4	3.7	-11.7	-41.8	-3.8	-4.6	3.1	3.2	3.6	8.4
·출자 지분	2.7	2.3	1.2	4.3	3.4	4.1	12.1	12.3	1.1	2.6

주 : 국외조달, 기타(상거래 신용, 정부차입 등)는 제외. ( )는 외부자금 합계에서 차지하는 비중.
출처 : 한국은행 『자금순환 동향』 각 호.

비중이 하락했다. 그러다가 외환금융위기 이후에는 기업 구조조정에 따른 부채비율 축소 등의 영향으로 외부 자금조달 규모가 줄어들어 상대적으로 내부 자금조달 비중이 상승하고 있다. 1990~97년 사이 전체 기업 자금조달액 중 내부 자금이 차지하는 비중은 33.9%였으나 외환위기 직후인 1998년에는 53.0%로 외부 자금 비중보다 높아졌다. 그러다가 2000년에 50% 아래로 하락했고, 이후 다시 상승하기 시작해 2004년에는 62.7%로 높아졌다.

외부 자금조달액만 보면, 우리나라 기업은 2005년 이후 최근에 올수록 직접금융을 통한 자금조달 비중이 높아졌다. 그러나 직접금융과 간접금융 전체 자금조달 규모는 1997년 87조5,000억 원보다 오히려 감소했다. 다만 직접금융 중 주식시장을 통한 자금조달 비중은 높아지고 있다.

이처럼 또 내부 자금조달 비중이 높아지고 외부자금 중 주식조달 비중이 증가한 것은 기업들의 전반적인 수익성 증가에도 불구하고[22] 내수 부진, 미래의 수익성 저하 등으로 기업의 투자지출이 위축되었기 때문이다. 또 전반적인 대출수요가 감소하고 있는 상황에서 기업들이 부채보다는 주식을 통한 자금조달을 늘린 것에서 그 원인을 찾을 수 있을 것이다.

그러나 저량stock 기준으로 볼 때, 여전히 은행 대출과 장단기 채권의 비중이 더욱 커서 주식시장 중심 시스템이 확립되었다고 말하기는 어려운 것으로 보인다. 기업 자금 조달원으로서 주식시장의 역할 부진은 기업 경영에 대한 주주들의 압력이 오히려 기업 경영에 부정적인 영향을 미친 결과로서 주주 가치 경영의 폐해를 보여 주는 단적인 사례다. 예를 들면 우리나라 상장기업의 자사주 매입과 배당금 지급을 보면 2001년부터는 유상증자로 조달한 자금보다 자사주 매입과 배당금 지급으로 유출된 자금이 더 크다. 이와 같은 주식시장의 순자금조달이 마이너스를 기록한 것은 외환금융위기 이후 주식시장이 투자자금을 조달하는 기능보다는 오히려 기업 잉여를 주주에게 유출하는 기능을 수행하고 있다는 것을 의미한다.

기업이 주식시장에서 자금을 조달하지 않으려는 것은 재벌기업을 포함한 일부의 주장처럼 경영권 위협과 과도한 배당 요구 때문에 주식시장을 통한 자금조달보다는 자사의 주가 안정 및 경영권 방어 등을 목적으로 기업들이 자사주 매입을 확대했기 때문일 것이다(최호상 2006). 그러나 기업의 새로운 자금조달원으로 부상한 주식시장의 역할이 부진한 더 중요한 이유는 외환금융위기 이후 주식시장의 활황기에 기업들의 대량 유상증자에 따른 물량 부담과 세계경제의 불확실성이 증대되는 상황에서, 기업들의 새로운 사업에 대한 투자 부진, 그리고 이를 보완해 줄 수 있는 금융기관의 평가

---

22 기업들의 투자 부진으로 2006년 6월 말 제조업체의 평균 유보율이 597.6%를 나타내면서 사상 최대수준으로 증가했는데 이는 소극적인 기업투자와 함께 해외자본에 의한 적대적 M&A 우려, 기업의 회계투명성 강화 등이 영향을 미쳤다고 분석했다(최호상 2006).

	1999	2000	2001	2002	2003	2004
유상증자(A)	33.0	8.9	4.7	3.0	4.1	3.7
자사주 매입(B)	1.6	5.7	3.0	8.3	5.8	6.3
배당금 지급(C)	1.4	3.0	3.6	3.6	5.5	8.2
A−B−C	30.0	0.2	-1.9	-8.9	-7.2	-10.8

출처 : 강태수·서유정(2006).

능력 부재 때문이었다.

이 중요한 역할은 여전히 은행의 몫이었지만 우리나라 은행은 이러한 요구에 전혀 부응할 수 없었다. 외환금융위기 이후 국제결제은행 자기자본비율BIS비율이 도입되었고 BIS비율 기준을 근거로 부실은행을 판정하고 퇴출시켰다. 은행은 이후 BIS비율을 맞추려고 위험성이 높은 기업금융을 기피하고 주택담보대출과 같이 위험성이 낮은 가계대출에 주력했다. 외환금융위기 이후 국내총생산 대비 은행과 비은행의 기업대출 비중과 회사채 비중은 감소한 반면 은행의 가계대출 비중은 증가했다. 따라서 외환금융위기 이후 국내총생산 대비 은행대출 비중이 증가한 것은 주로 가계대출 증가에 의한 것이다. 즉, 금융산업구조 재편 이후 금융기관이 위험이 큰 기업금융을 기피하고 담보대출로 위험성이 상대적으로 낮은 가계금융을 선호하는 현상이 심화된 것이다. 은행의 가계대출 중 상당부분은 주택담보대출 등으로 부동산 투자에 활용되었고 참여정부의 지역개발 정책과 맞물려 부동산 투기를 확산시키는 데도 기여했다(조영철 2006).

결국 기업의 주요 자금조달원은 내부유보에 의한 자금조달이며 이것은 외환금융위기로 은행을 중심으로 한 자금조달 시스템이 제대로 기능을 하지 못한 채 주식시장을 통한 기업의 자금조달 역시 원활하지 못했음을 의

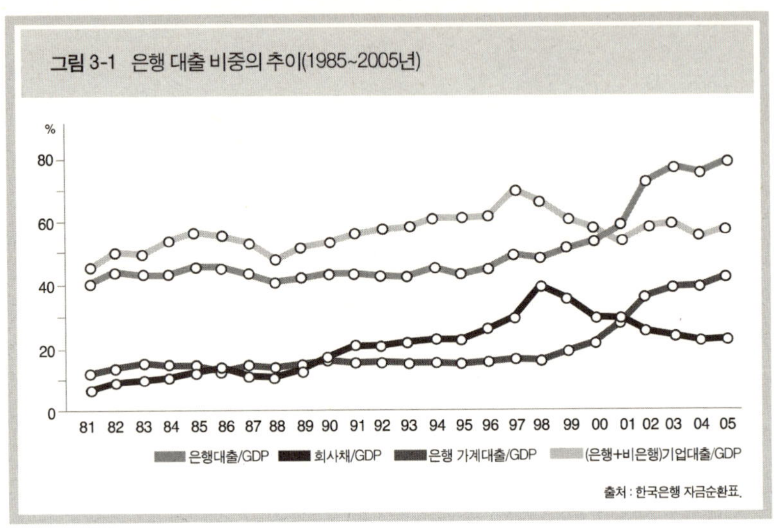

그림 3-1 은행 대출 비중의 추이(1985~2005년)

미한다. 또 은행 자체가 구조조정의 대상이 된 상황에서 국내 은행들은 기업과 거리두기 관계로 전환하고 있고, 더구나 위험성이 크고 사업 전망이 불확실한 신기술 기업이나 투자안에 대한 자금조달을 꺼리고 있다.

이런 상황은 역설적으로 금융 체제의 불안정성을 오히려 심화시키는 결과를 가져왔다.[23] 또 경제침체에 동반한 국내 기업들의 전반적인 투자 부진과 주식시장의 외국인 지분 상승이라는 현상이 보편화되었다. 경상이익이 크게 늘어났음에도 불구하고 대기업들은 투자 재원을 신규 투자에 이용하

---

23 외환금융위기 이후 금융환경 변화가 금융안정성에 미친 효과를 실증 연구한 결과를 보면 은행 대형화는 금융안정에 부정적 영향을 미친 반면, 겸업화는 금융안정성을 제고하는 데 기여했고, 소매영업 비중 증가는 부정적 효과를 미친 것으로 나타났다. 아울러 금융기관의 군집(herd) 행위 경향도 증대되어 금융 체제의 불안정 가능성도 높아지고 있다(강종구 2006; 조영철 2006).

표 3-11 연도별 해외 직접투자 추이(2001~05년) 〈단위 : 억 달러〉

구 분	2001	2002	2003	2004	2005
투자	26.4	29.7	44.8	58.7	65.1
회수	12.8	6.6	8.8	8.3	5.9
순투자	13.6	23.1	36.0	50.4	59.2

출처 : 이태윤(2006).

기보다는 재무구조 개선에 활용했을 뿐만 아니라, 투자를 하는 경우에도 국내투자보다 해외투자에 주력했다(이태윤 2006; 한국은행 2005b).

2) 기업 경영 감시자로서 은행의 역할

은행 자체가 구조조정의 대상이 되면서 국내 은행들이 기업들과 거리두기 관계로 전환하고 있는 상황에서 은행에 대한 정부개입과 은행 자체의 취약한 지배구조도 기업 경영 감시자로서 은행의 역할을 제한하는 요인으로 작용했다. 은행이 기업 지배구조에서 제 역할을 수행하기 위해서는 무엇보다 은행 자체의 소유지배구조가 개선되어야 하는데 현재 은행 민영화 방향과 그 효과에 대해서는 아무것도 결정된 것이 없는 상황이다. 외환위기 이후 시중 자금이 은행에 집중되는 추세와 함께 기업 지배구조에서 은행의 역할은 일정 정도 개선되고 있기는 하지만 은행의 위임된 정보생산자delegated monitor로서 역할은 외환금융위기 이전에 비해 오히려 퇴보했다.

은행 지배구조와 관련해 외국인 자본 참여가 확대되면서 지배구조 개선이나 수익성 위주의 경영이 지배적 담론으로 자리 잡아 가고 있지만 여전

표 3-12 국내 은행의 주요 주주 현황(2005년 12월 31일)		〈단위 : %, 보통주 기준〉
시중 은행	**최대 주주 및 특수관계인**	**주요 주주**
제일	스탠더드차타드은행(Standard Chartered NEA Ltd, 100)	
하나금융지주	골드만삭스(Goldman Sachs, 9.34)	테마섹(Temasek, 9.06), 템플턴(Templeton, 8.13), 알리안츠(Allianz, 4.34), 국민연금(3.41), 포스코(3.19), 한국투자증권(3.11), Tosca(2.60), Slone & Robinson(1.87)
외환	LSF-KEB Holdings SCA (50.53) [1]	코메르츠은행(Commerzbank 14.61), 한국수출입은행(13.87), 한국은행(6.12)
한국씨티	C.O.I.C.(78.89) [2] 씨티은행(Citibank N.A. 20.93)	
국민	유로퍼시픽 성장펀드(Euro-Pacific Growth Fund, 4.95)	Bank of New York(ADR)(15.21), [3] ING Bank N.V. Amsterdam(4.06), 국민연금(3.28), NC-GOV Spore(1.94), Capital World Growth & Income Fund(1.52)
신한금융지주 [4]	예금보험공사(6.22)	국민연금(3.99), BNP Paribas Luxembourg(3.77), 유로퍼시픽 성장펀드(3.33), 조흥은행(2.50), Capital World Growth & Income Fund(1.88)
우리금융지주 [5]	예금보험공사(77.97)	국민연금(1.46)
지방 은행	**최대 주주 및 특수관계인**	**주요 주주**
대구	SSB-SMALL CAP(7.87)	삼성생명(7.36), MSCOP-PLEDGEE OF 12(2.81), BBH-GMO EMGMKT FD(2.63), 미래에셋부산(2.51), 국민연금(2.38), Templeton Global Smaller(1.82)
부산	롯데 계열사(14.11)	캐피탈리서치앤매니지먼트컴퍼니(CRMC, 10.98), 파크랜드(4.11), 한국철강(1.90), PL-ABDN GL(1.63), Templeton Global Smaller(1.62), 템플턴투신(1.51), 국민연금(1.48)
전북	삼양사(11.80)	오펜하이머(Oppenheimer Developing, 7.28), 캐피탈리서치앤매니지먼트컴퍼니(7.10), Korea Fund(6.03), 호남식품(4.95), 대한교과서(4.83)

주 : 1) 론스타 펀드의 벨기에 소재 페이퍼 컴퍼니임.
　　2) C.O.I.C.: 씨티그룹의 자회사인 Citibank Overseas Investment Corporation.
　　3) ADR (American Depositary Receipt, 미국예탁증권) 예탁기관으로서 의결권은 각각의 ADR 소지자에게 있음.
　　4) 신한금융지주의 은행자회사: 신한은행, 조흥은행(100%), 제주은행(신한금융지주 62.42%, 예금보험공사 31.96%)
　　5) 우리금융지주의 은행자회사: 우리은행(100%), 광주은행(99.99%), 경남은행(99.99%)
출처 : 각 은행의 경영공시 자료, 이태규(2006).

히 대부분 은행은 공적자금 투입으로 정부 지분이 확대되었다. 그 결과 외환위기 이전보다 정부의 간섭이 많아졌고, 기업 지배구조는 더 취약해졌다 (김용렬·진태홍 2003). 뿐만 아니라 외국인의 은행 지배도 강화되었다. 외국자본의 국내 은행산업 진출은 외국자본에 대한 대항세력으로서 국내 산업자본의 은행소유 제한을 완화시키는 압력으로 작용하여 지방은행에 대한 국내 재벌 계열사들의 소유지분이 높아지는 결과를 초래했다.

외국인의 은행 지배 강화와 함께 금융구조 재편 과정에서 은행산업의 대형화·독과점화도 심화되었다. 외환위기 이후 은행들은 기업금융을 기피하고 가계대출의 비중을 늘렸는데, 특히 외국계 은행과 외국인의 주식 보유 비중이 높아 주주 가치 경영을 중시하는 혼합계 은행의 가계대출 비중이 높았다. 은행이 대형화될수록 중소기업 대출 비중이 감소하고 외국계와 혼합계 은행일수록 거리두기금융이 강화되는 현상이 일반화되었다. 그 결과 외국계 은행은 중소기업 워크아웃 지원에서도 매우 소극적이어서, 국내 시중 은행에 비해 그 실적이 10분의 1에도 미치지 못하고 있다.[24]

---

[24] 2005년 11월 기준으로 혼합계 은행의 외국인 지분율은 국민은행 86%, 하나은행 76%이며, 국내계 은행으로 분류된 신한금융지주도 64%에 달했다. 워크아웃 건수를 보면 우리은행 609개, 기업은행 355개, 신한은행 123개인데 반해 한국시티은행 8개, SC제일은행 11개, 외환은행 23개에 불과했다(대한상공회의소 2005).

3. 기관투자가의 역할과 경영권 시장

내부감시장치가 제 기능을 못하는 상황에서 기관투자가 등에 의한 외부의 경영 감시도 효과적으로 작동하지 못했다. 가장 큰 이유는 기관투자가의 주축을 이루는 보험회사, 투자신탁회사 등 제2금융권 금융기관이 재벌의 영향력 아래에 있기 때문이다. 감시대상 기업들이 대주주인 금융기관들은 기관투자가로서 효과적인 역할을 수행하기 어렵다. 특히 주주로서 외국 자본은 총수의 주주 이익 침해 행위를 감시해야 했지만, 주주 가치 경영, 기업 경쟁력 강화를 명분으로 주가나 단기 수익만을 높이려는 의사 결정에서는 기업과 이해관계가 일치했다. 기업은 재투자나 신규 설비투자를 축소하고, 자사주 매입을 우선했으며, 정규직을 비정규직으로 대체하는 등 고용조정을 일상화했다. 재벌기업의 경우 지배주주가 복잡한 출자를 통해 계열사에 대한 통제권을 확보하고 있기 때문에 재벌기업을 대상으로 한 적대적 인수합병 시장도 발전하지 못했다. 외환금융위기 이후 재벌 총수들은 금융계열사를 매개로 한 계열사 간 순환출자를 이용해 이전보다 더 적은 지분으로 더 많은 계열사에 지배력을 행사하고 있다. 이와 같은 총수 중심의 기업 지배구조하에서 시장의 규율, 주주들의 압력만으로 기업 지배구조를 개선하는 것은 한계가 많을 수밖에 없었다.

1) 기관투자가에 의한 경영 감시와 경영권 위협

일반적으로 증권시장이 발달한 국가에서 기관투자가들은 기업 지배구조의 외부장치로서 중요한 역할을 수행한다. 적어도 이론적으로는 기관투자가들은 소유 재집중을 기초로 의결권 행사나 주주제안 등의 방식을 통해 기업 경영을 효과적으로 감시할 수 있다.[25] 실제로 최근 금융 선진국의 기관투자가들은 이른바 관계투자relationship investments의 형태로 기업 지배구조에 참여하는 경향을 보이고 있다. 관계투자란 일정 수준의 지분을 가진 기관투자가가 관련 기업의 경영진과 장기적 관계를 유지하면서 기업 경영에 직·간접적인 영향력을 행사하는 주식 보유 형태를 말한다(박경서 2000). 이외에도 기관투자가들은 주식시장의 안정성 제고·우량 국내 기업에 대한 우호 지분으로서 역할도 수행할 수 있다.

그러나 외환금융위기 이후 주식시장을 중심으로 한 금융 체제를 지향하면서 양적인 규모가 크게 증가한 것에 비해, 주식시장에서 기관투자가가 차지하는 비중은 경제위기 이전에 비해 오히려 감소했다.[26] 또 기업에 대한 장기 투자자의 역할도 제대로 수행하지 못하고 있다. 특히 주식시장이 급속하게 성장하는 과정에서 외국인 투자자의 영향력이 빠르게 확대되고, 기업 구조조정의 필요성이 더욱 높아지고 있는 상황에서 기관투자가의 역할은 그 어느 때보다 커졌다. 그럼에도 기관투자가들은 기업 지배구조 개선에서 효과적인 역할을 수행하지 못했다(신인석 2001).

그것은 첫째, 기업 감시에 한계를 가질 수밖에 없는 기관투자가들의 속성이나 행태 그 자체에서 연유한다. 즉, 경영 감시 대상으로서 기업, 그리고

---

[25] 기업경영 감시자로서 기관투자가의 역할에 대한 이론적 정리는 Gillan & Starks(2003) 참고.

[26] 2004년 말 우리나라 주식시장에서 기관투자가 비중은 전체 시가총액의 17.0%에 이른다. 이 중 은행이 7.7%로 가장 많고, 투신사 3.8%, 연기금 2.7%, 보험사 2.1% 순이다(금융감독원 2005).

이들과 다양한 사업 관계를 가진 기업들 사이에서 기관투자가들이 직면하는 이해 상충conflicts of interest이 존재할 경우, 기관행동주의는 한계에 직면할 수밖에 없다.[27] 특히 기관투자가의 주축인 보험회사, 투자신탁회사 등 제2금융권 금융기관들이 재벌의 영향력 아래에 있기 때문에 이해 상충이 오히려 심화될 가능성이 높다.[28]

둘째, 기관투자가들이 기업을 효과적으로 감시할 수 있는 제도적 환경을 조성하지 못했기 때문이다. 예를 들어 경영 감시의 기본적 수단 가운데 하나인 기관투자가의 의결권 행사 관련 법적 규정을 살펴보자. 1995년 '신탁재산에 손실을 초래할 것으로 명백히 예상되는 경우를 제외'하고는 기관투자가의 중립적 의결권 행사shadow voting를 의무화했다. 이어 1998년에는 의결권 행사를 자유화하면서 신의성실 의무(즉 선관주의의무) 및 공시의무를 부과했지만, 계열회사 주식에 대해서는 중립적 의결권 행사를 계속 유지했다. 2002년 초 법 개정을 통해 계열회사 주식에 대해서도 '정관 변경, 임원 임면, 합병 및 영업 양수도 등 경영권 변동 관련 사안으로서 신탁 재산에 손실을 초래할 것이 명백히 예상되는 경우'에 국한해 의결권 행사를 허용했다. 또 기관투자가 중 하나인 투자신탁회사들이 채택하고 있는 내부통제 기준은 '적극적으로 의결권 행사에 참여해야 한다'고 규정하고 있으나 사실상 아무런 효과를 발휘하지 못하고 있다. 이런 제도적 환경에서는 기관투자가들의 경영 개입 비용이 예상편익에 비해 훨씬 클 수밖에 없다. 즉, 기관

---

27 더 상세한 논의는 Gorton & Kahl(1999)과 임영재·이중기(2003) 참고.

28 신인석(2001)은 국내 기관투자가들은 보유주식의 의결권 행사와 관련해 '무관심' 또는 '소극적 우호지분'의 태도를 보이고 있음을 지적하고 그 원인으로 ① 소액주주적 지위 ② 단기투자 성향 ③ 해당기업과의 거래관계 등이 들고 있다.

표 3-13 기관투자가의 의결권 행사 현황(2005년)　　　　　　　〈단위 : 건, %〉

안건/의견	찬성	반대	중립	불행사	합계	찬성률
재무제표	526	1	5	0	532	98,87
정관 일부 변경	300	0	3	0	303	99,01
이사 선임(사외이사 포함)	510	1	5	0	516	98,84
감사 선임(감사위원 포함)	188	1	1	0	190	98,95
이사 보수 한도	487	3	5	0	495	98,38
감사 보수 한도	103	0	0	0	103	100,00
기타(스톡옵션 등)	11	0	0	0	11	100,00

출처 : 한국증권선물거래소.

투자가의 보유자산 규모도 그리 크지 않고 평균 보유기간도 길지 않은 상황이다. 또 기관투자가 주식 보유 제한,[29] 그리고 국민연금 등의 의결권 행사 관련 제도도 미비하다(윤봉한·박광우 2004). 예를 들면 2005년 초에 국민연금관리공단 기금운용본부가 발표한 국민연금 의결권 행사 기준은 주주로서 연금 가입자의 이익이나 의결권 행사를 통한 기업 지배구조 개선에 목적이 있다기보다, 기업 경영권을 보호하려는 목적이 우선시되고 있다.[30]

[29] 전통적으로 미국에서는 금융기관으로의 권력 집중을 민주주의의 훼손으로 이해하는 대중주의 (populism) 전통을 계승해 금융기관이 기업 경영에 적극적으로 개입하지 못하도록 하는 법률이 존재하고 있었다. 은행 및 보험사의 주식 보유를 제한하고, 소액투자자 보호를 통해 대중의 주식 참여를 이끌어 낸다는 명분 위에 내부자 거래를 금지했으며, 뮤추얼펀드와 연기금에 대해서는 분산투자 규정을 적용하고 있었던 것이다. 이러한 규제 환경이야말로 미국의 금융기관들로 하여금 유럽과 달리 기업 경영에 대해 일정한 거리를 유지하도록 한 결정적인 요인이었다(박종현 2005).

[30] 미래에셋과 SK그룹의 '상부상조'는 그 대표적인 예다. SK그룹은 2003년 4월 소버린 측에서 경영권 공격을 받자 여러 자산운용사에 지분 매입을 요청했다. 요청을 받은 미래에셋자산운용은 경영권 분쟁이 아니더라도 SK가 충분히 저평가돼 있어 투자가치가 있다고 판단해 지분을 사들였고, 의결권 행사 과정에서도 SK 측의 '백기사' 역할을 했다(『매일경제신문』 2006/09/15 인터넷판).

2) 외국자본에 의한 경영 감시

우리나라 자본시장은 1992년 외국인에게 주식시장을 부분적으로 개방한 이래 외환금융위기를 지나면서[31] 전면적 개방 시대를 맞이했다. 그 결과 외환금융위기 직후인 1998년에서 2003년 사이 외국인 직접투자 순유입액의 누적 규모는 452억9,000만 달러에 이를 정도로 증대했다. 동시에 같은 기간 동안 포트폴리오투자 순유입액의 누적 규모는 676억9,000만 달러에 달해, 포트폴리오투자가 직접투자의 1.5배에 달했다. 특히 외국인 포트폴리오투자는 주식투자에 집중되어 유가증권시장의 외국인 상장주식 보유 비중은 1997년 14.6%에서 2005년 39.7%, 2006년 3월 40.3%로 급증했다.[32] 코스닥 시장도 2005년 13.50%에서 2006년 12월 14.49%로 높아졌다.

외국인직접투자에서 인수합병[M&A] 투자가 차지하는 비중은 1998년 19%, 1999년 16.3%에서 2002년 23.7%, 2003년 46.5%로 급증했다(전승철 외 2005). 이는 결과적으로 우리나라 기업에 대한 외국인 지분 비중을 높였다. 이것을 외국인 소유지분율에 따라 구분해 보면, 유가증권시장과 코스닥시장을 합쳐 모두 36개 기업의 외국인 지분이 50%를 넘었고, 이들을 포함해 지분의 30% 이상을 보유한 기업도 129개에 이른다.

이론적으로 말하면 지배주주에 의한 소유집중이 심하고 지배주주와 소

---

[31] 외환금융위기가 발생하자 정부는 먼저 유동성위기를 수습하기 위해 외국인 투자를 유치하려고 각종 인센티브를 제공하고 그동안 점진적으로 개방해 오던 자본시장 개방일정을 앞당겨 전면적으로 개방하기 시작했다. 또한 그 결과 외국인직접투자 순 유입액은 1996년 20.1억 달러에 불과했으나 1997년 이후 급속히 증가해 1999년에는 96.3억 달러에 달했다.

[32] 2006년 말 기준으로는 37.09%이다.

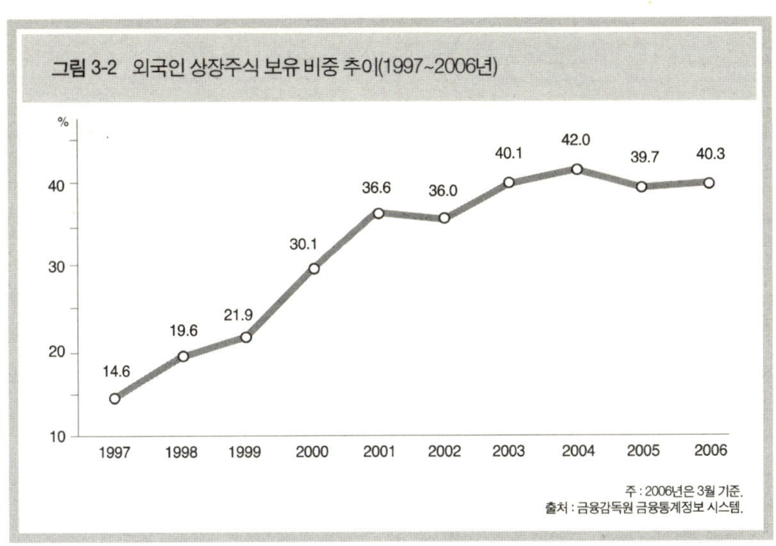

액주주 사이의 이해 상충이 효과적으로 제어되지 못하는 나라에서, 지분을 소유한 외국인 투자자는 경영 감시자의 일원으로 기업의 중요한 이해당사자가 된다. 실제로 외환금융위기 이후 외국인 주식투자 증가의 가장 큰 영향은 주주, 투자자, 금융자산 소유자의 발언권이 강화되기 시작했고, '주주 자본주의'가 본격화하는 기반을 만들었다는 것이다. 외환금융위기까지만 해도 금융자본은 재벌의 직·간접적 영향하에 있는 산업자본을 감시, 선별하는 기능을 거의 수행하지 못했다. 그 결과 소액주주와 기관투자가는 재벌 총수 경영의 문제점에 대해서 발언권을 거의 행사할 수 없었다. 그러나 외국인 투자자의 증가는 한국의 금융시장에서도 재벌로부터 독립된 투자자가 본격적으로 등장했다는 것을 의미했고, 외국인 투자자가 증권시장의 향방을 사실상 결정하게 되면서 주주 가치 경영을 중시해야 한다는 소액주

표 3-14 외국인 지분율 분포별 회사 수 현황 　〈단위 : 개〉

구분	유가증권시장			코스닥시장		
	2005년 말	2006/11/09	증감	2005년 말	2006/11/09	증감
50% 이상	29	28	-1	6	8	2
30% 이상 50% 미만	68	65	-3	30	27	-3
10% 이상 30% 미만	144	157	13	106	98	-8
5% 이상 10% 미만	59	77	18	82	71	-11
0% 초과 5% 미만	314	290	-24	509	508	-1
0%	44	41	-3	175	196	21
합계	658	658		908	908	

출처 : 증권선물거래소(2006).

주들의 발언권과 영향력이 증가하기 시작했다(조영철 2006).

주주로서 재벌기업 지분을 소유한 외국자본이 취할 수 있는 전략은 다음 몇 가지로 요약해 볼 수 있다. 첫째, 재벌기업 지배구조를 해체함으로써 이른바 세계적 과잉생산을 방지하고 국제적 경쟁을 약화시키거나, 이를 통해 세계시장에서 거대 집단으로서 재벌의 공격성을 완화하는 방법이다. 외환금융위기 이후에도 세계경영 전략으로 기존의 공격적 경영을 내세우던 대우 재벌의 해체는 이러한 전략의 첫 번째 시험이었다. 둘째, 재벌기업과 구조적인 '연합'을 형성함으로써 재벌들의 수익을 배당 형태로 수취하는 방법이다. 실제 POSCO, 삼성전자, 현대자동차 등 이른바 우량 대기업에 대한 외국자본의 지분은 전체 지분의 절반을 넘고 있고 이 지분 소유의 기본 목적은 연합을 통한 이익의 수취다. 셋째, 골드만삭스의 진로(주)에 대한 사례에서 알 수 있듯이, 국내 기업에 대한 적대적 인수·합병 등을 통한 방법으로 경영권을 탈취하려는 전략을 구사할 수도 있다.

이와 같은 외국자본의 전략은 해당 기업 혹은 재벌의 소유지배구조나 수익성, 기업 경영 방식이 어떤가에 따라 다양하게 나타날 수 있다. 그러나 일반적으로 외국인의 주식 투자는 국내기업의 신용경색 완화 및 기업 경영 감시 등을 통한 지배구조 선진화 촉진 등 여러 가지 긍정적 효과를 초래한 것으로 평가되고 있다(김용렬 외 2003: 한국은행 2005c). 실제로 SK의 소버린이나 삼성물산의 헤르메스와 같은 외국인 주주들은 해당 기업들을 대상으로 인수합병의 위협을 가하기도 했다. 그러나 다른 한편으로는 SK의 사례[33]에서와 같이 소버린 등 외국인 주주들의 주식취득 목적은 경영권 개입을 통해 기업 지배구조를 개선하는 데보다는 출자자산의 가치와 해당 기업 주식가치의 차익을 통해 이익을 확보하려는 데 더 중요한 목적이 있었다. 예를 들면 SK의 경우 SK텔레콤 등 수익성이 좋은 기업들에 대한 출자자산을 갖고 있었고 이 출자자산의 가치가 SK의 주식 가치보다 커서 출자자산의 처분만으로도 커다란 이익을 남길 수 있다. 우량 자산이 많은 삼성물산의 경우도 여기 해당된다. 헤르메스의 경영권 인수합병 위협[34]은 결과적으로 기업 지배구조 개선을 위한 적대적 인수·합병을 시도하기 위한 것이 아니라 보유하고 있던 주식을 팔아 막대한 차익을 남기기 위한 것이었다.

이처럼 국내 기업들에 대해 높은 배당을 요구하고, 경영권을 위협해 막대한 시세 차익을 챙기는 투기적 외국자본의 행태로 인해 일부에서는 국부國富 유출을 막고 재벌 우량 대기업의 경영권을 보호하자는 주장까지 제기했

---

33 최태원의 이사 재선임 저지에 실패한 소버린은 2005년 6월 20일 공시를 통해 SK㈜ 지분 1,902만 8천 주(14.82%)의 보유 목적을 경영권 참여에서 단순 투자로 변경했다.

34 2004년 12월 1일 영국계 자산운용회사인 헤르메스는 삼성물산의 경영진이 주주 가치를 극대화할 수 있는 의사 결정을 하지 않고 대주주 일가나 삼성그룹의 이해관계를 우선하는 결정을 내리는 등 지배구조가 개선되지 않는다면, 적대적 인수합병을 시도하는 펀드를 지원할 것이라고 밝힌 바 있다.

다. 발행주식 의결권에 차등을 두는 차등의결권이나 적대적 인수 시도가 있을 경우 기존 주주에게 신규 주식을 시가 이하로 배정해 인수 희망자의 지분을 희석시키는 독약처방poison pill 등이 도입되어야 한다는 것이다. 이러한 주장에 따르면 외국인 투자자의 지분 비중이 높은 국내 기업들이 경영권을 방어하기 위해 현금 보유를 늘리고 자사주나 유가증권을 매입하는 등 설비투자를 기피함으로써 기업경쟁력이나 성장 잠재력이 크게 약화되었다고 한다(삼성경제연구소 2005). 또 계열사 간 출자총액을 제한하거나 금융계열사의 의결권을 제한하는 정부 정책이 오히려 국내 기업을 적대적 인수·합병 위협에 노출시켰다고 주장한다.

그러나 SK와 달리 삼성전자는 출자자산의 가치보다 기업 가치가 더 높다. 이런 상황에서는 경영권을 장악해도 단기적으로는 이익을 남길 수 없다. 게다가 삼성전자의 주요 외국인 주주는 캐피탈그룹이나 도이치에셋, 싱가포르투자청 등 투자펀드이다. 굳이 경영권을 장악할 이유도 없고 장악하더라도 경영할 능력도 없다. 또 삼성전자의 경우 이사시차임기제와 같은 경영권 방어장치를 갖고 있어 외국인 주주들이 표 대결에서 이기더라도 이사의 3분의 1만 교체할 수 있다. 이는 결국 국내 재벌기업에 대한 외국자본의 경영권 위협은 존재하지 않거나 있더라도 과장된 것임을 의미한다. 오히려 외국인 주식 보유 비중이 높은 기업일수록 총 이사에서 사외이사와 감사가 차지하는 비중이 높아 기업 지배구조 투명성 지수가 높아진다는 연구도 있다.[35] 수익성 측면에서도 외국인 지분이 높은 기업의 수익성이 그렇지 않은

---

35 이 분석에 따르면 외국인 지분율이 60~70% 이상 기업의 투명성 지수는 0.25인 반면 60% 미만인 기업의 지수는 0.24로 더 낮았고, 지분율 70% 이상인 기업은 0.30으로 70% 미만인 기업 0.24와 그 차이가 더 확대되는 것으로 집계됐다(양두용 2005).

기업들에 비해 대체로 좋으며, 배당성향의 경우에도, 외국인 지분이 높은 기업이 반드시 높다고 할 수 없다. 또 설비투자가 줄어드는 경향도 없는 만큼 외국인의 경영 간섭에 따른 악영향도 확인할 수 없다(양두용 2005).

또 수출기업에 대한 투자 편중이 주식시장의 투자 양극화를 심화시키는 것은 부인할 수 없는 사실이지만(한국은행 2005a), 외국인 투자자로 인해 기업의 투자가 감소했다는 것은 과장된 것이며 사실과 다르다. 이미 여러 연구에 의해 밝혀졌듯이 외국인 소유지분과 배당성향(배당금/당기순이익)은 상관관계가 없다. 그리고 출자는 다른 회사의 주식을 취득하는 행위로서 통상적인 의미의 투자와는 관련성이 그리 높지 않다. 우선 기존 회사 내 신규 설비투자나 사업부 신설을 통한 투자는 출자총액제한의 대상이 되지 않는다. 또, 기업경쟁력 강화, 성장잠재력 확충 등과 관련된 타회사 출자는 출자총액제한 적용 제외나 예외인정을 통해 출자한도에 관계없이 허용된다. 또 IMF 사태가 수습된 후에는 경영이 안정되고 기업의 경영투명성이 향상되면서 배당에 대한 압력은 오히려 감소되었다(김기원 2005). 또 고율의 배당을 한 대부분의 기업이 외국인 지분이 아주 낮은 기업이며 외국인 비중이 50%를 넘는 삼성전자나 현대자동차의 배당성향은 평균치에도 미치지 못한다. 물론 외국인에 대한 배당금 총액은 크게 늘었다. 그러나 이는 외국인 지분이 늘어나고 기업수익성이 개선된 결과로 해석해야 할 것이다. 2003년 외국인의 지분 비중은 40.1%인데 배당금 비중은 37.4%다(김기원 2005). 따라서 허구적인 외국자본의 경영권 탈취 주장, 경영권 보호를 위한 설비투자 부진과 경기침체 주장 등을 근거로 우리나라 기업의 경영권 방어 수단을 추가로 도입하자는 것은 비현실적이다. 차등의결권을 도입할 경우 그것은 '1주1표주의' 근대법적 소유권 원리를 부정하는 제도일 뿐만 아니라 일반 주주의 재산권을 침해할 가능성이 크다. 마찬가지로 독약처방 같은 제

도도 주주 다수의 동의하에 도입되어야 하는데, 기존 대주주가 평균 5%도
안 되는 지분을 가지고 주주 다수의 동의를 끌어내기는 쉽지 않은 문제일
뿐만 아니라 그래서도 안 된다. 또 '경영권'이라는 것은 주주가 최고경영자
에게 기업가치 제고를 위해 노력하도록 위임한 권한이지 재벌 총수 일가가
대대손손 승계하는 권한이 아니므로, 총수 일가의 경영권을 보호해야 한다
는 명제는 성립되지 않는다(임원혁 2005). 일부에서는 경영권 방어장치 도입
결정권을 주주총회 대신 이사회에 부여하자고 주장하고 있으나, 경영권 방
어장치처럼 주주 재산권에 큰 영향을 미치는 사안을 주주의 직접적인 동의
없이 결정한다는 것은 주주 가치 경영의 기본 정신을 무시하는 것이다.

3) 기업 간 인수합병

내부 감시장치가 제대로 작동하지 않을 경우, 이를 보완할 수 있는 효과
적인 장치로서 기업 간 인수합병 혹은 기업경영권 시장을 통한 기업규율의
역할도 기대해 볼 수 있다. 외환금융위기 이후 인수합병 시장의 하부구조,
예를 들면 회계투명성을 강화하는 회계제도, 증권집단소송제도 등이 도입
되는 등 기업경영권 시장의 발전을 위한 제도적 여건이 크게 변화했다. 또
한 정부의 기업인수합병 관련 규제완화도 인수합병의 가능성을 더욱 높이
고 있다. 예를 들면 외환금융위기 이후 외환거래를 더욱 자유롭게 하기 위
해 외환관리법을 외국환거래법으로 대체한 것이나, 외국인 주식투자 한도
폐지, 외국인 주식 취득 시 의무공개매수제도 폐지 등이 그 대표적인 예
다.[36] 이러한 제도 변화에도 불구하고 우리나라에서 적대적 인수합병은 찾
아보기 어렵다. 인수합병이 있었다면 그것은 대부분이 구조조정 차원에서

이루어진 재벌 계열사 간 통폐합이나 우호적 인수합병이었다. 공적자금 조기회수 때문에 막대하게 유입된 외국자본에 의한 인수합병이 국내 기업의 헐값 매각 논란을 불러일으키기도 했지만, 2000년 이후 인수합병은 외국자본보다는 국내자본에 의해 그리고 인수합병을 노린 재무적 투자보다는 전략적 투자자를 중심으로 이루어지고 있다(이병국 2006).

이런 맥락에서 버나드 블랙Bernard S. Black은 우리나라 상장기업들의 지배구조 개선이 여전히 미흡하다고 지적하면서 "은행 등 금융기관을 제외하면 한국 상장회사에 대한 외국인의 적대적 인수합병 위협이 현실화될 가능성은 매우 적다"고 진단했다.

물론 다양한 규제완화 조치에도 적대적 인수합병이 이루어지지 않는 것이 기업 지배구조 측면에서 반드시 부정적인 현상이라고 단정할 수는 없을 것이다. 그러나 앞에서 본 것처럼 총수를 비롯한 지배주주 지배력이 약화되지 않고, 따라서 기업의 내·외부 견제장치가 제대로 작동할 수 없는 상황에서는 적대적 인수합병 관련 제도적 개선도 기업 규율장치로서 제 기능을 수행할 수 없다. 이러한 문제점은 우리나라 기업들이 시장에서 제대로 평가받지 못하는 코리아 디스카운트의 원인으로 작용하고 있고, 저평가 기업이 많을수록 오히려 외국자본에 의한 적대적 인수합병의 가능성이 더 높아지는 결과를 초래하고 있는 것이다.

36 의무공개매수제도는 발행주식 총수의 10%에서 3분의 1을 초과하는 경우에만 이사회의 사전 승인을 받도록 하고, 25% 이상 취득 시 50%+1주 취득을 의무화한 제도다.

4. 기업의 주주 가치 경영 실상

　주식시장의 성장과 외국인의 주식 보유 비중 상승이 낳은 또 하나의 중
요한 변화는 기업들의 주주 가치 경영이다. 특히 외환금융위기 이후 주식
시장 내 외국인 투자자 증가는 소액주주들이 재벌기업을 포함한 모든 기업
경영자들에게 주주 가치를 중시하는 경영을 하도록 압박할 수 있는 환경을
조성했다는 점에서 주주 가치 경영 확산에 결정적으로 기여했다. 그런데
주주 가치 경영에 대한 기업들, 특히 재벌기업의 반응은 극히 양면적이었
다. 한편으로는 '주주 가치'라는 이념 자체가 자본주의의 사유재산권, 즉 주
주권을 보호한다는 것을 의미하므로 재벌기업 입장에서는 소유주의 재산
권을 적극적으로 옹호할 수 있는 긍정적인 측면이 있지만, 다른 한편으로
는 외부 주주의 권리 역시 보장한다는 점에서 주주 가치 이념이 확산되는
것을 경계하는 태도를 보였다. 소액주주운동의 활성화나 외국자본의 적대
적 인수합병 위협에 대한 기업의 위기의식은 주주 가치 경영에 대한 우려
의 대표적인 예라 할 수 있을 것이다. 여기에 외국자본에 의한 고배당 요구
나, 단기 수익성 위주 기업 경영, 설비투자 등 투자율 저하 등의 현상은 주
주 가치 경영에 대한 부정적인 인식을 확산시키는 계기가 되었다. 물론 일
부 투기성 자본을 제외한 대부분의 외국인 투자자들은 다른 소액주주들에
비해 장기투자나 내재가치를 중시하는 투자를 하기 때문에 외국인 지분율
이 높은 기업이 문제가 되는 것은 아니다. 오히려 외국인 지분율이 높은 기
업일수록 수익성이 높고, 배당성향도 반드시 높지 않은 경우도 많다(송원호
·오용협·양두용 2005).[37] 또 외국인 지분율보다 국내 소액주주 지분율이 높은
기업일수록 주주 가치 경영의 폐해가 더 심각하게 나타날 수 있다.

표 3-15 기업의 배당성향 추이(1999~2004년)						〈단위 : %〉
년도	1999	2000	2001	2002	2003	2004
기업 전체	22.96	25.11	26.40	26.31	25.97	25.03
대기업	26.58	28.79	30.93	24.95	28.98	23.91
중소기업	20.02	21.84	22.87	27.44	23.58	25.89

주 : 상장 제조업을 대상으로 했으며, 배당성향은 배당금/당기순이익.
출처 : 강종구(2005).

주주 가치 경영에 대한 기업들의 이중적 태도에도 '주주 가치 극대화' 경영은 글로벌 표준으로 기업에 강제되었다. 이에 따라 수익중시 경영, 주가 관리, 투자자관리IR와 같은 관행이 확산되었다. 몇 가지 예를 들면, 제조업 부문 기업의 영업 활동으로 인한 현금흐름 대비 배당금의 비율은 외환위기 이전 6% 수준에서 2001년 이후에는 9% 수준으로 약 3%p 정도 증가했다(조영철 2006). 또 당기순이익 대비 배당금의 비율인 배당성향의 상승 추세 역시 우리나라 기업들의 주주 가치 경영 확산을 반영한다(〈표 3-15〉).

재벌 그룹의 주요 계열사들 역시 자사주 매입[38] 등으로 기업 가치를 올리고, 이를 통해 주주의 이익을 고려하는 경영 행태를 보이기도 했다. 예컨대 2005년 6월 주요 재벌 그룹의 자사주 보유 현황을 보면 총 11조6,679억

---

[37] 송원호·오용협·양두용(2005)은 회귀분석을 통해 외국인 지분율이 높은 기업일수록 수익성은 좋지만, 배당성향이 반드시 높은 것은 아니며, 설비투자가 감소하는 것도 아니라고 주장한다. 반면 이만우·노준화(2006)는 외국인 지분율이 높을수록 배당률이 높고 설비투자와 자기주식 취득이 많았고, 대주주 지분율이 높을수록 배당률이 높고 투자도 많았다고 주장한다. 이에 대해서는 조영철(2006)을 참고.

[38] 2005년 6월 말 현재 상장 법인의 63.2%인 999사가 전체 시가총액(563조5,000억 원)의 5.41% 상당액(30조5,000억 원)의 자기주식을 보유하고 있는 것으로 나타났다(금융감독원 2005).

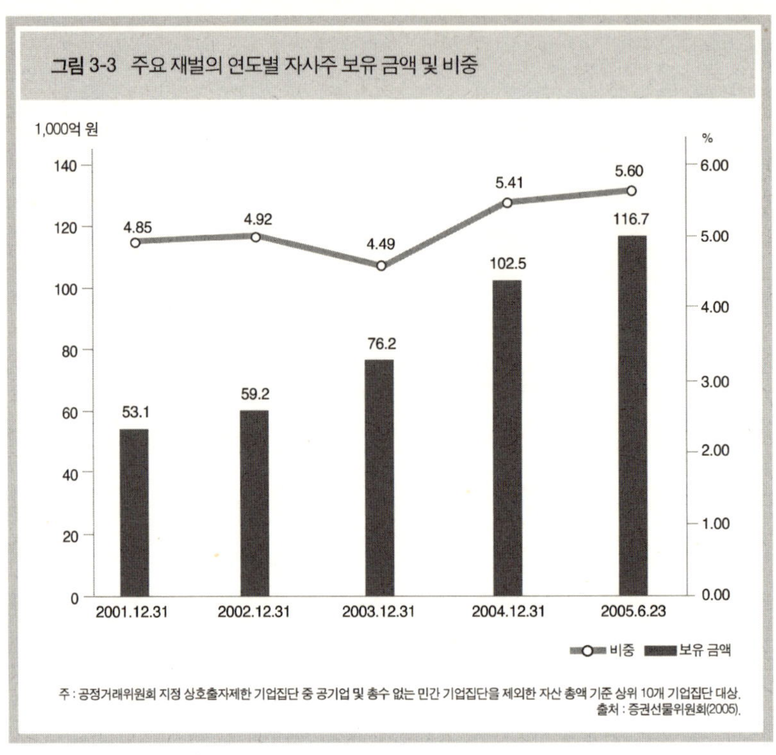

원으로 전체 시가총액의 5.60%, 전체 상장법인 자사주 취득금액의 71.7%[39]에 달했다. 2001년 말 5조3,078억 원에 불과했던 자사주 보유금액은 지속적인 자사주 취득 확대 및 주가 상승 등으로 두 배 이상 늘어난 셈이다.[40]

이상과 같은 기업들의 주주 가치 경영을 주주환원 비율로 추정해 보면,

[39] 2004년 말 우리나라 상장법인의 총 자사주 취득금액은 16조4,160억 원이다.

[40] 2001년 말 이후 삼성, 현대자동차, 한진은 점차 증가 경향을 보이고, LG, SK, 한화는 감소 추세를 보였다. 현대중공업은 12.76%p로 가장 많이 줄었고 금호아시아나도 4.17%p 감소했다.

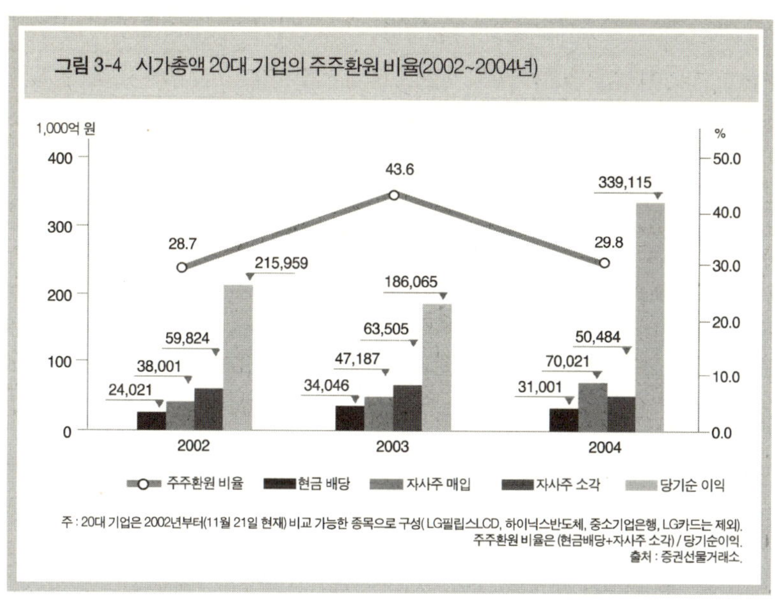

2002~04년까지 시가총액 상위 20대 기업의 현금배당과 자사주 소각이 당기순이익에서 차지하는 비중인 주주환원 비율은 2004년 29.8%인 것으로 나타났다. 2003년에는 이보다 더 높아 당기순이익의 43.6% 정도가 주주들의 이익으로 환원되었다.

그러나 이와 같은 수치에도 불구하고 우리나라 기업들의 '주주 가치 극대화 경영'의 실상을 보면 그 긍정적인 측면보다는 부정적인 측면이 더 많음을 발견할 수 있다. 기업들은 주주 가치 경영, 기업 경쟁력 강화를 명분으로 하여 주가나 단기수익 극대화를 추구했다. 위에서 언급한 자사주의 경우에도 내부정보 유출 등 불법적인 방법을 동원해 주가를 관리하고 총수일가 등 지배주주의 재산가치 보전을 위한 경영 전략으로 이용되는 경우가 많았다. 결국 자사주를 통한 우리나라 기업들의 주주 가치 경영은 왜곡된 형태 그 자체였다. 이와 같은 기업의 재투자 및 신규 설비투자 축소와 자사주 매입 우선은 주식시장의 자금조달 기능을 더욱 약화시킴으로써 기업들이 주식시장을 주가 관리나 부의 상속, 혹은 친족 간 지분 정리를 위한 기회로 활용할 수 있는 더 쉬운 환경을 제공했다. 뿐만 아니라 기업 내 정규직을 비정규직으로 대체하는 등 고용 조정도 일상화되었다.

이와 같은 주주 가치 경영의 왜곡은 기본적으로 총수 지배력과 관련된 재벌기업의 소유구조가 근본적으로 바뀌지 않았기 때문이다. 따라서 외국인 투자자의 증가를 계기로 확산되고 있는 주주 가치 경영은 재벌 총수 중심의 기업 경영과 기묘하게 공존하고 있다. 따라서 높은 배당률, 단기수익성 위주 경영, 투자율 저하, 비정규직 증가, 하도급 기업과의 장기 공존관계 약화 등 주주 가치 경영의 폐해에 노출된 근본 원인은 기존 재벌들의 소유구조와 주주 가치 경영의 악조합 때문이다(조영철 2006). 또 우량 계열사가 부실 계열사를 합병하는 방식으로 일반 주주들의 부를 지배주주에게 이전시키는 관행이나 주주들의 이익을 무시하는 의사 결정 구조, 즉 주주 가치 경영에 반하는 관행도 근본적으로 개선되지 못했다. 또 금융계열사를 이용해 다른 계열사에 출자하는 행위는 금융보험계열사 자산을 구성한 일반예금자나 가입자의 재산을 이용하는 것으로서 이들의 재산권을 침해하는 대표적인 사례다.

소유자 혹은 주주로서뿐만 아니라 기업의 중요한 이해당사자로서 소유 분산과 노동의 경영 참여를 보장한다는 우리사주제도도 자본시장에서 종업원들을 단순한 재산형성 수단이나 '대주주에 우호적인 주주'로 만드는 데 그쳤다(허민영 2007). 2002년 새로운 형태의 종업원 주식소유제도로서 도입된 우리사주제도는 기존의 증권거래법에 따라 시행되었던 종업원지주제도

에 비해 여러 가지 점에서 진일보한 것이었다. 따라서 형식적으로는 선진
국형 종업원 주식소유제도의 틀을 갖게 되었다.[41] 그 규모를 보면 2006년
10월 우리사주 조합 수는 2,486개, 예탁조합의 노동자 수는 25만여 명, 시
가총액으로는 5조4,231억 원에 이르는 상당한 규모다(한국증권금융 2006).
또한, 적어도 이론적으로는 우리사주제도는 종업원의 경영 참여를 가능하
게 함으로써 경영의 투명성 제고와 기업 지배구조 개선을 위해 활용될 수
있었다(송태경 2004). 즉, 종업원이 주주로서 주주총회에 참여함으로써 보유
주식에 따라 주주총회의 중요한 안건에 의결권을 행사하고 장부열람권 등
의 소수주주권을 활용해 내부감시자로서 경영 활동을 점검할 수 있다는 것
이다. 이와 같은 경영 참여를 통해 기업생산성이 향상되는 효과도 기대해
볼 수 있다(신범철 외 2004). 그러나 현재 우리사주제도는 종업원들의 높은
참여 욕구에도 불구하고 집단적인 의결권 행사 방식의 제도적 미비, 경영
자들의 소극적 자세 등으로 말미암아 참여 종업원들의 경영 참여가 어려운
실정이다.

[41] 자세한 내용은 신범철 외(2004)를 참고.

제4장

정부의 재벌개혁과 재벌의 대응

1. 정부의 재벌 정책과 대안

2. 지주회사제도와 재벌의 지주회사 전환 검토: LG재벌의 사례

3. 전문 그룹화의 이면: 현대자동차재벌의 사례

4. 금융지주회사 전환 가능성: 삼성재벌의 금융지주회사화?

1. 정부의 재벌 정책과 대안

1) 공정거래법상의 재벌 정책과 시장개혁 로드맵

재벌개혁의 제2라운드는 IMF 외환금융위기부터라는 점은 자명하다. 공정거래위원회가 1987년 29개 대규모 기업집단을 지정한 이래 재벌개혁은 정부의 재벌 정책과 밀접한 관련이 있으며, 이는 재벌개혁을 요구하는 여러 주체 중에서 정부의 역할이 그만큼 중요하다는 점을 예시한다.

대규모 기업집단으로서 재벌에 대한 정부 정책은 독점규제 및 공정거래에 관한 법률(이하 공정거래법) 및 동법 시행령에 의해 시행되고 있다. 그런데 현행 공정거래법은 국민경제 차원의 일반집중에 대한 규제법의 성격과 개별 산업 차원의 시장집중에 대한 규제를 통해서 기업 간 경쟁을 촉진하는 경쟁촉진법의 성격을 동시에 가지고 있다. 이 중에서 우리가 재벌 정책이라고 부르는 것은 주로 전자에 해당하는데, 지주회사의 행위 제한(공정거래법 제8조의 2), 상호출자 금지(제9조), 출자총액 제한(제10조), 채무보증 금지(제10조의 2), 계열금융회사의 의결권 제한(제11조), 대규모 내부거래의 이사회 의결 및 공시(법 제11조의 2) 등이 대표적인 정책이다.

1980년대 이후 공정거래위원회를 중심으로 한 재벌 정책을 정책 목표나 정책 수단에 따라 구분해 보면, 크게 소유구조 개선, 지배구조 개선, 재무구조 개선, 경제력 집중 억제 등으로 구분할 수 있다. 물론 특정 정책 수단이 하나의 정책 목표와만 연관되는 것이 아니라 다수의 정책 목표에 복합적으로 영향을 미친다. 따라서 특정한 정책 목표에 부합하는 정책 수단을 엄밀하게 가려낼 수 없는 한계도 있다. 이와 같은 한계에도 기존의 재벌 정책 중

표 4-1 공정거래법상의 재벌 규제 추이

년도	지정 대상	출자총액 한도	채무 보증	금융보험사 의결권	상호 출자	불공정 거래행위	대규모 내부거래 공시	지주 회사
1986	자산 4천억 원 이상	순자산의 40%	-	금지	금지	기업집단의 불공정거래 규제	-	금지
1992	상위 30대	상동	자기자본의 200%	금지	금지	상동	-	금지
1994	상동	순자산의 25%	상동	금지	금지	상동	-	금지
1996	상동	상동	자기자본의 100%	금지	금지	자금,자산 (인력포함)	-	금지
1998	상동	폐지	금지	금지	금지	상동	-	금지
1999	상동	순자산의 25%	상동	금지	금지	계좌추적권 도입	10대	허용
2001	상동	상동	상동	제한 허용	금지	동제도 3년 연장	30대	허용
2002	자산 2조/5조	상동	상동	30%까지 허용	금지	금융거래 정보요구권	상호출자제한, 출총제한집단	허용
2004	출총 예외적용	상동	상동	15%까지 축소 (2008년까지)	금지	금융거래 정보 요구권 3년 연장	상동	허용
2005	상동	상동	상동	상동	금지	상동	상동	허용
2006	자산 6조 원 (출총)	순자산의 25%	상동	상동	금지	상동	상동 (100억 원 이상)	허용

소유구조 개선을 목표로 한 정책 수단으로는 지주회사 설립 금지, 상호출자 금지, 출자총액제한제도, 금융·보험사 소유주식 의결권 제한, 소유분산 우량기업집단 지정, 포괄적 증여의제 과세제도 등이 있다. 같은 맥락에서 지배구조 개선과 관련된 정책 수단으로는 지주회사 설립 금지, 상호출자 금지, 출자총액제한제도, 금융보험사 소유주식 의결권 제한, 소수주주권 행사 요건 완화, 사외이사의 비중 확대, 집중투표제, 감사위원회제도, 결합재무제표 및 연결재무제표 작성 등이 있다. 재무구조 개선과 관련된 정책 수단으로는 채무보증 제한과 결합재무제표 및 연결재무제표 작성 등이 있다.

마지막으로 경제력 집중 억제는 출자규제, 기업 소유분산, 상속세 및 증

표 4-2 재벌정책의 분야별 목표와 수단

정책 수단 \ 정책 목표	소유구조 개선	지배구조 개선	재무구조 개선	경제력 집중 억제
기업결합의 제한				○
지주회사 설립 금지	○	○		○
상호출자 금지	○	○		○
출자총액 제한	○	○		
채무보증 제한			○	○
금융보험사 소유주식 의결권 제한	○	○		○
포괄적 증여의제 과세제도	○			
소수주주권 행사요건 완화		○		
사외이사의 비중 확대		○		
집중투표제		○		
감사위원회		○		
결합재무제표 및 연결재무제표		○	○	
대규모 내부거래의 제한				○
불공정거래행위에 대한 규제				○
부당한 공동행위에 대한 규제				○

자료 : 강신준 외(2006).

여세 제도의 개선을 중심으로 한 소유구조 개선 정책, 기업결합 제한, 시장 지배적 지위 남용 금지, 부당한 공동행위 제한, 불공정거래행위 금지 등으로 내용으로 하는 독점규제 및 공정거래에 관한 법률, 그리고 계열기업군에 대한 여신한도 관리, 기업투자 및 부동산 취득 규제, 업종전문화 유도 및 상호지급보증 제한 등을 주 내용으로 하는 금융 관련 규제 등 다양한 법규, 제도와 상호 연관되어 있다(참여사회연구소 1999). 이 중 기업결합 제한, 상호출자 금지, 출자총액 제한, 채무보증 제한은 경제력 집중 억제의 직접적인 정책 수단이라고 할 수 있다. 이외에도 지주회사 설립 금지, 금융보험사 소유주식 의결권 제한, 불공정거래행위 및 부당한 공동행위에 대한 규제, 대규모 내부거래의 제한 조치 등도 경제력 집중과 간접적으로 연관된 정책 수단이라고 할 수 있다. 이처럼 재벌과 관련된 대부분의 정책 수단은 경제력 집중 억제와 직접 또는 간접적인 관련이 있다.

그런데 '경제력 집중 억제'라는 정책 기조 혹은 목표는 외환금융위기를 지나면서 점차 기업 소유와 지배 문제를 동시에 아우르는 '기업 지배구조 개선'으로 무게중심이 이동했다는 점에 주목할 필요가 있다. 기업 지배구조 개선을 위해서 외환금융위기 직후 얼마 동안 기업 경영의 투명성이나 재무구조 개선을 위한 정책 수단이 상대적으로 강조되면서 기업 내·외부의 감시장치를 강화하거나 새롭게 도입했다. 그러다 최근에는 소유권과 지배권 사이의 괴리에 따른 '지배주주의 대리인 비용'이라는 개념에 주목하기 시작했다. 지배구조의 중요성은 비단 재벌뿐 아니라 모든 기업에 적용될 수 있으며 다양한 이해당사자를 내포하고 있는 상장회사의 경우 더욱 중요하다. 또 논란이 많기는 하지만 소수 지배주주에 의한 부 이전, 기회 편취 등은 기업 효율과 기업 가치에도 부정적인 영향을 미칠 가능성이 크다.

지배주주의 대리인 비용을 축으로 한 기업 지배구조 개선이라는 재벌 정책 변화는 2003년 12월 확정된 '시장개혁 3개년 로드맵'을 통해서 잘 드러난다. 이 로드맵은 개별 기업과 기업집단, 경영의 투명성과 소유지배구조, 그리고 공정한 경쟁을 제고시키기 위한 여러 과제를 포함하고 있다. 주요 내용을 보면, 정부는 기업 경영의 투명성과 책임성을 강화하고자 기업 내·외부의 견제 시스템을 보완하고 지배주주의 책임을 더 강화했다. 구체적으로는, 주주에 의한 시장 감시장치를 강화하고자 주주가 의결권 행사를 더욱 쉽게 할 수 있도록 전자투표제를 시행하는 법적 근거를 마련하고, 지배주주 보좌기구(구조조정본부 등)의 활동 상황을 공개하도록 했다. 둘째, 정부는 기업집단의 소유지배구조를 개선하고자 기업의 계열사, 기업의 특수

표 4-3 시장개혁 3개년 로드맵(2004년 1월 2일)

기업집단의 소유지배구조 개선	2003	2004	2005	2006
■ 소유·지배 괴리도(의결권 승수: 자산 5조 원 이상 민간 기업집단 기준)	6.1			3.0
■ 기업집단 체제				
소유지배구조에 관한 정보공개 확대 (지분보유관계, 소유·지배 괴리도 등)		매년 공개		
비상장·비등록 법인 공시의무 강화		법 개정		
출자총액제한제도 적용 제외, 예외 인정 항목 조정		법 개정		
결합부채비율에 의한 출자총액제한 지정 제외 한시적 운영			시행령 개정	
소유·지배 괴리도가 낮은 기업집단 출자총액제한 지정 제외		법 개정		
지주회사 그룹, 소속사 전체에 대해 출자 총액제한 적용 제외		법 개정		
계열회사 수가 적고 3단계 이상 출자 없는 집단 출자총액제한 지정 제외		시행령 개정		
내부 견제 장치가 갖추어진 기업에 대해 출자총액제한 적용 면제		법 개정		
지주회사 체제의 투명성 제고 (자회사 간 출자 금지 등)	법 개정	시행령 개정		
자회사·손자회사 지분율 상향 유도		연결납세제도 도입 등		
투명책임경영 강화	2003	2004	2005	2006
■ 내부견제 시스템 종합평가지수	38점			60점
집중투표제·서면투표제 도입 확대 유도		공정거래법 개정	인센티브 부여 통해 도입 확대	
전자투표제 도입 검토		상법 개정 필요		
증권예탁원 의결권 행사제도 개선 방안 검토		증권거래법 개정 필요		
■ 외부 견제 시스템 제도 수준 평가지수	80점			90점
회계법인 교체 의무화 등 회계제도 개선	외감법 등 개정 안 국회 통과	제도 시행 및 보완		
증권집단소송제 도입	증권집단소송법 국회 통과	제도 시행 및 보완		
■ 외부 견제 시스템 작동 수준 평가지수	45점			60점
외부감사기능 활성화		개정 외감법 시행 및 보완		
증권 집단소송 활성화		제도 시행 및 보완		
지배주주의 책임 강화 방안 강구		구조조정본부 기능 및 활동 내용, 경비 조달, 사용 내역 공개 유도		
■ 산업자본의 금융 지배에 따른 폐해 차단	산업·금융 T/F 논의 결과에 따라 추진 방안 결정			

시장 경쟁 제고	2003	2004	2005	2006
■ 산업집중도(CR$_3$)	48%			40%
경쟁제한적 M&A 심사 강화	법 개정	심사 강화 및 구조적 교정 조치 적극 활용		
경쟁제한적 규제 개혁	정비 대상 규제 확정	제2차 카르텔 일괄정리법 제정	규제개혁 지속 추진	
카르텔 차단 (과징금 상향, 제보자 보상확대)	법 개정	시행령 개정		
민사상 손해배상 청구 활성화	법 개정	제도 시행 및 보완		
공익소송·단체소송·선정당사자소송 등 소액다수 소비자 피해 구제장치 검토		소액다수 소비자 피해 구제장치 검토		
부당 내부거래 조사 관련 금융거래정보요구권 시한 연장	법 개정			
부당 내부거래 조사	대규모 직권조사 → 부당 내부거래 혐의가 있을 때 수시 조사			
소비자 정책 관련 부처 간 기능 조정		소비자보호법 개정 필요		

관계인 사이의 지분보유관계, 그리고 기업별 의결권 승수와 소유지배의 괴리도를 매년 공개한다. 또한 대기업집단에 소속되어 있는 비상장·비등록 기업의 공시의무를 강화하는 등 이해당사자들에게 더 많은 정보를 제공함으로써 시장감시 기능을 강화했다. 마지막으로, 공정한 시장거래를 위해 시장경쟁을 촉진시키고 소비자의 권익을 한층 더 강화하는 장치들을 마련했다.

이와 함께 지배구조 개선의 대상인 기업들이 감시의 주체인 금융기관을 오히려 지배함으로써 생기는 문제, 즉 자원 배분의 효율성 저해와 금융 체제의 부실화 등을 방지하기 위해 '금융자본과 산업자본의 분리' 원칙을 재확인했다. 이와 같은 측면에서 산업자본의 은행 소유에 대해서는 소유한도 제한(4%)을 유지하는 가운데, 현실적인 문제로서 증권, 보험 등 비은행 금융기관에 대해서는 산업자본의 소유를 허용하되 산업자본의 금융지배에 따른 일반적 부작용을 최소화하기 위해 '산업자본의 금융지배에 따른 부작용 방지 로드맵'을 확정했다.

① 대주주·계열사와의 거래 내역 공시 및 이사회 의결 의무화 확대
② 대주주 및 계열사에 대한 금융감독 및 검사 강화
③ 비상장 금융회사에 대한 금융감독 강화(경영 공시 강화, 최대주주 또는 주요 주주 지분 변동 시
　 신고 확대, 금융기관지배구조 강화)
④ 금융회사의 대주주 및 주요 출자자 자격 요건 강화
⑤ 대주주 및 계열사에 대한 대출 한도를 단계적으로 축소
⑥ 금융회사 보유 자기계열사 주식의 의결권 행사 제한
⑦ 금융계열분리청구제 도입(중장기 과제: 연구용역을 기초로 도입 여부 결정)

2) 재벌 정책 비판의 문제점과 재벌 정책 지속 필요성

정부의 재벌 정책에 대해 재계는 재벌 규제, 특히 일반집중에 대한 규제를 대폭 완화하거나 철폐할 것을 주장한다. 대신 시장집중 문제에만 초점을 맞추는 경쟁촉진법으로 공정거래법 성격을 바꾸어야 한다는 것이다. 또한 국내 은행에 대한 외국인 지분율이 높아지면서 산업자본의 금융 지배 방지, 그중에서도 은행과 산업자본 분리를 위한 각종 규제를 대폭 완화할 것을 요구하고 있다.

그러나 이러한 주장들은 다음과 같은 점에서 문제가 많다. 첫째, 앞 장에

1　재정경제부는 2004년 1월 발표된 "산업자본의 금융지배에 따른 부작용 방지 로드맵"에 따라 법률 개정이 필요한 과제를 이행하기 위해 증권거래법 등 7개 금융관련 법률개정안을 마련해 입법예고한 바 있다(2005년 11월 4~24일). 이 로드맵 이전에도 금융과 산업의 분리를 위한 여러 법률이 존재하고 있다. 예를 들면 산업자본의 금융자본 소유 제한에 대해서는 개별 금융회사 설립법상 소유규제(은행법 제16조의 2, 금융지주회사법 제8조의 2, 간투법 144조의 16), 금융자본의 산업자본 소유 제한에 있어 개별 금융회사의 자산운용 규제(은행법 제37조, 보험업법 제109조, 금융지주회사법 제44조), 그리고 금융기관을 이용한 기업결합 제한(금산법 24조) 등이 그것이다.

서 살펴보았듯이 재벌을 중심으로 한 일반집중현상은 크게 완화되지 않았고, 재벌기업의 소유지배구조도 개선되고 있기는 하지만 총수 등 지배주주의 존재가 기업 지배구조 개선에 여전히 걸림돌로 작용하고 있다. 이런 상황에서 공정거래 정책을 경쟁 정책 위주로 전환하고, 산업과 금융 분리에 대한 규제를 완화하는 것은 그동안 진행된 재벌개혁의 성과마저 되돌림으로써 과거의 재벌 체제를 오히려 강화할 위험이 크다.

둘째, 재벌은 전략적 의사 결정의 측면에서 그룹 조직의 우월성·불가피성을 주장하면서도, 다른 한편으로는 공정거래당국의 규제 측면에서는 그룹의 존재를 부인하고 개별 기업 차원의 문제만을 언급하는 자기모순을 드러내고 있다. 즉, 경기자로서는 재벌그룹을 하나의 주체로 설정하면서도, 경기 규칙을 정할 때는 상법상의 개별 법인만을 주체로 한정하자는 것이다(김상조 2003).

정부의 기업규제에 대한 재벌의 반발은 개별 기업에 대한 규제책인 회사법 자체의 한계에서도 기인한다. 즉, 회사법을 통한 일반적인 기업 규제와 달리 재벌이라는 독특한 기업조직이 존재하는 현실에서 개별 기업을 대상으로 한 회사법적 체계를 통한 규제는 한계를 가질 수밖에 없다. 이와 같은 법적·제도적 공백은 기존의 회사법 체계를 보완하거나 이를 대체할 새로운 차원의 해결책이 필요함을 의미한다. 공정거래법상의 출자총액제한제도나 금융보험사의 의결권 제한제도, 지주회사제도 등이 시행되는 것도 이러한 제도적 공백을 보완하는 차원에서 이해할 필요가 있다. 물론 개별 규제의 실효성 여부와 무관하게 회사법적 사안으로 다루어야 할 문제를 여전히 공정거래법으로 다루려고 하는 것은 끊임없는 논란의 대상이 될 수 있다. 게다가 기업 정책이 정치적 판단에 좌우될 수 있다는 비판도 가능하다. 반대로 정부의 재벌 정책의 시행과정에서 나타났던 정책적 혼선이나 갈등도 그간의 재벌 정책의 효과를 반감시킨 요인 중의 하나였다.

그러나 재벌 정책에 대한 논란과 그 한계에도 불구하고 정부의 재벌 정책이 지속되어야 하는 이유는 자명하다. 그것은 외환금융위기 이후 정부의 재벌 정책과 이에 대응한 재벌의 대응을 통해서 알 수 있었듯이 자발적이고 자율적인 재벌개혁을 기대하기 어렵다는 점 때문이다. 오히려 재벌들은 재벌 정책을 포함한 정부 정책에 대해 투자 기피 등 자본 파업으로 대항했다. 친재벌적 정치권과 규제완화 등 신자유주의적 경제 정책은 필요한 정부 개입마저도 '규제'라는 이름으로 거부할 수 있는 분위기를 조장했다. 따라서 기업 투명성을 높임으로써 지배주주의 권한을 분명하게 하고 이에 상응하는 책임을 지도록 하는 법적·제도적 장치들은 더욱 강화해 가야 할 것이다. 예를 들어, 권한을 분명하게 하는 방안 중의 하나가 지주회사 체제라고 할 때, 현재 금융지주회사화와 관련해 무엇보다 중요한 것은 '지배'와 '금융지주회사'의 개념을 근본적으로 전환해야 한다. 즉, 금융지주회사법에 의해 금융지주회사로 인가받은 자만이 아니라, 금융기업을 사실상 지배하는 자[2] 역시 금융지주회사로 간주함으로써 더 강화된 기준에 의한 신임의무를

---

2 미국의 은행지주회사법(Bank Holding Company Act)과 그램 리치 블라일리 법(Gramm-Leach-Bliley Act)의 '지배' 개념에 대해서는 전성인(2001) 참조. 이에 따르면, 다음 세 가지 경우 중 하나가 성립하면 은행 또는 회사(즉 은행지주회사)에 대한 지배가 인정된다. ① 어떤 회사가 은행이나 회사가 발행한 어떤 종류(any class)의 의결권 있는 주식 총수의 25% 이상의 주식을 직접 혹은 간접적으로 또는 일인 혹은 다수의 사람을 통해 소유하거나 지배하거나 혹은 의결권 행사 권한을 보유한 경우, ② 어떤 회사가 어떤 형태로든 은행이나 회사의 이사(directors or trustees)의 과반수의 선출에 지배력을 행사하는 경우, ③ 통지와 청문회를 개최한 후, 연방준비제도이사회(FRB)가 어떤 회사가 직접 혹은 간접의 방법으로 은행 혹은 회사의 경영이나 정책에 지배적인 영향력을 행사하고 있다고 결정한 경우 등이다. 여기서 중요한 것은 은행 혹은 다른 자회사의 지배에 대한 판단 기준이 단순히 지분율과 같은 객관적 지표에만 국한되지 않는다는 점이다. 물론 은행에 대한 지분율이 25% 이상인 경우에는 의심의 여지없이 지배가 인정되지만, 그 외의 경우에는

부담하도록 해야 한다.[3] 금융기업의 지배주주에 대해 더 엄격한 신임의무를 부과하지 않는 한 지배구조 개선의 실질적인 효과를 기대하기 어려울 것이다(김상조 2002).

지배주주에 대해 책임을 묻는 것은 적은 현금흐름권을 가지고 그룹 전반에 걸쳐 통제권을 행사하는 지배주주와 계열사의 일반주주, 채권자 사이의 이해 상충을 충분하게 고려하지 못하고 있는 현행 회사법이나 각종 증권 관련 규정 개정을 통해 가능하다. 또 계열사 주식의 시세차익을 이용한 재산 증식과 이를 통한 계열사 지배로 요약되는 삼성재벌의 경영권 승계 과정에서 볼 수 있듯이 많은 불법과 탈법이 있었다.[4] 그리고 총수 일가의 재산과 경영권을 지키기 위해 다른 계열사들이 손실을 보전함으로써 주주 권리와 재산 가치가 심각하게 훼손되었다.[5] 이에 대한 엄정한 법 집행과 이에

감독기관에 광범위한 재량권이 부여된다. 즉, 지분율이 5% 미만일 경우 다른 반대의 증거가 없는 한 지배가 인정되지 않지만, 지분율이 5~25% 경우에는 감독기관의 재량에 의해 지배 여부가 결정된다. 물론 이 경우에는 항변의 기회가 주어진다.

3 예컨대, 삼성생명의 최대주주인 에버랜드와 그 지배주주인 이건희 회장은 사실상의 금융지주회사로서 삼성생명의 경영에 대해 신임의무를 부담하도록 하는 것이다.

4 에버랜드는 보유 삼성생명 주식 19.34%를 새로운 회계처리 기준을 적용, 지분법 평가 대상 주식이 아닌 매도 가능한 일반 유가증권으로 분류하는 방식으로 금융지주회사가 될 위기에서 벗어났다. 2004년 에버랜드는 내부거래가 미미한 기업에 대해서는 지분법 평가를 하지 않아도 되는 새 회계규정에 따른 것이라고 주장하고 있다. 그러나 정부는 2004년 6월 지분법 적용대상인 삼성생명의 회계기준을 '총 손익기준'에서 '평균책임기준 준비금' 기준으로 바꾸는 보험업감독규정을 개정했다. 또 금융감독위원회는 에버랜드의 지주회사화가 이른바 '비자발적'인 것이었는지를 심사하지 않았고, 에버랜드의 반기보고서가 제출(8월 15일)되기 이전(7월 2일) 고발하지 않을 것을 밝힘으로써 면죄부를 주었다.

5 예컨대 삼성그룹은 벤처지주회사인 e-삼성(주), e-삼성인터내셔널(주)을 이용해 총 16개의 계열사를 이재용의 통제하에 두고 있다가, 이들 계열사의 수익 전망이 없어지자 이재용의 소유 지분을 다른 계열사들이 초기 투자액을 상회하는 비싼 가격으로 떠안도록 했다. 이로 인해 지분을 인

따른 책임 추궁도 여전히 유효한 작업이 될 것이다. 물론 현재의 기업친화적 정부나 친재벌적 정치권 때문에 이러한 책임 추궁이 쉽지는 않을 것이다. 그리고 금산법 개정 무산에서 볼 수 있듯이 막대한 경제력을 바탕으로 준 권력기관에 버금가는 인적 네트워크를 형성하고 있는 삼성재벌의 경우에는 더더욱 어려운 작업이 될 수 있다.[6] 그러나 법적 책임을 묻는 작업과 동시에 사외이사 선임제도의 독립성 확보, 집중투표제의 의무화, 이사회 의장과 CEO의 분리, 이중대표소송double derivative suit 등 지배주주의 법적 책임을 강화하는 제도가 실제로 기능 할 수 있도록 도입되어야 할 것이다.

3) 출자총액제한제도를 둘러싼 논란

　정부의 재벌규제 정책과 이에 대한 재벌의 비판과 반발은 출자총액제한제도를 둘러싼 논란에서 극명하게 드러났다.[7] 참여정부 재벌 정책의 핵심

수한 계열사들은 5,000억 원이 넘는 주가 하락을 경험한바 있다(참여연대 2001). 최근 삼성 계열사들이 소유하고 있던 (주)엠포스의 지분을 정리하면서도 약 380억 원 이상의 손실이 발생했다(참여연대 2005a).

6　삼성의 인적 네트워크는 로비스트의 기능, 법률적 위험(legal risk)에 대한 '방패막이'의 역할, 그리고 삼성의 이해관계와 가치를 사회 전체의 바람직한 모델 내지 유일한 모델로 포장하고 이를 대변하는 기능을 하고 있다. 특히 참여정부에 삼성의 인사들이 다수 입각을 하고, 삼성재벌은 전직 관료나 판검사 영입을 더욱 강화하고 있다. 참여정부 출범 이후 3년(2003~05년)과 그 이전 3년(2000~02년)간 삼성에 취업하거나 사외이사가 된 관료나 법조인의 수를 비교해 보면, 참여정부 이후에 각각 34명과 22명으로 그 이전의 25명과 12명에 비해 크게 증가했다. 그리고 삼성의 관료 네트워크와 법조계 네트워크에서 참여정부에 취업한 관료와 법조인이 차지하는 비율은 각각 63.6%와 68.2%로, 이전의 40.3%와 37.1%에 비해 크게 증가했다(참여연대 2005b).

제도 가운데 하나인 출자총액제한제도는 1987년 순자산의 40% 이내로 타 기업에 대한 출자를 규제하면서 시작되었고, 1994년에는 순자산의 25%로 규제가 강화되었다. 출자제한이 기업 구조조정에 제약이 되고, 차입금에 의한 무분별한 사업 확장이 어려워진 외환금융위기 직후, 국내 기업의 경영권 방어가 어렵고, 사업 전략 등이 차별적으로 제약된다는 판단에 따라 동 제도는 폐지된다. 그러다가 재벌기업의 부채비율 감축을 위한 계열사의 유상증자 참여, 주식 취득 등으로 내부지분율이 1998년 44.5%에서 1999년 50.5%로 증가해 재벌의 소유집중이 심화했다는 비판이 제기되면서 정부는 2000년 4월부터 순자산의 25% 이하로 다시 출자를 제한했다.

출자총액을 일정 수준 이하로 제한하고 동일한 기업집단에 속하는 회사 간에는 상호출자를 금지하는 것을 내용으로 하는 출자총액제한제도는 "기업으로 하여금 무리한 기업 확장보다는 내실 있는 기업성장에 주력하도록 유도함으로써 대규모 기업집단의 과도한 경제력 집중 현상을 억제하고 국민경제의 활력 제고 및 균형 발전을 도모"할 목적으로 제정된 것이었다(제정취지문 1986년 12월). 즉, 계열사 간 출자를 통해 형성된 가공자본으로 무분별한 지배력 확장을 막고 소유지배구조 왜곡 심화를 억제하며, 출자관계로 형성된 힘을 남용함으로써 생길 수 있는 독립 중소·중견기업과의 불공정 경쟁을 차단하며, 계열사 간 복잡한 출자 고리에 의한 기업집단 동반부실화와 채권금융시장 마비를 초래할 수 있는 시스템 리스크를 방지한다는 것이었다(공정위 2004a).

7   출자한도 비율 25%는 1999년 말 당시 대규모기업집단의 출자총액 비중이 32.4%인 점을 감안해 결정한 것이다(강명헌·김태기·이근 2005).

　　그러나 기업의 투자에 대한 직접 규제의 하나로서 출자총액제한제도는 정책이 달성하려는 목표와 규제 방법 사이의 불일치 때문에 재벌기업의 지속적인 반발을 받아왔다. 즉, 정책 목표로 명시된 "경제력 집중의 억제"[8]라는 표현은 대규모 기업집단, 혹은 재벌의 여러 행태와 그로 인한 경제적 결과들을 너무 포괄적으로 표현하는 용어라는 점에서 동 정책의 폐지를 주장하는 데 '훌륭한' 논거를 제공한다.

　　출자총액제한제도가 "대부분 출자 형태로 이루어지는 기업들의 투자활동을 위축시킨다", "국내 기업을 적대적 인수합병의 위험에 노출시킨다", "출자 규제의 적용 제외를 소유분산, 부채비율 축소, 또는 소유지배구조 개선 등의 유인책으로 쓰는 것은 목적과 수단의 부정합이다", "다수의 예외 인정과 적용 제외 등[9] 정책 당국의 재량적 판단이 개입된다"는 한쪽의 비판과 동 제도는 너무 많은 예외조항이 있어서 재벌기업의 계열사 출자를 막지 못한다는 또 다른 비판 사이에서 현재로서는 이 제도를 대체할 새로운 정책(규제)의 출현을 기다리고 있다.[10] 이러한 상황은 역설적으로 지배주주

8　공정거래법 제3장(기업결합의 제한 및 경제력 집중의 억제)의 제9조(상호출자의 금지)와 제10조(출자총액의 제한)에 따르면 "자산총액·재무구조·계열회사의 수 및 소유지배구조 등이 대통령령이 정하는 기준에 해당되어 제14조(상호출자제한 기업집단 등의 지정)제1항의 규정에 따라 지정된 기업집단(이하 '출자총액제한 기업집단'이라 한다)에 속하는 회사는 당해 회사의 순자산액에 100분의 25를 곱한 금액(이하 '출자한도액'이라 한다)을 초과해 다른 국내 회사의 주식을 취득 또는 소유해서는 아니된다."

9　출자총액에서 예외 및 적용 제외 출자가 차지하는 비중은 21.1%(2001년, 30대 기업집단 대상) → 50.8%(2003년, 12개 민간기업집단 대상) → 61.0%(2005년, 11개 기업집단 대상)로 증가하는 추세에 있다(공정위, 대규모 기업집단시책 T/F 2차 회의 안건 자료. 각 년도 4월 기준).

10　신정부 출범 이전 공정거래위원회는 환상형 순환출자 규제를 도입하지 않고 출자총액제한 적용대상 기준을 자산 규모 10조 원 이상 기업집단의 2조 원 이상 중핵기업에 적용하고, 순자산 대

가 현재의 출자총액 한도 내에서도 충분히 지배권 확보에 필요한 내부지분
(의결지분)을 유지하면서 그룹 전체에 대해 통제권을 행사할 수 있음을 말해
준다.[11] 다만 동 제도가 폐지되었던 시기에 재벌들의 출자가 급격히 증가했
던 경험[12]때문에라도 "대안 없는 폐지"에 대한 우려가 쉽게 사라지지 않고
있다. 동 제도의 폐지 기간에 출자 비율이 급상승한 것은 출자총액제한제
도의 의의를 반감시킨 요인 중의 하나로 작용했다.

이러한 요인 이외에도 출자총액제한제도가 규제하는 출자 비율 자체의
문제도 있다. 즉, 출자총액제한제도가 제한하는 것은 대기업집단 소속회사
의 순자산액 대비 출자총액 비율인데, 출자총액은 소속회사가 소유하는 주
식의 취득가액이다. 따라서 소속회사의 자산재평가로 재평가적립금이 증
가하거나 순이익의 내부유보로 이익잉여금이 증가할 때, 그 회사의 순자산
액은 증가하지만 그 회사의 주식을 소유하는 소속회사의 출자총액은 증가
하지 않으므로 기업집단 전체의 출자 비율은 하락한다. 1998년과 1999년
의 경우처럼 대규모 자산재평가로 회계장부상의 순자산액이 증가하면 소
유주식의 증가에 따른 출자 비율 상승이 감춰진다. 또 2002년과 그 이후에
는 순이익의 내부유보로 순자산액이 증가하면서 출자 비율이 하락한 듯이

비 출자 비율도 40%로 상향조정하는 "대규모기업집단시책개편안"을 마련한바 있다(공정거래위
원회 2006c). 그러나 이후 순환출자 규제 필요성이 다시 제기됨으로써 원안을 확정하지 못했다.

[11] 따라서 삼성전자(주)와 같은 개별 기업의 괴리도(12.8%p, 의결권 승수 3.4)가 문제가 아니라
그룹 전체의 괴리도가 문제다. 삼성재벌의 소유지배 괴리도는 1997년 이후 하락 추세가 뚜렷했
다. 그러나 이후 지속적으로 증가해 2005년 26.7%p에 이르렀다. 이를 의결권 승수로 계산하면
7.06이다. 소유지분의 7배가 넘는 의결권을 행사하고 있는 것이다.

[12] 1998~2001년 사이 출자총액(조 원)은 17.6(1998) → 29.9(1999) → 45.9(2000) → 50.8(2001)로
증가했고, 출자 비율은 29.8%(1998) → 32.5%(1999) → 32.9%(2000) → 35.6%(2001)로 상승했다.

보이게 했다. 그 결과 동 제도를 통해 경제력 집중을 완화하거나 소유지배 괴리를 축소하기가 어려워졌다(김진방·송원근 2006).

경제력 집중 측면에서 보더라도 집중도가 급상승했던 1998~2000년 기간은 출자총액제한제도가 폐지되었던 시기였다. 대우와 현대의 경우 동 제도의 폐지에 따른 출자 확대는 기존 출자 계열사들에 대한 자본 확충을 위한 부실 계열사 지원으로 나타났고 이는 기업 구조조정을 지연시키고 오히려 규모 확대를 가능케 함으로써 이후 국민경제적 비용을 증폭시킨 요인이 되었다(이동걸·이건범 2001; 경제개혁연대 2006).

출자총액제한제도를 통한 출자 제한이 기업들의 경영권 방어 비용을 높여 기업의 투자를 감소시키는가도 논란거리 중의 하나다. 기업들에 대한 출자 제한이 일반적으로 인식되어 온 넓은 의미의 기업 투자활동을 저해할 수 있다는 주장은 가능하다. 또한 자산 5조 원(2005년 4월 1일 이후 6조 원) 이상 기업집단이 법에서 정한 적용 제외나 예외인정 분야가 아닌 새로운 사업에 순자산의 25%를 넘어 투자하고자 할 경우 법인의 설립 현물 및 현금 출자가 불가피하고 이와 동시에 신규로 설비투자를 해야 하는 경우, 투자를 위축시키는 효과가 있을 수 있다. 그러나 투자를 국민경제 내 전후방 파급효과가 더욱 큰 유형고정자산으로 정의하는 경우, 이러한 투자, 예를 들면 공장 신·증설 등 설비투자, 사회간접자본, 연구개발 투자 등에 대해서는 투자제한이 없다. 또한 출자총액제한 적용 제외·예외 인정을 통해 기업경쟁력 강화, 성장잠재력 확충 등과 관련된 분야에 대한 타 회사출자는 출자한도에 관계없이 허용되고 있다. 따라서 특정 기업의 자본금 증액(증자)에 다른 계열사들이 참여하거나 주식을 취득함으로써 신규 사업에 진출하는 것은 기업의 소유권 또는 경영권에 대한 참여 혹은 참여 비율의 단순 변동을 의미하며 이는 대차대조표상의 재무적 상황의 변화이므로 국민계정 관

표 4-5 출자총액제한 기업집단의 출자여력(2004~06년)					〈단위 : 십억 원, %〉
구분	2004년 4월		2005년 4월		2006년 4월	
	출자여력	순자산 대비	출자여력	순자산 대비	출자여력	순자산 대비
삼성	7,280	15.2			10,095	16.1
현대자동차	2,911	13.1	3,061	12.6	3,894	13.9
SK	1,126	8.0	1,252	7.7	1,985	9.8
LG	3,235	16.9	21	2.8	58	7.5
롯데					2,625	15.7
한진	957	15.4				
GS			349	16.1	412	17.4
LS	437	21.9				
한화	75	2.4	56	1.5	65	1.7
두산	395	14.9	436	14.8	25	6.2
현대중공업	58	1.5				
금호아시아나	185	7.8	234	8.0	286	8.3
동부	158	6.3	166	6.4	122	4.9
현대	65	6.3	31	2.8	227	12.5
대우건설	468	23.8				
신세계	268	13.0				
CJ					239	16.0
대림					147	4.6
하이트맥주					306	14.8
합 계	23,097	14.9	9,965	13.1	21,165	13.7

주 : 적용 제외·예외인정출자를 제외한 출자금액을 기준으로 산정했으며, 합계는 출자총액제한규정을 적용받는 회사의 합계임.
출처 : 공정거래위원회.

점에서는 출자행위의 억제가 기업의 투자를 저해한다고 볼 수 없다.

공정거래위원회는 출자가 투자를 저해한다는 재벌기업들의 주장을 반박하기 위해 해당 재벌들의 출자여력[13]을 발표하고 있다. 이에 따르면 2006

---

13 출자여력이란 출자한도를 초과하지 않는 회사들의 출자한도액과 출자총액 간 차액을 누적한 금액으로 기업들이 자유롭게 출자할 수 있는 금액을 말한다.

년도 출자총액제한 기업집단의 출자여력은 약 19조 원에 이르고 출자여력이 순자산의 10% 이상 남아 있는 기업집단은 삼성, 현대자동차 등 8개 기업집단인 것으로 나타났다. 삼성의 2006년 한 해의 출자총액(적용 제외 분야 미포함)이 8조 원 정도임을 감안하면 계열사 출자에 쓰인 금액보다 더 많은 금액을 신규사업 등에 투자할 수 있는 것이다.

또 출자가 투자에 미치는 영향을 분석한 연구 결과도 계열사 간 출자가 기업투자에는 영향을 미치지 않는 것으로 나타났다. 예를 들면 한국개발연구원(2003)에서는 1998~2003년 사이에 대기업집단의 투자율과 피출자증가율의 상관계수는 평균 6.4%, 투자액과 피출자증가액의 상관계수는 2.1%로 매우 낮음을 보였다. 금융연구원(2001)의 연구에서도 1998년에서 2001년 사이에 투자율과 피출자증가율의 상관계수는 7.1%, 투자액과 피출자증가액의 상관계수는 15.0%로 나타났다. 또 최근 강철규·이재형(2006)은 출자총액제한제도가 완화되었던 2004년과 2005년을 대상으로 계열사 간 출자가 투자에 영향을 주었는지를 분석했는데,[14] 이에 따르면 출자는 투자에 거의 영향을 주지 않았다.

출자총액제한제도를 둘러싼 또 다른 논란은 동 제도의 성과를 둘러싼 것이다. 즉, 출자 규제가 재벌기업들의 출자 비율을 낮추는 데 얼마나 효과적이었으며, 계열사 간 출자, 혹은 그 결과로서 소유지배 괴리도 상승이 기업 성과에는 어떤 영향을 주었는가에 관한 문제다. 그러나 현재까지 연구 결과만을 가지고는 이러한 문제 제기에 대한 일의적인 판단은 불가능하다.

---

14 분석에 사용된 자료는 공정거래위원회의 1987~2005년까지 연도별 출자와 순자산에 대한 자료로 2004년과 2005년의 두 기간에 연속 지정된 9개 집단(공기업 제외)의 계열사들 중 공정거래위원회의 "출자 현황"에서 두 기간에 실제로 연속 출자한 65개 계열사이다.

그것은 기업 단위로 측정한 지배주주의 지분율 혹은 그 결과로서 소유지배 괴리도가 그 계열사의 출자 행위에는 어떤 영향을 미치는지에 대한 경제이론적 근거가 약하다는 점 때문일 것이다. 또 소유지배 괴리도가 다양하게 측정한 기업(집단) 성과에 미치는 영향은 일의적이지 않으며, 또한 소유지배 괴리도가 기업 성과에 미치는 경로, 즉 대리인 비용이나 계열사 간 부의 이전[15] 과정에 대해서도 추론에 입각한 주장들이 많은 실정이다.

출자총액제한제도가 출자 비율과 기업의 성과에 미친 영향을 실증 분석한 최근의 연구(김진방·송원근 2006)에 따르면 출자총액제한제도는 우리나라 기업집단의 절대적인 출자총액을 감소시키지는 못했으나 적어도 출자총액의 증가율을 낮추는 것에는 일정 정도 기여했다. 출자와 기업 성과의 관계에서는 소유지배 괴리도가 커질수록, 출자 규모가 증가할수록 해당 기업의 순현금흐름은 개선할 수 있지만, 기업경상이익률 및 총자산수익률^{ROA}과 투하자본 대비 수익률^{ROI}은 낮추는 경향을 발견할 수 있다. 출자총액제한 기업집단만을 대상으로 했을 때도 설명변수 계수 값의 부호는 전체 기업의 분석 결과와 유사하게 나타난다. 출자총액제한제도가 재시행된 2001년 전과 후를 비교해 보면, 2001년 이후 괴리도 증가가 순현금흐름이나 투하자본수익률 하락에 미치는 영향은 감소했다. 그러나 출자액의 증가가 총자산수익률 감소에 미치는 영향은 2001년 이후에 더 크게 영향을 미친 것으로 나타났다. 이는 기업 수익성을 개선하기 위해서는 출자총액제한 집단

---

15 부의 이전은 두 가지 유형으로 나뉜다. 첫째, 지배주주는 자신의 이익을 위해 이전가격 조정, 과도한 보상, 대출 담보, 성장 기회 착취 등의 거래를 통해 부를 이전할 수 있다. 둘째, 지배주주는 실질적 지배하에 있는 기업에 대해 희석증권 발행, 내부자 정보 이용, 소액주주의 권리를 해치는 자산거래 등을 통해 지분을 높임으로써 부의 이전을 달성할 수 있다(Johnson et al. 2000).

계열사에 대한 투자 자본 규제가 어떤 방식으로든 지속되어야 함을 의미할
수 있다.

　이상의 논란들을 고려한다고 해도 출자총액제한제도와 관련된 좀 더 근
본적인 문제는 상속세나 증여세 이외에 소유구조에 직접 영향을 미칠 수
있는 정책 수단이 과연 존재할 수 있는가 하는 것이다. 또 현행 출자총액제
한제도가 재벌 소속 계열회사에 대해 개별적으로 출자 비율을 규제하고 있
고 따라서 개별 법인이 아닌 기업집단이 법적 권리와 책임 주체가 되는 것
이 어렵다는 문제도 있다(한국개발연구원 2003).

4) 출자총액제한제도의 폐지와 대안 모색

　출자총액제한제도의 대안에 관한 저널리즘의 관심은 2002년에 비슷한
제도를 폐지한 일본의 새로운 대기업 정책에 모아졌다. 그러나 이는 규제
범위와 사업연관성 판단, 그리고 양적 기준, 업종 구분 등에서 자의성이 많
을 수 있고, 또 규제 효과에 대한 면밀한 검토도 필요하다. 따라서 현재로서
는 순환출자가 출자총액제한을 우회하기 위한 방법으로 활용된 측면이 있
기 때문에, 이 순환출자를 직접적으로 금지하는 방법도 생각해 볼 수 있을
것이다. 다만 개별 기업 차원의 회사법을 통해 이러한 규제가 가능한지에
대해서는 보완이 필요하다. 이런 점에서 기업집단에 대한 회사법 혹은 기업
집단법을 제정하자는 주장도 일리가 있어 보인다(김선웅 2006). 단, 출자총액
제한제도, 지주회사 조항(비금융보험회사), 금융계열사의 의결권 제한 등 "경
제력 집중 억제"라는 추상적이며 모호한 목표에 입각한 조항들을 없애고,
규제의 목적과 수단을 일치시킬 필요가 있다. 기업집단을 포괄적으로 다루

는 법제의 성립은 대규모 기업집단의 계열사 소액주주로 하여금 해당 계열사가 직접적으로 혹은 간접적으로 지분을 가지고 있는 타계열사에 대해 대표소송을 제기할 수 있는 다중(이중)대표소송제 도입에도 유리한 환경을 제공할 것이다. 이를 좀 더 구체적으로 살펴보자.

(1) 경제력 일반집중에 대한 규제 강화: 일본의 경제력 집중 억제 사례

우리나라의 출자총액제한제도와 유사한 "대규모 회사의 주식 보유총액 제한제도"(이하 주식 보유 한도제)를 도입했던 일본은 2002년 11월 이 제도를 폐지했다. 동시에 일본은 그 대안으로 사업지배력이 과도하게 집중되는 회사의 설립·전환을 금지하는 규제로 전환했다. 달리 말해서 대기업의 출자 제한은 완화되었지만 문어발식 형태를 갖춘 대기업의 등장 자체를 막는 대체 방안이 도입된 것이다.

일본이 이 같은 규제를 추진한 배경에는 세계화의 진전과 더불어 기업집단의 규모 및 영향력, 상호 주식 보유 경향, 계열사 간 거래가 저하되는 등 경제 환경의 변화가 있었다. 즉, 폐지된 주식 보유 한도제는 은행 중심의 기업집단인 게이레츠系列, Keiretsu를 규제하기 위한 것으로서 그 의미가 있었으나, 1990년대 장기불황으로 인한 은행 부실로 게이레츠가 해체되면서 기업집단 문제가 감소했고, 이에 따라 동 제도가 폐지된 것이다. 다만 일반집중 규제를 시장집중 및 사후행태 규제로 대체하는 것이 어렵다는 판단하에, 일반집중 규제에 시장집중 규제를 가미한 제도를 마련한 것이라 할 수 있다.

출자총액제한제도가 투자 대상과 상관없이 대기업의 투자 자체를 제한하는 것이라는 일부의 비판과 견주어 보면, 일본의 새로운 규제는 등장해서는 안 될 '사업지배력 집중 대기업' 세 가지를 규정하고 있다. 이는 ①종합적 사업 규모가 상당수의 사업 분야에 걸쳐 현저히 큰 경우, ②자금관련 거래에서 기인해 다른 사업자에 대한 영향력이 현저히 큰 경우, ③상호관련성이 있는 상당수 사업 분야에서 유력한 지위를 가지는 경우로 이 중 하나에 해당하면 당해 회사 그룹은 국민경제에 큰 영향을 주며 자유롭고 공정한 경쟁을 저해하는 것으로 간주한다는 것이다.

이와 같은 규제는 상당히 추상적이지만 이에 대해 일본 공정거래위원회公正取引委員會는 더 구체적인 기준을 제시하고 있다. 이 기준에 따르면 총자산이 15조 엔(150조 원)이 넘는 대기업은 다섯 개 이상의 사업 분야(각 매출액 6,000억 엔 초과)에서, 각각 자산총액 3,000억 엔을 초과하는 회사를 소유할 수 없다. 사업 분야는 일본표준산업분류 3단계 분류 기준에 따르기 때문에, 적용 업종이 수백 가지에 이른다. 또 총자산 15조 엔이 넘는 금융회사는 일정 규모 이상의 비금융회사를 소유할 수 없고, 한 대기업집단이 상호관련성이 있는 다섯 개 이상의 사업 분야(각 매출액 6,000억 엔 초과)에서 각각 10% 이상의 시장점유율을 가진 계열사를 소유하는 것도 금지했다.

일본의 이 같은 규정은 자산의 규모, 업종 수, 업종 분류 등에 있어서 기준을 어떻게 설정하느냐에 따라 출자총액제한제도보다 더 강력한 효과를 기대할 수 있는 것이다. 예를 들어 다섯 개 이상 사업 분야 진출이 금지되는 대기업을 총자산 150조 원 정도로 정하고 있다. 삼성의 자산 규모가 116조 원 정도라는 점을 감안하면 이 기준에 해당하는 기업은 없다. 그러나 자산 기준을 100조 원으로 낮추면 사정이 달라질 수 있을 것이다.

일본의 규제는 사전적으로 설정된 기준을 넘는 사업지배력의 집중을 금지함으로써 일반집중의 심화를 억제할 수 있는 긍정적인 기능을 가지는 것으로 평가할 수 있다.[16] 그러나 일정 금액 기준 이상으로 기업집단의 규모 확장을 제약하는 것은 기업 성장에 대해 제도적으로, 그것도 직접적인 방식으로 제약하는 것이라는 점에서 적절하지 않으며, 규제 기준을 어떻게 설정하느냐에 따라 규제 효과가 크게 달라지므로 규제 기준 설정의 자의성 문제가 발생할 수도 있다. 또한 일본의 규제는 과거 외환금융위기 이후 실패로 끝난 '업종전문화' 정책을 사실상 강제한다는 인식을 심어 줄 수도 있다는 점에서 현재의 출자총액제한제도보다 더 강력한 반발에 부딪힐 수 있다. 또한 일본과 우리나라는 사업 다각화 정도, 총수 존재 여부 등 일반집중 현상이 서로 다르므로 일본식 제도가 우리에게 적합한지는 면밀한 검토가 필요할 것으로 보인다.

(2) 순환출자에 대한 규제 강화

순환출자는 본질적으로 법에서 금지하고 있는 직접 상호출자의 변형형 태로서 재벌들이 출자총액제한제도를 우회하는 방법으로 활용된다. 그리고 2장에서 살펴보았듯이 최근에는 순환출자 고리에 금융보험계열사들이 참여함으로써 금융자본과 산업자본의 분리 원칙을 훼손하는 사례가 많아졌다. 그런데 이 순환출자는 통상적인 계열사 간 출자가 발생시키는 문제점, 예를 들면 소유지배의 괴리, 경제력 집중 등을 발생시키지만, 이는 순환출자만의 고유한 문제는 아니다. 오히려 순환출자는 외부 자금이 기업집단으로 전혀 유입되지 않은 상태에서 계열사 간 순환출자에 의해서만 가공의 의결권이 생성되고, 그 가공의 의결권 행사를 궁극적으로 지배주주가 행사한다는 점에서 주식회사제도 자체의 건전성을 침해하는 것이다. 이는 순환

16 일본의 경제력 집중 규제제도에 대해서는 이재형(2007)을 참조.

출자 규제가 출자총액제한제도를 대체한다는 측면에서 고려하기보다는 별도의 새로운 정책적 대응이 필요한 것을 의미한다(임영재 2006). 순환출자에 대한 규제가 기존의 출자총액제한제도보다 더 강력한 규제가 될 것이라는 기업들의 반발도 이러한 점에서 이해할 필요가 있을 것이다.

순환출자 규제에 반대하는 주장은 동 규제가 과잉·중복 규제라는 것, 그리고 순환출자의 불가피성, 그리고 순환출자 규제가 초래할 경영권 방어의 어려움 등을 근거로 삼는다.[17] 그러나 이러한 비판과 반대에도 불구하고 순환출자 규제의 필요성에는 비교적 이견이 있을 수 없다. 다만 순환출자 해소 비용의 계산과 해소 방법 등에 대해서는 다양한 의견이 있을 수 있을 것이다. 2006년 4월 기준으로 순환출자지분의 처분가액은 14개 출자총액제한 적용집단이 총 3조4,000억 원이고, 출자총액 대비 순환출자액 비율은 4.9%이며, 삼성과 현대자동차그룹을 제외하고는 지배력 유지에 큰 문제가 없어 순환출자 해소가 그렇게 어려운 상황은 아니다. 물론 처분되는 주식 가액 평가 방법이나 세제 부담 등을 포함하면 해소 비용이 더 증가할 수 있으나 이것이 순환출자 해소를 크게 어렵게 만들지는 않을 것이다. 또 순환출자 해소 방법에 대해서는 크게 다른 계열사가 인수하는 방법, 총수 일가가 인수하는 방법, 시장에서 제3자가 인수하는 방법 등이 있을 수 있는데, 순환출자가 존재하는 재벌 그룹마다 지배주주의 지분율과 계열사지분율

17 신현한(2006)은 순환출자 구조가 대주주의 사익 추구를 목적으로 형성된 것이 아니라 신규사업 진출, 외환위기 직후 정부의 부채비율 규제, 구조조정 과정에서 불가피하게 형성된 측면이 강하다고 지적하고 있다. 또한 순환출자를 형성하고 있는 기업이 오히려 경영성과(자기자본수익률, 자산수익률), 기업가치(market-to-book ratio), 주가수익률, 기업 지배구조 점수(기업지배구조개선지원센터 발표)에 있어 높은 수치를 나타냈다고 주장한다.

등에 차이가 존재하기 때문에 한 가지 방법만으로는 순환출자를 모두 해소할 수는 없을 것으로 보인다.

따라서 문제는 순환출자를 규제해 해소를 강제하게 될 경우, 달리 말해 상호출자의 우회방법으로서 순환출자가 불가능하게 될 경우 재벌그룹의 대응방법이 어떨 것인가 하는 문제다. 상호출자를 피해 가는 방법으로는 이미 '특정금전신탁'이나 '페이퍼 컴퍼니'를 동원하는 경우도 있었지만, 예측 가능한 방법 가운데 하나는 출자여력이 비교적 큰 재벌의 경우, 경영권 방어를 위해 재벌그룹 간 '연대'를 통해 다른 재벌그룹 계열사들끼리 우호 주주가 되는 것이다.[18] 그러나 이와 같은 방법은 사실상 상호출자와 다름없는 것으로서 '탈법적 상호출자'이다. 현재의 공정거래법은 자산총액 2조 원 이상 상호출자금지 대상 그룹에서는 자회사가 모회사에 직접 출자하는 것을 '상호출자'로 규정하고 이를 금지하고 있다. 특히 다른 재벌그룹 계열사가 가진 모회사 지분의 의결권이 사실상 자회사의 의사대로 행사된다면 상호출자로 간주할 수 있다. 예를 들어 포스코(주)는 현재 SK텔레콤(주)의 지분 5.1%를, SK텔레콤(주)은 포스코의 지분 2.9%를 보유하며 서로 '백기사' 역할을 하고 있는데, 만약 포스코가 SK텔레콤의 모회사 SK의 지분을 매입한 뒤 그 의결권을 SK텔레콤에 맡긴다면 이는 '편법적 백기사'에 해당하는 것이다(『머니투데이』 2006/11/22).

---

18 A그룹과 B그룹이 서로 '백기사' 조약을 맺은 뒤 A그룹의 모회사(A1)가 자회사(A2)에, A2가 B그룹 B사에, B사가 다시 A1에 출자한 'A1 → A2 → B → A1' 식의 출자 고리를 형성하는 경우이다.

⑶ 금융보험사 의결권제한제도

공정거래법 제11조는 출자총액제한 및 상호출자·채무보증제한 기업집단에 속한 금융보험사에 대한 출자총액제한제도 적용 제외에 따른 탈법 행위와 금융보험사가 계열사 사업을 사실상 지배하는 지주회사가 될 가능성을 방지하고자, "상호출자제한 기업집단에 속하는 회사로서 금융업 또는 보험업을 영위하는 회사는 취득 또는 소유하고 있는 국내 계열사 주식에 대해 의결권을 행사할 수 없다"고 규정하고 있다. 그러나 임원 선임이나 해임, 정관 변경, 합병 및 영업 양도를 의결할 경우 의결권을 행사할 수 있는 주식 수를 발행주식 총수의 15%로 제한하여 부분적으로 의결권 행사를 허용하고 있다. 의결권 허용 한도 15%는 2002년 법 개정 당시 30%이던 것을 축소한 것으로 그 이전에는 금융보험사의 의결권이 금지되어 있었다. 2001년까지만 해도 주식 보유에 대한 직접적인 규제보다는 보유 주식의 의결권 행사를 금지하여 금융보험사의 타 계열사 주식 보유를 제한한 것이다. 이는 계열 금융보험사에 대해서는 출자총액제한제도 적용을 배제하는 대신 고객 자산을 지배력 확장에 이용하는 것을 차단하려는 정부의 의지를 반영한 것이었다. 그러나 2002년 법 개정으로 30%까지 의결권 행사를 허용한 것은 적어도 겉으로는 국내 우량기업의 경영권 방어 능력을 제고시킨다는 것이었다.[19]

---

[19] 금융보험사의 의결권 행사 허용 여부는 삼성에 아주 민감한 사안이었다. 2001년 하반기, 삼성은 '삼성전자에 대한 적대적 M&A 위협'을 과장하며 법 개정을 요구했고, 이는 공정거래법 '개악'으로 이어졌다. 경영권 변동 관련 사안은 주총에서 특별결의(참석 주식 수 2/3 이상 찬성)를 요하는 것으로, 결국 의결권 행사가 가능한 지분율 30%는 안건을 모두 부결시킬 수 있는 수준이다. 2004년 공정거래위원회는 계열금융기관의 의결권 행사를 다시 금지하는 방향으로 공정거래법 제11조를 개정하려 했으나, 이 역시 삼성의 로비에 막혀 내부지분율 15%까지, 그것도 2006년 이후 3년 동안 매년 5%씩 단계적으로 축소하는 내용으로 법 개정이 절충되었다(김상조 2003).

구분		주식 수	비고
발행 주식 총수(A)	보통주	147,299,337주	
	우선주	22,833,427주	
의결권 없는 주식 수(B)	보통주	16,679,040주	상법 제369조 2항 자기주식
	우선주	22,833,427주	상법 제370조 우선주식 (자기주식은 2,179,693주)
증권거래법 기타 법률에 의해 의결권 행사가 제한된 주식 수(C)	-	12,507,070주 (10.56%)	공정거래법상의 제한 · 삼성생명 10,622,814주 · 삼성화재 1,856,370주 · 삼성증권 4주 보험업법상의 제한 · 삼성생명 특별계정 27,882주
의결권이 부활된 주식 수(D)	-	-	
의결권을 행사할 수 있는 주식 수 (E = A - B - C + D)	보통주	118,113,227주	
	우선주	-	

주 : 증권거래법 기타 법률에 의해 의결권 행사가 제한된 주식 중 독점규제 및 공정거래에 관한 법률 상의 제한 주식 수 1,247만9,188주
(10.56%)(삼성생명 고유계정 1,062만2,814주, 삼성화재 185만6,370주, 삼성증권 4주)는 임원의 선임 또는 해임 및 정관 변경 등과
관련해 의결권 행사 가능.
출처 : 삼성전재(주) 사업보고서.

그러나 이와 같은 완화조치는 계열 금융보험사를 통한 지배력 확대 유인을 키움으로써 산업자본의 금융자본 지배 현상을 심화시킬 가능성이 크다.

재벌기업은 동 금융계열사 의결권 제한이 공정거래법뿐만 아니라 금산법(24조의 '계열 금융사 의결권 제한'), 간접투자자산운용업법(제94조 '주식투자 한도 및 의결권 제한') 등에 의한 삼중 규제장치라고 반발하고 있다. 그러나 의결권을 축소하는 근본 이유는 재벌기업의 금융 계열사들이 자기 회사에 돈을 맡긴 가입자들의 이익을 위해서가 아니라 경영권 보호와 같은 재벌 그룹의 이익을 위해 의결권을 행사하는 것을 방지하기 위해서다. 금융보험사의 고객이 맡긴 돈으로 경영권을 방어하는 것은 산업자본과 금융자본의 분리 원칙에 어긋나며 외국자본에 의한 적대적 인수합병M&A 위협에 대한 올

바른 대응 방법도 아니다.

이와 같은 금융보험사의 의결권 제한은 총수 일가 등 지배주주에 직접적으로 영향을 미치는 정책 수단의 하나라는 점에서 경영권 방어 비용을 발생시키고 기업 가치나 기업 경쟁력에 부정적인 영향을 미칠 수 있다. 실제로 삼성전자의 경우 현재의 공정거래법 규정대로 2008년 4월 1일부터 금융보험사 의결권이 15%로 제한되면 지배주주의 지분 17.8%(2004년 4월 1일 기준, 금융보험사 8.9% 포함) 중 일부(2.8%) 의결권이 제한될 수 있다. 그러나 삼성전자는 잘 알려진 것처럼 규모가 크고 유형자산보다는 인적자산이 주요자산이므로 적대적 인수합병 대상으로는 부적합한 점, 주요 외국인 주주들이 포트폴리오 펀드로 적대적 인수합병을 위해 연합할 가능성이 작다는 점, 자사주(6.85% 2005년 말 9.45%)를 우호그룹에 매각하는 것도 가능하다는 점 등을 고려하면 적대적 인수합병의 현실화 우려는 거의 없다고 할 수 있다.

(4) 이중대표소송 등 주주 권한의 강화

재벌 그룹 계열사의 지배주주에 의한 소수주주 이익 침해를 방지하려면 집중투표제의 의무화, 그리고 주주대표소송, 집단소송 등과 같은 법적 책임을 묻는 제도적 장치를 강화하는 방안을 검토할 수 있을 것이다. 물론 이러한 제재장치는 월권적·탈법적 행위에 의한 손해를 부분적으로 방지할 수는 있지만 남용에 따른 폐해의 가능성을 충분히 배제할 수는 없다. 좀 더 근본적으로는 주주들이 각자의 지분에 비례한 지배권을 갖는 소유구조하에서도 일반적으로 지배주주와 소수주주 간에는 기업의 경영 전략과 투자방향에 대해 상이한 이해관계를 갖기 쉽고, 주주 간의 이해갈등은 언제나 존재할 수 있다. 따라서 지배주주의 남용에 따른 폐해가 우리나라 재벌기업 지배구조만의 특수한 문제라고는 말할 수 없다.

외환금융위기 이후 1998년 관련법 개정을 통해 대표소송제기권·회계장
부열람권 등 소수주주 권한을 강화하기 시작해, 제한적이지만 집중투표제
도 도입되었다.[20] 또 2002년 3월부터는 증권 분야에서 이 제도를 도입하고,
2005년 1월부터 증권관련집단소송법을 시행하고 있다.[21] 그러나 앞에서도
언급했듯이 이러한 제도를 포함한 소수주주 보호장치는 거의 유명무실한
상태에 있거나, 오히려 소수주주 보호에 역행하는 결과를 낳고 있다.[22]

최근에는 지배회사 주주가 종속회사의 이사 등에 대해서 소송을 제기할
수 있는 이중대표소송제를 도입해야 한다는 주장이 대두하고 있다. 이는
어느 한 회사가 다른 회사의 주식 전부 또는 대부분을 소유해 양자 간에 '지
배와 종속의 관계'[23]가 형성되어 있을 때, 종속회사가 이사 등의 부정행위에
의해 손해를 입은 경우 지배회사의 주주가 종속회사를 위해 종속회사의 이
사 등을 상대로 직접 그 책임을 추궁할 수 있는 대표소송을 말한다. 이러한
이중대표소송은 상법이 소수주주에게 인정하는 대표소송의 청구권을 지배

---

[20] 1999년 6월부터 시행된 집중투표제는 기업이 정관에 이를 배제하는 조항을 만드는 경우, 이를
실시하지 않아도 된다는 의미에서 아주 제한적이다.

[21] 증권 분야에서 집단소송이 적용되는 불법행위로는 유가증권 신고서 또는 공개매수 신고서 등
의 허위 또는 부실 기재, 분기별 보고서나 사업 보고서의 허위 또는 부실 기재, 미공개정보 이용과
시세조작 등이 해당된다. 분식회계에 대한 집단소송제는 2007년 1월부터 시행되었다.

[22] 그 대표적인 예가 바로 두산 인프라코어(주) 사례다. 동 회사는 대우종합기계 시절 도입한 집
중투표제를 2006년 주주총회에서 서면투표제로 대체하기로 결정했다. 그런데 당시 두산중공업이
32.88%의 지분을 가진 상황에서 두산인프라코어(주)의 경영권 위협은 존재하지도 않았는데 이를
평계로 집중투표제를 배제시켰다(『파이낸셜뉴스』 2006/02/28).

[23] 여기서 '지배와 종속의 관계'란 상법 제342조의 2에서 규정하는 모회사와 자회사 간의 관계를
포함하는 폭넓은 개념이다.

회사의 주주에게까지 파생적으로 확장한다는 의미에서 종래의 주주대표소송의 한 유형이라 할 수 있다. 이사 등이 회사에 대해 부담하는 업무집행상 선관주의의무와 충실의무에 위반해 손해를 입히더라도, 이사와 회사 간의 특수한 관계 때문에 회사가 책임 추궁을 위한 제소 결정을 할 가능성이 현실적으로 작으므로, 이를 대신해 주주에게 대표소송의 제기권이 부여되었다(상법 제403조).[24] 이러한 주주대표소송은 이사의 회사에 대한 손해배상 책임을 지움과 동시에 이사의 의무 위반행위가 반복되는 것을 억제할 수 있는 기능, 달리 말하면 성실한 경영을 하도록 유인하는 효과를 갖게 된다(이철송 2002).

물론 이중대표소송과 관련해 기존의 계열사와 다른 지배종속관계를 어떻게 정의할 것인가를 두고서는 논란이 있을 수 있다. 예를 들면 정부가 입법예고한 이중대표소송 도입 방안은 모회사가 자회사에 대해 50% 이상의 지분을 확보하고 있는 경우로 소송이 가능한 지배종속관계를 정의하고 있는데, 재벌 계열사 중 지분 50% 이상을 소유한 모회사의 비중은 높지 않아(35% 정도) 그 실효성에 의문이 제기되고 있다.

대표소송을 제기할 수 있는 범위를 어디까지 확대할 것인가를 놓고도 논란이 있다. 특히 지주회사 설립 및 기존 사업회사의 지주회사 전환이 쉬워지면서 주주권의 간접화가 커진 반면, 종속회사의 경영자를 견제할 수 있는 회사법상의 장치들이 무력화되고 있다는 것이다.[25] 따라서 지주회사

---

24 주주대표소송제도는 본래 미국법상의 제도로서 1962년에 상법을 제정하면서 우리나라에 도입되었다. 당시 상법에 따르면 이사회에 강력한 권한을 부여하는 반면, 주주총회의 권한은 상당히 축소되어 있었다. 따라서 주주대표소송제는 주주가 회사의 운영에 관한 감독과 시정 권한을 갖도록 할 목적으로 도입되었다(강위두 1980, 102).

또는 지배회사의 소수주주를 보호하는 차원에서 주주대표소송의 원고적격을 확대해 이중대표소송 내지 중복대표소송을 허용할 것인가 하는 문제가 핵심이다. 반면에, 이중대표소송의 필요성에 대한 소극적인 견해도 있다. 즉, 이중대표소송의 허용은 회사의 독립적인 법인격을 전제하는 현행 상법 구조를 깨트릴 뿐만 아니라, 지배회사의 이사에 대한 종래의 주주대표소송, 즉 단순대표소송[26]만으로 종속회사에 대한 감시 목적을 충분히 이룰 수 있기 때문에 이중대표소송의 허용이 불필요하다고 보는 것이다(권재열 2004).

2. 지주회사제도와 재벌의 지주회사 전환 검토 : LG재벌의 사례

1) 정부의 지주회사 정책의 의의

외환금융위기 이후 정부는 지주회사를 현행 재벌 체제의 기업지배구조를 개혁할 방안 중 하나로 제시한 바 있다. 2003년 11월 공정거래위원회가 '시장개혁 3개년 로드맵'에서도 밝혔듯이 현재의 재벌 체제가 지주회사 체제로 전환한다고 해서 모든 문제가 해결되는 것은 아니다. 그러나 소유구조가 '지주회사 → 자회사 → 손자회사' 간 관계로 단순·투명해져 소유지배

---

[25] 경영자에 대한 건제장치로서 종래에 회사법이 규정하는 경영자의 선임과 해임, 보수의 결정, 경영 성과 보고의 수령, 위법행위의 감독과 추궁이라는 주주의 일정한 권리는 지주회사 주주권의 간접화로 인해 무력화된다(이동원 2001, 216).

[26] 이중대표소송과 구별하기 위해 종래의 주주대표소송을 단순대표소송(single derivative suit)으로 칭한다.

구조의 왜곡 문제가 줄어드는 효과가 있다고 보고 정부는 지주회사 전환을 더욱 촉진했다. 이를 통해 계열사 간 순환출자가 제한되고, 이 순환출자 때문에 생기는 부실 계열기업의 퇴출 경직성도 완화될 수 있다. 즉, 시장 환경 변화에 따른 계열사들의 진입·퇴출도 쉬워져 동반 부실의 위험이 줄어드는 효과가 있다. 또한, 복잡한 순환출자를 통한 가공 자본 형성을 어렵게 하여 총수 일가 등이 과도한 지배력을 확장하는 것을 방지할 수 있다. 뿐만 아니라 지주회사와 자회사의 주주 간 권리·의무 관계가 명확해져 경영 감시도 한층 쉬워진다. 예를 들면 재벌 그룹의 구조조정본부를 법적 책임이 명확한 지주회사 체제로 전환함으로써 각종 재벌 관련 규율이 작동할 수 있는 제도적 환경을 만들어 낼 수 있다. 결국 정부는 공정거래법상의 지주회사 체제가 거미줄같이 복잡한 대규모 기업집단의 순환출자구조를 개선할 수 있는 기업집단의 한 형태로 보고, 지주회사 전환을 유도한 것이다.

그런데 지주회사는 정의상 다른 회사를 지배하려고 주식을 보유하는 회사를 의미하고, 따라서 지주회사는 그 자체로서 특정 기능을 갖는 것이 아니라 지주회사 설립 목적에 따라 다른 기능을 가지는 실체이다. 지주회사의 설립 목적은 ① 복수의 독립적인 기업을 단일의 지배 혹은 경영권으로 통합 ② 독립적 기업 간 통합적 재무운영 ③ 재무구조의 재구축 ④ 적은 자본으로 기업을 지배하기 위한 피라미드식 의결권 행사 등으로 구분하기도 한다(Bonbright & Means 1932). 따라서 지배주주 입장에서 지주회사는 조직 통합을 용이하게 하고, 기업지배권을 영구화할 수 있으며, 기업 간 연합능력을 높이는 장점이 있다. 예를 들면 외환금융위기 이후 재벌의 기획조정실 및 비서실 폐지를 압박하는 정부 시책에 대해 지주회사를 허용하여 그룹의 총괄경영기구를 공식화하자는 주장은 기업통합을 목적으로 하는 지주회사를 염두에 둔 것이었다.[27] 또한 지주회사는 기업비밀 유지, 정부규제의 회피, 경영기능의 분리, 채권자에 대한 의무 회피, 재산 분리 등이 쉽다는 장점을 가진 기업 간 통합 체제다. 특히 기업 지배구조와 관련해 지주회사는 첫째, 소액의 자본으로 대자본을 지배할 수 있기 때문에 지배자본을 절약할 수 있고, 결과적으로 자본의 실질적 투자 비율과 기업지배 간의 불일치가 나타나는 효과를 가진다(지배자본의 절약에 따른 효과). 지주회사의 두 번째 효과는 주주권의 간접화 효과이다. 사업회사의 지분을 가진 주주는 대주주든 소액주주든 법률에서 정한 일정한 권리를 행사할 수 있는데, 주주와 사업회사 간에 지주회사라는 조직이 개입되면 주주의 사업회사에 대한 권리는 지주회사를 통해 행사될 수밖에 없기 때문에 주주에게 주어진 권리가 상당히 제한된다는 것이다. 마지막으로 지주회사는 회사법 등 기업 관련 법제나 정부가 특정 산업에 대해 부과하는 규제를 회피하는 속성이 있는데, 이는 주주권의 간접화와 지주회사를 중심으로 한 그룹식 경영으로부터 초래되는 결과다.

물론 이상과 같은 지주회사의 속성이나 효과는 지주회사가 존재하면 반드시 나타나는 현상은 아니며, 법 해석이나 판례, 그리고 주식시장 등 사회적 견제장치에 의해 제약을 받는다.[28] 한국에서 지주회사 정책은 재벌 소유 구조를 투명하게 하고, 순환출자를 제한함으로써 총수의 과도한 지배력 확대를 방지하며, 지분에 따른 법적 권한과 책임을 명확하게 한다는 것에 일

27 일본 구 재벌의 재벌 본사로서의 지주회사, 유럽의 주요 대기업이 채택하고 있는 지주회사 방식 등도 기업통합(기업그룹의 통괄경영)을 위한 지주회사로 볼 수 있다.

28 예를 들면 미국의 다중대표소송제나 "법인격 부인의 법리", 독일의 콘체른법 등에서는 자회사에 대한 모회사(지주회사)의 책임, 자회사에 대한 모회사 소수주주의 권리 등을 인정하고 있다. 그리고 대주주에 의한 소수주주의 권리 침해 등은 사회적 압력뿐만 아니라 주식시장에서의 기업가치 하락 등과 같은 사회적 견제도 받게 된다(이규억 외 2002).

차적인 목적이 있다. 그리고 다중대표소송과 같은 지주회사의 부정적 기능에 대한 본격적인 정책적 대응은 이제 시작 단계에 불과하다. 따라서 소유 구조, 즉 소유의 투명성을 높이고, 지배주주가 소유한 권리와 이에 따른 책임을 묻는 것에만 초점을 둔 정부 정책으로는 재벌 체제에 대한 근본적인 문제제기와 해결 방안을 온전하게 포괄할 수 없다. 나아가 기업 지배구조를 통해 새로운 경제발전모델을 모색하는 데 있어서 지주회사 체제가 어떤 역할을 할 수 있는지에 대해서도 현재의 지주회사 정책은 분명한 답을 제시하지 못하고 있다.

2) 지주회사 현황

지주회사 체제에 대한 논의가 처음 시작된 것은 1997년 말 외환금융위기 당시였다. 즉, 경제협력개발기구와 국제부흥개발은행IBRD 등이 외자유치와 비주력사업의 분리매각과 관련한 기업 구조조정의 해법으로 지주회사를 권고하면서 처음으로 공론화되었다. 이에 따라 1987년 4월 이후 경제력 집중 억제 차원에서 설립이 금지됐던 지주회사는 1999년 공정거래법 개정으로 설립·전환이 허용되었다. 지주회사는 현재 자회사 및 손자회사 지분율이 40%(상장사는 20%) 이상이면 설립 가능하며, 부채비율 200% 이하, 채무보증 완전 해소, 금융·비금융 자회사 교차 소유 금지 등의 조건을 준수해야 한다.[29]

---

[29] 이 설립요건은 2007년 4월과 7월의 두 차례 공정거래법 개정을 통해 변경된 것이다. 이 조건

　　지주회사 현황을 살펴보자. 공정거래법상 지주회사는 금융지주회사를 포함해 2004년 22개에서 2005년 25개, 2006년 31개, 그리고 2007년 4개 금융지주회사 포함 총 36개로 점차 증가하는 추세다.[30] 또 일반지주회사의 자회사는 총 233개사(상장 43개, 비상장 190개)로 지주회사별 평균 6.5개사를 보유하고 있고, 손자회사는 총 81개사(상장 6개, 비상장 75개)로 지주회사별 평균 2.3개사를 보유하고 있다. 일반지주회사의 자산총액 중 자회사 주식가액 합계액이 차지하는 비율인 지주 비율도 평균적으로 78.1%이며, 일반지주회사의 자회사에 대한 지분율은 평균 74.2%로 나타나 지주회사의 법적 요건을 훨씬 상회하고 있다. 뿐만 아니라 일반지주회사의 부채비율(자본총액 대비 부채액 비율)도 34.1% 수준을 보여 재무구조도 아주 양호한 상황이다(공정거래위원회 2007).

　　재벌의 지주회사 전환이 본격적인 관심을 끌게 된 것은 LG재벌이 지주회사 (주)LG를 중심으로 한 지주회사화에 성공하면서부터다. 당시만 해도 공정거래법상 상호출자금지 제한 대상 그룹은 LG와 동원뿐이었고, 이미 지주회사를 도입한 그룹은 중소 규모의 그룹들이었다. 그런데 외국자본의 적대적 인수합병에 대한 위기의식이 높아지고, 지배권 상속 문제를 어떤

이외에도 지주회사에 속한 자회사가 사업상 관련이 없는 손자회사를 소유할 수 있고, 이전에는 금지되었던 증손회사의 소유도 100% 지분 소유를 전제로 허용된다. 또 주식 가격의 급격한 변동 등 불가피한 사유로 공정위 승인을 얻은 경우, 지주회사 행위제한의무 유예기간 2년에 더하여 추가 연장(2년)이 가능하다.

30 2001년 (주)LG와 세아홀딩스, 2002년에는 대웅, 2003년에는 풀무원과 농심홀딩스, 동화홀딩스, 동원금융지주(현 한국투자금융지주), 2004년에는 다함이텍과 STX, GS홀딩스, 2005년에는 대상홀딩스, 하나금융지주, 엘아이지홀딩스, 2006년에는 (주)에이치씨엔, 하이마트홀딩스(주) 등이 지주회사 설립 및 전환을 완료했다(공정거래위원회 2006e). 2007년에는 SK(주), (주)금호산업 등 13개사가 새롭게 지주회사로 전환하였다(공정거래위원회 2007).

식으로든 해소해야 할 필요성 때문에 다른 재벌들도 지주회사 전환에 관심을 두기 시작했다. 게다가 2006년 말 지주회사가 자회사로부터 받는 배당 수익에 대한 법인세 경감 혜택을 확대하는 법인세법 개정과 2007년 두 번의 공정거래법 개정을 통한 지주회사 행위제한 요건 완화는 지주회사 전환을 크게 증가시켰다.[31]

지주회사의 수적 증가에도 불구하고, 재벌 입장에서 지주회사 체제 전환 여부의 관건은 전환 이후에도 전환 이전의 지배력을 유지할 수 있을 것인가 하는 문제일 것이다. 물론 현재와 같이 계열사 간 출자 등을 통해 쉽게 기업집단 전체에 대한 지배력을 유지하는 것이 가능한 상황에서는 전환 유인이 크지 않다고 볼 수 있다(공정거래위원회 2004c). 그러나 여러 가지 이유로 지주회사 전환을 시도하는 경우, 총수 및 일가의 지배 범위를 어느 정도로 할 것인가에 따라 전환에 수반되는 비용이 달라질 것이다. 예를 들어 기존의 지배 범위와 지배력을 그대로 유지하려는 경우에는 자회사 지분율 요건을 충족해야 하기 때문에 재벌에 따라서는 막대한 자금이 소요될 것이다. 다른 한편으로 지배 범위를 축소하면서 지주회사 체제로 전환하려는 경우, 자회사 수를 능력 범위 내로 줄이고, 기타 계열사는 매각 등을 통해 분리하는 방식을 택할 수 있고, 이는 추가 자금 부담을 줄일 수 있다. 반대로 지배 범위는 유지하되, 지주회사에 대한 지배력 축소, 즉 지분율 하락을 수용하는 경우에는 지주회사 유상증자나 주식교환 방식 등을 활용함으로써 큰 자금 부담 없이 지주회사 전환이 가능할 것이다.

31 이와 같은 현상은 어느 정도 예측된 것이었다. 2003년 당시에 실시한 한 조사에 따르면 상호출 자금지 적용 대상 그룹 중 26%에 이르는 그룹이 지주회사 전환을 계획하고 있었다(전국경제인연합회 2003).

3) LG재벌의 지주회사화 사례와 문제점

LG재벌의 지주회사 체제 전환은 계열사별로 구씨와 허씨 일가가 소유한 복잡한 지분을 정리함으로써 지배권의 정리와 각 일가의 상속문제를 해결하기 위한 것이었다. LG재벌은 2000년 7월 지주회사 전환을 선언한 지약 3년간 일련의 작업을 거쳐 2003년 4월 지주회사 (주)LG를 출범시켰으며, 이 과정에서 LG그룹은 계열회사 간 복잡한 출자관계를 정리했다. 즉, 구씨와 허씨 일가의 수많은 친족이 다수 계열사의 지분을 보유함으로써 복잡하게 얽혀 있던 지분관계를 지주회사를 통해 해결하고, 이를 기초로 LS, GS그룹 등 친족 그룹을 분리하는 데도 성공했다.

그 결과 LG전선그룹과 GS홀딩스가 분리되기 전의 LG재벌은 상장사(이후 상장된 LG필립스LCD 제외) 평균 의결권 승수가 2.65배를 기록해 그룹 전체의 3.12배보다 낮아졌다. 이처럼 LG재벌은 지주회사 전환을 통해 지배력 약화에 성공한 듯 보였다(KDI 2004). 그러나 LG재벌의 지주회사 전환 과정을 꼼꼼하게 살펴보면 다음과 같은 문제점이 있음을 알 수 있다.

첫째, LG그룹 구본무 회장 등 지배주주 일가는 추가 자금 투입 없이 지주회사 (주)LG의 지분 42.79%(2003년 3월 31일)를 확보해 지주회사 (주)LG에 대한 지배권을 충분히 확보했다. 구본무 일가는 지주회사로 전환하기 전(1999년 12월 31일) LG화학(주) 지분 5.79%와 LG전자(주)의 지분 6.63%, 그리고 LG홈쇼핑의 지분 47.77%를 보유하고 있었을 뿐이다. 그러나 두 번의 공개매수와 합병을 거치면서 지주회사 (주)LG에 대한 구본무 일가의 지분은 42.79%(2003년 3월 31일)로 급격히 증가했다. 지주회사 (주)LG는 자회사들에 대해 안정적인 지분을 확보하고 있었기 때문에 구본무 일가는 지주회사 (주)LG에 대해 상당한 지분을 보유함으로써 지주회사 (주)LG에 대한

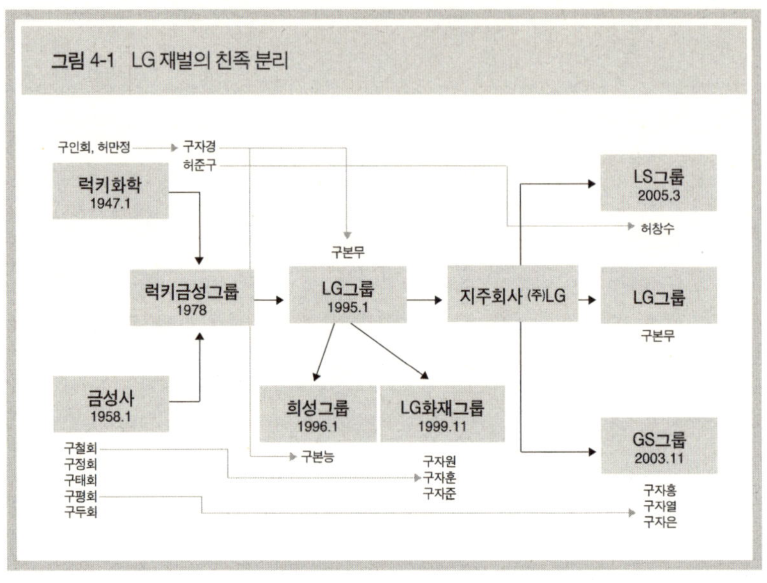

지배권은 물론 자회사들에 대한 지배권을 행사할 수 있었다. 다시 말해 지주회사 전환을 통해 그룹 전체에 대한 지배권을 강화한 것이다.

이것이 가능했던 이유는 바로 유상증자를 통한 공개매수의 방법이다. 즉, 자회사 주식을 공개 매수하면서 그 대가로 지주회사의 신주를 발행했는데 이 공개 매수에 소액주주들은 많이 참여하지 않은 반면 구본무 일가는 보유한 지분 거의 전부에 대해 공개 매수에 참여했다. 그 결과 지주회사 전환 후 LG재벌에 대한 구본무 등 지배주주 일가의 지배권은 더욱 강화되었다. 과거에는 주요 계열사들의 지분 일부를 따로따로 보유하였지만 이제는 지주회사 한 곳의 자본을 대량 보유함으로써 지주회사 (주)LG에 대한 경영권도 강화하고 그룹의 경영권 방어 능력도 높였다. 또한, 지주회사를 통한 자회사 지배권도 합법화되었고 더욱 강해졌다. 이는 소액자본으로 다수

지주 회사명	자회사 현황		손자회사 현황	
	회사명	지주회사 지분율(%)	회사명	자회사 지분율(%)
(주)LG	(주)LG경영개발원	40.00		
	(주)LG생명과학	100.00		
	(주)LG생활건강	86.50		
	(주)LG스포츠	100.00		
	(주)LG씨엔에스	40.00	(주)브이이엔에스	100.00
	(주)LG텔레콤	45.53	(주)씨에스리더	100.00
			(주)아인텔레서비스	100.00
	(주)LG화학	51.00	(주)씨텍	50.00
			LG다우폴리카보네이트(주)	50.00
			LG석유화학(주)	40.00
	(주)데이콤	86.84	(주)LG파워콤	45.43
			(주)데이콤멀티미디어인터넷	88.06
			(주)데이콤크로싱	51.00
	(주)루셈	100.00		
	(주)서브원	100.00		
	(주)실트론	51.00		
	LG엔시스(주)	100.00		
	LG엠엠에이(주)	50.00		
	LG전자(주)		(주)하이프라자	100.00
			LG마이크론(주)	36.00
			LG이노텍(주)	69.80
			LG필립스엘시디(주)	37.90
			하이비지니스로지스틱스(주)	100.00

출처 : 공정거래위원회(2006e).

의 기업을 용이하게 지배하는 지주회사의 단점을 잘 보여 주는 사례다(이은
정·이주영 2003).

둘째, 지주회사 전환을 전후해 LG전선그룹과 GS그룹 등 친족 분리가
있었는데, LG의 지주회사 전환은 LG에 대한 지배주주의 지배권을 높이기
위한 대량의 자금을 확보하는 방법이었을 뿐만 아니라 분리 그룹들의 지배

주주와 그 일가에 일정 정도의 이득을 보장해 주는 수단이었다. 여기에는 주로 계열사 주식 매입과 매각 과정에 있었던 내부자거래 등이 이용되었다. 이는 곧 해당 계열사의 주식을 보유한 소액주주의 부가 지배주주와 일가의 수중으로 흘러들어 갔다는 것을 의미한다. 이러한 내부자거래에 의한 주가 차익 실현의 사례는 많다. 2002년 4월에 코스닥에 등록한 LG카드(2002년 4월 22일 코스닥 등록)의 경우 그해 11월에 허씨 일가의 주식 매각이 있었고, 2003년 4월 대주주 및 외국인 주주들과 유상증자 참여 여부를 협의하던 시점에 구씨(LG전선그룹 일가, 구자홍 LG전선 그룹 명예회장과 구자열 LG전선 사장) 일가의 대규모 주식 매각이 있었다. 당시는 정부가 '카드종합대책'을 발표하던 시점이었다. 이어 2003년 11월 18일과 19일에 LG전선 계열 대주주 18명이 대거 주식 매각을 했는데 며칠 지나서 LG카드의 현금서비스 중단을 필두로 대란이 시작되었다. 이로 인해 이른바 '카드대란'의 원인이 LG 일가의 의도적인 주가 매각과 차익 실현에 있다는 의혹이 제기되기도 했다. 1999년 4월, LG정보통신이 LG홈쇼핑의 주식을 구씨 일가에 주당 6,000원의 헐값에 넘기고, 같은 시기에 LG캐피탈이 LG홈쇼핑 주식을 허씨 일가에 주당 6,000원에 넘긴 것은 본질적으로 불법적인 내부자거래에 의한 대주주들의 이익 챙기기다. LG화학이 1999년 6월에 이어 2000년 4월 보유 중이던 LG칼텍스정유(118만 주), LG유통(164만 주)의 비상장 주식을 구씨 일가로부터 비싸게 매입한 것도 마찬가지다.[32] LG화학을 통해 생긴 차익은 범

---

[32] LG화학이 당시 범 LG 일가의 주식을 비싼 가격에 사들이는 데 들인 비용은 모두 3,766억 원이었는데 이는 LG화학의 1999년 전체 흑자액보다 100억 원 이상 많은 것이었다. 일반 주주들에게 돌아가야 할 1년 매출액의 이익분이 모두 범 LG 일가의 수중으로 흘러들어 간 셈이다(『신동아』 2004/01).

표 4-8 (주)LG와 계열사의 LG카드 지원액			〈단위 : %〉
구분	지원주체	지원액(원)	지원 내용
지배주주 등	구씨일가	1,000억	LG카드 CP 매입
지주회사 (주)LG 및 자회사	(주)LG	3,000억	LG카드 CP 매입
	LG전자	1,500억	LG카드 CP 매입
	LG화학	1,000억	LG카드 CP 매입
	LG석유화학	500억	LG카드 CP 매입
	LG이노텍	500억	LG카드 CP 매입
지주회사 이외의 계열사	LG건설	500억	LG카드 CP 매입
	LG상사	500억	LG카드 CP 매입
	계	8,500억	

LG 일가가 LG전자의 주식을 매입하는 비용으로 사용했다. 이와 같은 주식 매각은 LG그룹의 지주회사 전환 과정에서 막대한 규모의 자금이 필요했기 때문에 이루어진 것이다.

셋째, 유동성 위기가 초래한 LG카드 사태와 현금서비스 중단, LG의 금융계열사 포기 등의 과정을 보면 LG화학, LG전자는 지주회사에 편입되었어도 금융계열사의 부실 위험으로부터 자유롭지 못했다. 즉, LG카드에 대한 지원의 경우, LG그룹의 지배주주와 계열회사 지원 내역에서 볼 수 있듯이 적어도 표면적으로는 대주주와 각 계열사가 분담하는 것처럼 보인다.

그러나 실제 자금 부담은 LG화학과 LG전자에 집중되어 두 계열사의 부담 비중은 아주 높았다. 또 지주회사 LG는 LG카드 CP 매입으로 3,000억 원을 지원하면서, 같은 날 한국전기초자 지분(20%)과 LG다우폴리카보네이트 지분(50%)을 각각 LG전자와 LG화학에 넘겨, 자회사로부터 LG카드 지원 대금을 마련했다. 달리 말해서 (주)LG는 LG전자와 LG화학의 지주회사지만 관련 업종의 주식을 자회사가 보유할 수 있다는 공정거래법 규정을 이용해 자회사에 주식 보유 기능까지 이전시키고, 자회사의 현금을 가져갔다. 결국 (주)LG는 지배주주의 이해관계에 따라 부실 계열사 지원에 자회사를 동원했고, 심지어는 자회사의 이익을 탈취했던 것이다.

요컨대, LG재벌의 지주회사 전환 과정은 총수 친인척 사이의 복잡한 지분 정리와 부의 막대한 이전을 토대로 한 것이었으며, 지주회사 전환으로 얻은 것이 있다면 그것은 소유가 집중됨으로써 투명성이 높아지고, 외국자본에 의한 적대적 인수합병의 위협이 작아졌다는 사실 정도일 것이다.

그럼에도, 출자 관계가 정리된 것만 가지고 지배구조가 개선되었다고는 볼 수 없으며 자회사와 지주회사 간 혹은 자회사 간에 부당 내부거래가 발생할 가능성이 줄어든 것으로 단정하기도 어렵다. 따라서 지주회사 전환에도 불구하고 한 계열사의 부실이 다른 계열사에 확산되는 것을 방지할 수 없다. 우리나라 재벌 체제에서 지배구조의 가장 큰 문제는 지배주주가 행사 가능한 의결권보다 많은 지배권을 행사하는 데 근본적인 문제가 있기 때문에 지주회사를 통해 출자 관계가 정리되는 것만으로는 이러한 문제를 근본적으로 해결할 수가 없다. 오히려 LG의 경우, 지주회사에 대한 지배주주 일가의 지배권이 더욱 강화됨에 따라 LG그룹이 구본무 등 가족들의 의사에 따라 좌우될 요인은 더욱 분명해진 것으로 보인다.

또한 과거의 구조조정본부가 법적 실체가 있는 지주회사 (주)LG로 바뀌면서 그룹 전체의 의사 결정 기능은 더욱 강화되었으며, 지주회사의 수익원을 창출하기 위해 자회사와 지주회사 간 부당 내부거래가 늘어날 수도 있다. LG와 같이 지주회사 설립으로 지배주주가 지주회사에 대한 지분을 상당량 확보한 경우 오히려 현재의 지배주주가 지배하는 재벌 체제를 더욱 견고히 만들어 줄 가능성도 있다.

주요 재벌 중에서 현재 LG재벌 이외에도 SK와 금호아시아나가 지주회사 전환을 완료했고 그 외에도 한화나 롯데,[33] 코오롱 등이 지주회사 전환을 모색하고 있는 것으로 알려졌는데, LG재벌의 '성공적'인 지주회사 전환 방식과 과정은 본질적으로 기업지배권 시장의 원리를 침해한 것이다. 만약 지주회사 전환이 기존의 재벌 형태를 단순히 바꾸는 것이라고 한다면 그것 은 주주의 이익을 보장하는 주주자본주의적 관점과도 배치되는 것이다.

다른 한편에서는 현재 재벌 소유지배구조에서 핵심적 역할을 하는 순환 출자를 해소하는 방법의 하나로서 금융지주회사를 포함한 지주회사 전환 을 이전보다 더 쉽게 만들고, 이를 위해 관련 규제를 더욱 완화해야 한다는 주장도 있다. 또 지주회사제도는 주주 가치 경영의 폐해를 막고 민족적 소 유통제를 강화하는 방법으로 제안되기도 했다. 즉, 정부와 은행의 지원하에 지주회사 설립 요건을 더 완화해 지주회사 전환을 쉽게 하고 이를 통해 경 영권을 안정적으로 보장하자는 것이다. 또 이를 통해 금융기업이나 기업지 배구조에 있어서 은행의 역할을 강화함으로써 겸업은행 중심의 금융 시스 템Universal Banking System 전환을 촉진할 수 있다는 것이다(정승일 2005). 한 걸음 더 나아가 그동안 법외 조직이었던 구조조정본부가 공식 기구로서 법제화 되는 지주회사화는 그룹 차원의 공동결정제나 노동자 대표에 의한 경영 감 시와 통제의 단서를 마련하는 계기가 될 수도 있다. 물론 지주회사는 이를 실현하기 위한 필요조건에 불과하다. 공동결정제나 노동자의 경영 감시 등

---

33 한화그룹은 주력사인 한화를 중심으로 금융지주회사와 비금융지주회사로 분할한다는 계획 아래 핵심 계열사 지분을 꾸준히 늘리고 있다(『한겨레』 2005/09/09). 김승연 한화그룹 회장은 한 화 소유 지분 22.69%에 특수관계인까지 포함하면 지분의 42.86%를 지배하고 있다. 한편 금융 부 분은 대한생명과 한화증권을 양대 축으로, 대한생명이 한화손해보험(67%)과 한화투자신탁운용 (100%)을, 한화증권이 한화기술금융(76%)을 지배하고 있다. 이 중 지주회사 요건을 갖추면서 금 융지주회사로 전환한다면, 대한생명을 통해서 금융지주회사를 설립할 가능성이 크다.
롯데는 계열사들이 대부분 비상장 회사지만 총수 일가의 지분율이 높아 지주회사 전환에 유리한 것으로 알려졌다.

이 자회사 및 지주회사 전체 차원에서 실현되려면 노동자들의 기업 내 권력이나 사회적 권리가 대폭 개선되어야만 한다. 그럼에도 LG재벌의 지주회사 전환 사례에서 알 수 있듯이 투명한 소유구조와 권한 만큼의 책임을 부과하자는 정부의 지주회사 정책은 친족 간 재산분할과 계열사 간 지원을 통해 기존의 재벌 체제를 더욱 공고하게 하는 결과를 초래했다. 따라서 출자 관계의 단순한 정리만으로는 지주회사가 가진 장점이나 민족적 소유 통제, 노동자의 경영 감시나 통제라는 긍정적 효과를 기대하기 어렵다.

3. 전문그룹화의 이면 : 현대자동차재벌의 사례

1) 재벌개혁과 전문그룹화의 의의

지주회사화 말고도 정부가 생각하는 변화된 재벌 체제의 또 다른 모습은 전문그룹화다. 즉, 다수의 비관련 업종에 걸쳐 있는 계열사들을 독립 기업으로 분리시키거나 전문 업종별 소그룹으로 분화하도록 한다는 것이다 (공정거래위원회 2003a). 독립계열사들의 거대 연합체로서 재벌이 분리되어야 한다면 그것은 수평적인 분화나 수직적인 분화 방식을 통해서 가능할 것이다. 수평적 분화는 외환금융위기 이전부터도 꾸준히 진행되었던 위성 재벌화 혹은 친족 분리를 통해 각계열사들이 느슨한 형태의 기업 연합을 형성하는 경우이다. 또한 경영자나 주주 종업원이 중심이 된 독립 회사화를 통해 이들 독립 기업이 기업연합을 형성하는 경우도 있을 수 있다. 이에

비해 수직적 분화는 기존에 수직적으로 통합되었던 계열사들을 다시 관련
업종에 따라 분리하고 이들 계열사를 궁극적으로는 협력업체나 독립적인
외주업체로 전환하는 방법이다.

그런데 외환금융위기 직후 기업 구조조정의 일환으로 시행된 업종전문
화 정책에 따른 빅딜 정책의 실패, 그리고 기업 경영에 있어서 위험 분산의
방법으로서 다각화의 필요성 등을 고려한다면, 정부 정책을 통해서 기업의
사업 영역을 특정 영역들로 제한하는 것은, 재벌의 주장대로, 추진해서는
안 될 대표적인 정책이 될 것이다. 또 우리나라와 같은 신흥시장에서는 기
업의 전문화 전략이 오히려 잘못된 전략일 수 있고 따라서 시장 변화에 적
응한 사업구조 재조정이 필요하다는 주장도 나름대로 설득력이 있다
(Khanna & Palepu 1999). 또 이론적인 측면에서도 전문경영인 체제와 오너
체제 중 어느 한 쪽이 유일한 대안인지에 대한 선험적이고 일의적인 판단
은 불가능하다.

그럼에도 전문그룹화를 통해서 기대할 수 있는 이점은 다음과 같다. 첫
째, 전문그룹화는 지배구조 개선이라는 재벌개혁 과제를 실행하는 수단으
로서 계열사 간 복잡하게 얽힌 지분을 정리하는 방법이 될 수 있다. 나아가
무분별한 다각화 과정에서 재벌의 사업구조와 소유구조 사이의 불일치에
서 기인하는 조직 비효율을 감소시킬 수 있는 장점이 있다. 사업구조와 소
유구조의 불일치는 계열사 간 성과 감시에 있어서 필연적으로 그룹 본부
혹은 총수의 직접적인 개입과 통제를 유발하는 구조를 가지게 된다. 즉, 새
로운 계열사가 기존 사업 영역과 관련성이 적을수록(비관련 다각화), 이 기업
에 대한 소유는 사업 영역과 무관한 다른 계열사에 의해 이루어질 가능성
이 높고, 기업 간 조정 혹은 통합이 점점 더 위계적이고 집권적인 방식에 의
해 유지될 필요성이 커지며 이것은 기업집단 조직 내 비효율을 증가시킨다.

둘째, 전문그룹화는 수직적으로 통합된 그룹 계열사 혹은 독립 계열사 간에 이루어지는 거래의 내부화로 생기는 거래비용 절감의 장점이 있다. 수직통합vertical integration의 이점은 사업상 전후방 관계인 기업들을 하나의 기업 내로 통합해 사업부로 기능 하게 함으로써 가능한 것인데(Williamson 1975; 1985), 우리나라 재벌의 경우에는 이 사업부가 하나의 독립된 계열사이고 따라서 전문그룹화는 생산공정상 연관된 계열사들이 하나의 집단을 이루고 이들끼리 거래가 이루어진다는 것을 의미한다. 일반적으로 거래비용은 시장 거래의 당사자들이 기회주의적 속성을 가지는 경우에 더 커진다. 특히 정보 비대칭 등 생산물시장과 요소시장에서 거래비용이 발생할 가능성이 큰 불확실한 환경일수록, 또 거래 빈도가 높고 거래 당사자가 보유한 자산의 특수성[34]이 높을수록 거래를 내부화하는 것이 더 경제적이다 (Williamson 1985). 이와 같이 거래 내부화 유인이 클 경우, 거래 상대방을 그룹 내로 통합함으로써 거래비용을 절감할 수 있다는 것이다. 또한, 그룹에 속한 독립 계열사의 성과가 사업상 무관한 계열사의 지원에 의존하는 경우에는 해당 계열사의 경영 성과를 정확하게 판단하기 어려워지므로, 오히려 성과에 따른 자금 배분이 소속 계열사의 다른 계열회사에 대한 지원 실적이나 그룹 기여도를 기준으로 이루어져 기업 내 자원 배분에 비효율이 초래될 수 있다.

물론 계열사 형태로 존재하는 관련 기업의 수직통합화를 통해 얻는 이득은 결국 거래 상대방, 즉 계열사 사이의 관계특수자산relation specific assets에

---

34 자산 특수성은 다음 네 가지로 구분된다. 즉, 위치(site) 특수성, 인적자산 특수성, 물리적 자산, 전용(dedicated) 자산의 특수성이 그것이다(Williamson 1985, 95-96).

대한 투자 정도에 따라 다르다. 과거의 재벌 체제와 같은 집단화된 기업 체제에서 이 관계특수자산은 바로 계열사 간 출자나, 상호거래, 채무지급보증 등이었으며 이러한 거래는 독립적인 법인으로 존재하는 계열기업 사이의 강력한 결속력을 가능하게 만드는 물적 토대로 작용했다. 그러나 이러한 관계특수자산의 증대는 그룹 총수의 절대적 지배력을 확장하는 데 사용되었을 뿐 거래 기업 혹은 계열사의 기술적 능력이나 노동자의 숙련 향상에 대한 투자를 통한 거래 전속성을 높이는 방식으로 이루어지지 않았다.

셋째, 소유와 경영 분리에 기초한 전문그룹화는 전문경영자에 의한 책임전문경영체제를 구축함으로써 기업경쟁력을 강화할 수 있는 이점이 있다(김기원 1999; 2002). 그동안 재벌 그룹 계열사들의 경쟁력은 다수 계열사에 의한 집단 효과나 복합력을 바탕으로 한 것이었으며, 이는 경제력 집중과 시장집중에 따른 독점력 확보의 원인이자 결과였다. 경제력이 재벌에 집중되고 시장에서 독과점 구조가 심화되면 경제 전체 차원에서 시장거래의 비용은 오히려 더 증가할 수 있다. 시장 거래비용이 증가하면 기업집단의 내부거래 유인이 더욱 높아지며, 이것은 다시 재벌 등 기업집단으로 하여금, 개별 기업이 아닌 집단 수준의 경쟁을 가속화하는 악순환 고리가 형성된다. 또 개별 기업 차원에서는 참여 기업들이 기존 시장구조에 안주하려는 속성 때문에 기업 자체의 비효율성이 커질 수도 있다.

뿐만 아니라 전문경영인 체제는 경영 능력이 검증되지 않은 재벌 2, 3세대한 경영권 상속과 이를 위한 부의 상속을 차단하는 계기가 될 수 있다. 사실 재벌 총수들의 '경영 능력'이나 '기업가적 능력'이라는 것도 따지고 보면 그룹 내 절대적인 지배권을 통해서 집단 전체의 규모를 확장하고 이에 필요한 계열사 간 내부거래를 강제하는 능력이었다. 이 과정에서 기업 내 비민주주의가 일상화되고, 집단 전체를 위한 개별 기업의 희생이 동반되었다.

달리 말해서 우리나라 재벌 총수가 가진 기업가 능력은 새로운 사업 기회가 존재하는 업종에 진입할 수 있는 자격을 갖추기 위해 외부 차입을 동원해 기업집단 규모를 가능한 한 크게 확장하는 능력이었다. 뿐만 아니라 이 능력은 이런 방식으로 확장된 이른바 대규모 '선단'을 적절히 운영하고 지배하기에 필요한 통제장치를 통해서 절대적인 권한을 유지하는 능력이었다. 또 그룹 총수가 환경 변화에 적절하게 대응해 새로운 사업 분야에 진출할 수 있었던 것도 정부에 의해 주어지고, 보호되는 사업 기회의 선점에 의한 것이었다. 따라서 이 능력은 불확실한 사업 환경하에서 이윤 획득의 새로운 기회를 창출하고 이를 위해 합리적인 기업 경영을 시도할 수 있는 자질과 능력은 아닌 것이다. 결국, 우리나라 재벌 총수의 경영 능력은 본래적인 의미에서 기업가정신과는 거리가 먼 것이다(송원근 2000).

물론 전문책임경영 체제가 오너 체제에 비해 기업 성과 측면에서 더 나은 것인가에 대해서는 논란이 많다. 또 소유경영의 분리에 기초한 전문경영인 체제는 본질적으로 주주 가치 경영의 폐해나 최고경영자의 전횡이라는 문제점을 안고 있는 것도 부인할 수 없다. 실제 주식시장의 발달과 함께 시작된 주주들의 공격이 경영자들에 의한 자립적 기업지배 체제와 독단적인 기업 경영에 대한 것이었다는 점을 고려하면 전문경영자에 의한 기업지배는 그렇지 않은 경우에 비해 문제가 더 심각할 수 있다. 그러나 전문경영자에 의한 기업지배가 낳을 수 있는 문제점은 우리나라 재벌 총수들의 절대적 지배력에서 생기는 폐해보다는 적을 것이다. 또한 소유경영의 분리에서 발생하는 지배권 공백을 이용한 경영자들의 대리인 행동을 근거로 전문경영자 지배 체제가 불가능하다는 주장은 전문경영인 체제에 대한 편협한 문제의식에 근거한 것이다. 벌과 민스는 일찍이 전문경영자 지배의 문제점을 의식하면서 '설득력 있는 사회적 의무의 체제'convincing system of community obligations를 언급한 바 있다(Berle and Means 1932). 이 기업 시스템은 기업의 실질적인 지배자인 경영자가 순수하게 중립적인 전문가로서 사회의 다양한 집단의 이해를 조정하고, 개인의 사적 이익보다 공공 정책을 기반으로 하여 행동하는 한편, 소유자인 주주는 사회의 요구에 부응하여 이익의 일부를 포기하는 시스템이다. 즉, 경영자들이 사익만을 추구하는 대리인이 아니라 주주에 대해 신의성실의 의무를 수행하는 수탁인[fiduciary]으로서의 의무도 동시에 질 수 있다는 것이다.

2) 전문그룹화의 이면: 현대자동차 사례

외환금융위기 이후 자동차 전문그룹화를 지향했던 현대자동차재벌의 경우를 보자. 현대자동차그룹은 정몽구를 중심으로 소유가 집중되고, 업종도 전문화되었으며, 기아자동차를 인수함으로써 시장점유율도 높아졌다. 물론 현대자동차(주)의 경우에도 주주 구성에서는 외국인 주주 비중이 커지는 경향을 볼 수 있다.[35]

현대자동차는 2006년 3월 현재 40개사의 계열사를 거느리고 있다. 이중 자동차 제조 및 판매 2개사, 부품 제조업 14개사, 철강 제조 3개사, 자동차 할부/신용/물류/IT/기술개발 등과 관련된 기업 서비스 8개사가 속해 있

---

[35] 현대자동차(주)의 2001년 말 외국인 주주는 다임러크라이슬러와 일본의 미쓰비시상사, 미쓰비시자동차 등인데 이들을 포함한 외국인 지분율은 52.76% 2002년 47.4%, 2003년 51.25, 2004년 55.83%, 2005년 45.10%로 변동이 비교적 큰 편이다. 그러나 현대모비스와 INI스틸의 계열사 지분은 계속 증가하고 있다(현대자동차 감사보고서, 각 년도).

표 4-9 현대자동차그룹 계열사의 내부매출 비중(1999~2005년)

계열사 명	1999	2000	2001	2002	2003	2004	2005
현대자동차	20.1	23.5	29.7	32.3	36.4	37.7	42.5
기아자동차	26.1	31.3	36.2	38.5	59.9	53.3	48.0
현대모비스	51.9	34.3	40.6	61.8	69.8	72.7	79.6
현대하이스코	38.6	31.7	24.4	20.7	20.5	19.6	21.8
INI스틸	33.0	1.6	3.1	6.8	3.2	2.4	4.1
케피코		93.6	94.0	93.6	96.0	95.3	94.7
BNG스틸			1.8	6.0	6.7	12.4	20.9
현대다이모스			89.6	100.0	88.4	86.7	89.3
현대파워텍			99.2	97.9	43.6	100.0	100.0
위스코			59.0	69.4	62.4	63.5	59.3
위아			68.8	67.2	67.7	70.3	74.3
오토에버시스템즈			75.7	79.2	90.4	97.6	99.0
한국로지텍(글로비스)			93.6	92.0	86.7	80.6	85.3
엠코				100.0	80.3	98.4	98.8
해비치리조트				28.0	14.2	14.2	20.3
메티아					41.9	49.9	50.5
엠시트					100.0	95.1	99.4
로템					3.2	3.9	25.7
에코플라스틱						95.1	92.6
아이에이치엘						91.3	84.2
아이아						29.0	96.4
카스코							56.2
현대오토넷							22.1
만도맵앤소프트						51.7	29.9
본텍			92.4	93.5			
코리아정공				50.8			
이에이치디닷컴			6.4	14.2			
전체 평균	25.8	25.6	32.1	36.6	44.4	45.1	49.3

출처 : 송원근·이상호(2005).

을 정도로 자동차 그룹으로서의 면모를 갖추어 나가고 있다.[36] 뿐만 아니라
사업 부문별 자산 및 매출액 구성을 보더라도 완성차와 부품 제조, 철강 제
품, 그리고 할부금융업에 이르기까지 자동차 관련 업종에 90% 이상이 집중

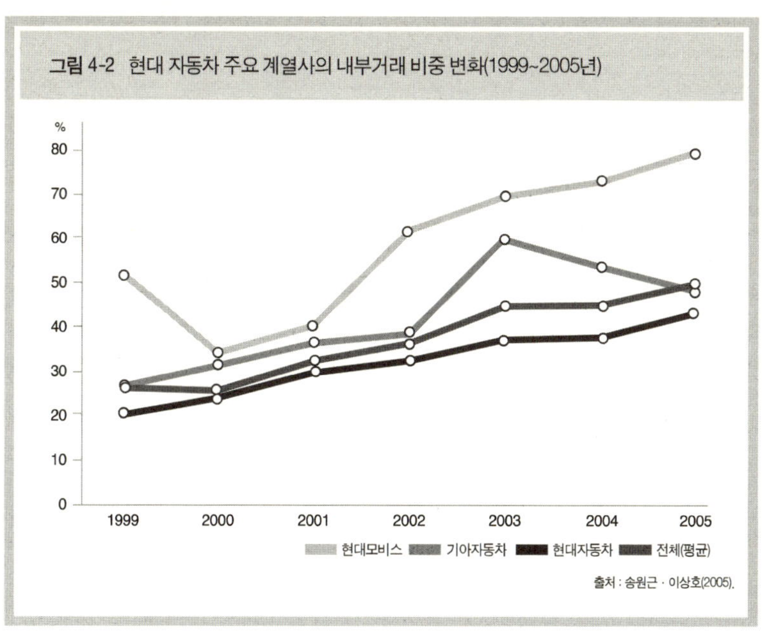

되어 있다(송원근·이상호 2005).

계열사들이 수직적 연관 사업으로 구성된 그룹 특성을 계열사 간 상품
및 용역의 매출거래를 통해서 알아보면, 그룹 전체적으로 내부매출 비중이
1999년 말 25.8%에서 2005년 말 49.3%로 상승했음을 알 수 있다. 주력 계
열사인 현대자동차와 기아자동차의 내부매출 비중이 높은 것은 해외 계열
사에 대한 판매 때문이지만 동 비중의 증가는 그룹 전체 내부거래 비중을

---

36 물론 자동차 업종과 연관 업종이 다수지만, 골프장 운영, 프로야구단, 건설, 매립지 가스 제조
공급, 인공관절 설계, 출판사 및 학원 운영 등 비연관 업종도 적지 않다.

높이는 데 큰 영향을 미치고 있다. 현대자동차와 기아자동차에 대한 판매 비중이 높은 현대모비스도 2000년 이후 내부배출 비중이 꾸준히 상승해 80% 정도에 이른다. 특히 현대모비스는 현대자동차그룹이 직계 계열사 위주로 부품 조달 체제를 구축하는 과정에서 중심 역할을 하고 있다. 자동차 생산방식이 모듈화와 시스템화로 발전하고 있는 상황에서 종합모듈업체로서 현대모비스의 영향력은 지대하다. 2005년 말 매출액 7조5,477억 원, 영업이익 7,861억 원, 당기순이익이 8,313억 원을 기록하고 있다. 현대모비스는 2006년까지 현대자동차그룹의 모든 차종의 모듈화율을 40% 이상으로 끌어올린다는 계획을 세운 바 있다. 실제로 완성차 업체의 기업 조직이 조립 부문에 집중되는 추세로 볼 때, 향후에는 중견 부품기업과 중소 하청업체의 운명이 현대모비스의 선택에 달렸다고 해도 과언이 아니다.

또 다이모스, 현대파워텍, 현대오토넷 등 핵심 부품을 제공하는 계열사 중에서 현대파워텍, 오토에버시스템즈 등은 매출의 거의 전부를 그룹 내 다른 계열사에 판매하고 있다. 이는 계열사를 대상으로 토목, 건축, 전기설비용역을 제공하는 엠코도 마찬가지다. 반면 원재료인 철강 부품 공급자인 현대하이스코와 INI스틸의 내부매출 비중은 다른 계열사들에 비해 높은 편이 아니며, 1999년 30%를 웃돌았다가 최근에 올수록 감소하는 경향을 보이고 있다. 현대로 인수되기 이전 기아자동차그룹 계열사였던 위아(74.3%), 본텍(2002년 말 93.5%), 카스코(56.2%) 등의 내부매출 비중도 상당히 높다.

1990년대 중반까지 현대그룹의 계열사로서 현대자동차(주)는 한라그룹의 만도기계, 한라공조, 성우그룹의 성우정공과 같은 관계사로부터 핵심 부품을 주로 조달했다. 그러나 2000년 친족 분리 이후 자동차 전문그룹화를 선언하면서 방계회사로부터의 부품 조달은 크게 줄이고 직계 계열사에 대한 내부거래 비중을 지속적으로 증가시켰다. 〈그림 4-3〉에서 알 수 있듯이

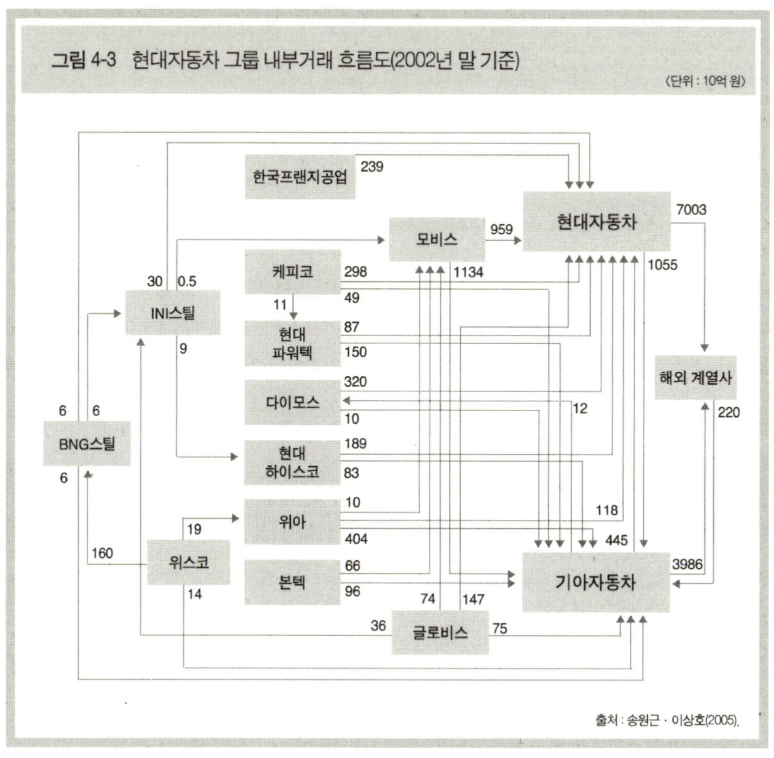

현재 현대자동차그룹은 계열회사들을 원료 및 부품 생산과 조달, 물류 및 건설, 자동차 생산과 판매, 서비스 부문 모두를 포괄하는 시스템을 갖추고 이를 기초로 계열사 간 거래를 하고 있다.

그럼에도 자동차 전문그룹으로서 현대자동차의 사례는 전문그룹화의 이점을 충분하게 살리지 못한 것으로 보인다. 최근의 사업다각화 실적이나 순환출자, 그리고 부의 상속 과정에서 알 수 있듯이 현대자동차그룹의 전근대적 지배구조 체제는 커다란 변화가 없다. 특히 2005년 3월 1일 정의선 부사장 등 현대자동차그룹 내 3세들, 즉 정몽구 회장의 아들과 사위들이 사장으로 대거 승진했다. 또한 정의선 사장은 현대모비스 이사로 재선임되었으며 특히 기아자동차 대표이사로 선임되었다. 정몽구 회장은 INI스틸의 이사로 신규 선임되었고, 정일선 사장이 BNG스틸의 대표이사로, 그리고 신성재 사장이 현대하이스코의 대표이사로 신규 선임되었다.

이와 같은 인사를 통해 드러난 현대자동차그룹 지배구조의 특징은 ① 한 사람이 다수 회사의 경영을 담당하고 있다는 것, ② 그룹 내 주요 계열사의 모든 주요 직책, 즉 사장 및 대표이사 등을 정몽구 회장 본인 및 그 후계자들이 차지하고 있으며, ③ 아직 경영 능력이 검증되지 않은 3세들이 중요한 직책을 맡고 있다는 점이다. 이와 같은 특징 때문에 현대자동차그룹은 무엇보다도 부실한 계열사를 우량 계열사가 지원하는 등 선단식 경영 방식을 지양하기보다는 오히려 강화할 가능성이 크다. 이는 지배주주의 기업경영에 대한 책임의식을 낮출 뿐만 아니라 기업 경쟁력을 하향평준화할 위험성이 있다. 또한 한 사람이 다수 회사의 경영을 맡음으로써 일반적인 업무 충실도의 저하뿐만 아니라, 이들 기업이 유사 업종이나 수직적 계열관계에 있는 경우 이해 상충의 문제가 발생할 가능성도 크다. 결국 현대자동차그룹의 전문그룹화는 정몽구 회장의 지배권을 강화하고, 현대자동차그룹의 후계 구도를 조기에 안정시키기 위한 것으로 현대자동차그룹의 전근대성을 드러내는 대표적인 사례인 셈이다(이은정 2005).

실제로 현대자동차그룹의 현금흐름권은 0.048이나 지배권은 0.319로 의결권 승수가 8.574다. 의결권 승수가 클수록 적은 지분으로 많은 지배권을 행사하는 것을 의미하는데, 현대자동차그룹의 의결권 승수는 11개 출자총액제한기업집단 중 네 번째로 크며 이는 평균 6.079보다 높은 수치다(KDI 2003). 2005년에는 현대자동차그룹이 속한 9개 출자총액제한 기업집

표 4-10 현대자동차그룹의 소유지배 괴리도와 의결권 승수 〈단위 : %, %p, 매년 4월 기준〉

구분		총수 일가 지분	계열사 지분	소유 지분율	의결 지분율	소유지배 괴리도	의결권 승수
현대자동차	2005	3.34	49.02	5.58	39.07	33.49	7.00
	2006	3.95	42.71	6.28	38.51	32.23	6.13
상호출자제한 기업집단 평균	2005	5.01	43.92	9.23	40.34	31.11	6.75
	2006	-	-	9.17	39.72	30.55	6.71

출처 : 공정거래위원회.

단 평균(8.57)보다 다소 낮은 7.0으로 감소했지만 39개 상호출자제한 기업집단 평균(6.75)보다는 여전히 높은 수준을 유지했다(공정거래위원회 2005c).

이와 같은 지배력의 확대는 순환출자 고리를 새롭게 형성하여 현대자동차 → 현대캐피탈 → INI스틸 → 현대자동차로 연결된 순환출자구조를 완성한 변화를 통해서도 이미 확인한 바 있다.[37] 현대자동차그룹은 특정 계열사에 대한 밀어주기와 이를 통한 사업 기회의 편취 혹은 유용, 그 결과로서 발생할 수 있는 주주 이익 침해 등도 문제다.[38] 글로비스(구한국로지텍(주))의 성장 방식은 밀어주기식 지원과 이를 통한 총수의 사업 기회 편취의 사례를 잘 보여 주고 있다.

형제간 경영권 분쟁으로 2000년 9월 현대자동차그룹이 분리된 이후인 2001년 2월 설립된 글로비스는 운송 사업 및 복합 물류 사업을 주목적 사

---

[37] 제2장 〈그림 2-5〉 참조.

[38] 사업 기회의 편취 혹은 유용은 주식 증여나 순환출자와 같은 고전적 방법에 이어 부와 경영권을 재벌 2세에게 불법승계하는 새로운 수법으로, 전체 70건의 문제성 거래 중 30건(42.9%)이 이에 해당했다는 것이다(참여연대 2006).

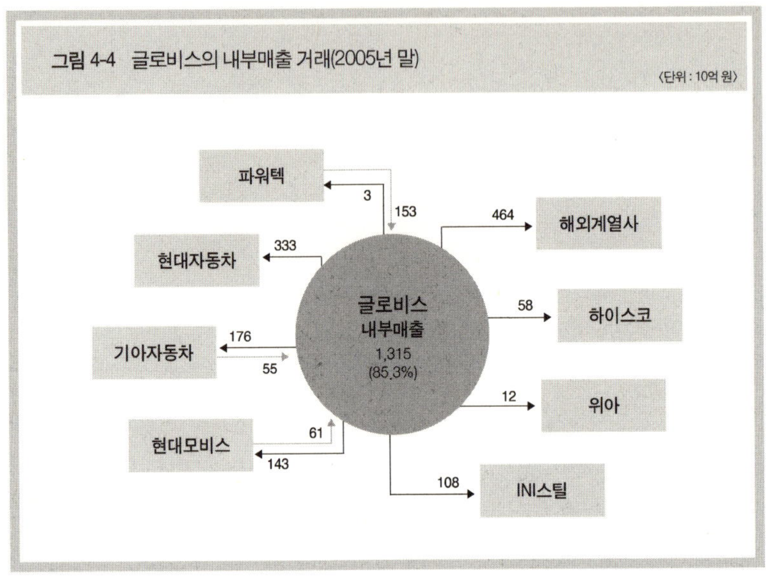

업으로 설립되었다. 분리 이전에는 그룹 내 물류 및 운송 사업은 주로 현대
상선이 담당하고 있었는데, 현대상선은 그룹 내 매출의존도도 높지 않았
고,[39] 또 결정적으로는 현대재벌의 계열사로 남아 있었다. 따라서 자동차
생산에 이은 운송과 물류를 담당하는 글로비스를 설립하고 현대자동차와
기아자동차 등으로부터 안정적인 매출처를 확보하였다. 정몽구·정의선 부
자는 당시 50억 원을 투자해(총 50만600주, 주당 5,000원) 글로비스를 설립하
고 정몽구 회장 40%, 정의선 사장 60%의 지분을 보유하게 된다.[40] 2005년

[39] 1997년 말 현대상선의 내부매출 비중은 18.9% 정도였으며, 매출 거래 대상도 현대자동차뿐만
아니라 현대정유 등이 포함되어 있었다.

말 현재는 정몽구 회장 28.12%, 정의선 31.88% 등 총수 일가 지분 총 60%
의 지분구조가 형성되어 있다.

글로비스는 설립 첫해에 65억2,100만 원의 당기순이익을 올린 데 이어
3년 만인 2004년에는 총매출 9,027억5,000만 원, 당기순이익 696억 4,900
만 원을 달성하는 급성장을 하는데 여기에는 현대자동차그룹 계열사의 역
할이 컸다. 즉, 2005년 말 글로비스의 그룹 내 계열사 매출은 1조3,150억
원으로 전체 매출의 85.3%에 이른다. 물론 설립 초기인 2001년과 2002년
에는 동 비중이 92%를 웃돌 정도로 비중이 높았다(〈표 4-9〉 참조).

뿐만 아니라 배당과 주식 매각 그리고 기업 상장을 통한 편취 이익도 상
당한 액수에 달한다. 정몽구 회장과 정의선 사장은 글로비스를 통해 배당
수익으로만 2004년까지 각 55억8,200만 원, 77억9,300만 원을 얻었고, 이
어 2004년 11월 정몽구 회장과 정의선 사장의 보유 지분 4.85%, 20.15%,
총 25.00%의 지분을 노르웨이 해운업체인 빌헬름센Wilh. Wilhelmsen ASA에 매
각해, 약 1,000억 원 이상의 매각 대금을 취득했다. 이후 글로비스 주식이
2006년 1월 거래소 시장에 상장[41]됨으로써, 정몽구 회장과 정의선 사장은
각 4,000억 원대의 장부상 평가이익을 거두었으며, 정의선 사장 보유 지분
의 가치만 1조 원이 넘는 것으로 평가되고 있다(참여연대 2006). 물론 계열사
간 밀어주기 방식에 의한 이익 편취는 글로비스뿐만이 아니다. 엠코(정몽구
10.0%, 정의선 25.06%), 오토에버시스템즈(정몽구 10.0%, 정의선 20.01%)등의

---

[40] 이후 글로비스는 2002년 7월 499,400주의 유상증자를 실시했으며, 이 역시 정몽구 회장과 정
의선 사장이 발행가격 5,000원에 지분 비율대로 인수했다.

[41] 2005년인 12월 거래소 상장 당시 1주당 가격은 6만9,000원으로 형성됐다.

계열사는 매출액의 99%를, 위스코(정의선 57.87%)는 매출액의 59.3%를 그룹 내 계열사로부터 올린 것이다.

계열사 간 내부거래를 통한 몰아주기와 높은 단가 설정을 통한 회사 기회의 편취는 그 자체로도 문제지만, 이것이 중견기업으로 성장하려는 기존 독립 부품업체들의 성장과 발전을 가로막는 부정적인 효과에도 주목할 필요가 있다. 현대자동차재벌은 부품 조달체계를 계열사 위주로 전환한 후, 동일 부품을 계열회사에도 발주함으로써, 독립업체를 불공정한 경쟁관계에 놓이게 했을 뿐만 아니라, 부당한 단가 인하 압력을 어쩔 수 없이 수용하도록 강제하였다. 이것은 결국 수직적 하도급구조를 수평적 협력구조로 전환해 대기업과 중소기업 간 동반자적 협력관계를 형성해야 할 책임은 물론 자동차산업 발전의 핵심적 역할을 해야 할 대기업으로서 책임을 회피하는 것이다(이상호 2006).

4. 금융지주회사 전환 가능성 : 삼성재벌의 금융지주회사화?

1) 금융지주회사 현황

우리나라의 금융지주회사법이 제정된 것은 2000년 10월이었다. 이 법에 근거해 2001년 4월 2일 4개 은행과 하나로종합금융이 통합해 우리금융지주(주)라는 최초의 금융지주회사가 설립되었고, 그 후 2006년 8월 말까지 총 31개의 지주회사 중에서 네 개가 금융지주회사다. 네 개의 금융지주

표 4-11 금융지주회사의 자회사·손자회사 지분율 증감 추이(2004~06년) 〈단위 : %〉

구분		2004	2005	2006
자회사	상장	64.6	54.5	73.1
	비상장	79.2	91.7	94.0
손자회사	상장	-	-	62.4
	비상장	71.4	65.6	71.9

출처 : 공정거래위원회.

회사[42]는 모두 45개의 자회사(손자회사 포함)를 소유하고 있는데, 이를 좀 더 세분해 보면 자회사는 29개사(상장 4개사, 비상장 25개사)로 지주회사별 평균 7.25개사를 보유하고 있고, 손자회사는 총 16개사(상장 1개사, 비상장 15개사)로 지주회사별 평균 4개사를 보유하고 있다.

한편 금융지주회사의 자산총액 중 자회사 주식가 합계액이 차지하는 비율(지주 비율)은 평균 91.0%(2003년 82.4%)로 점차 상승하는 경향을 보이고 있다. 이에 비해 금융지주회사의 부채비율은 평균 20.1%로 나타났다.

2006년 금융지주회사의 자회사에 대한 지분율은 평균 91.1%이고(상장 자회사 평균 73.1%, 비상장 자회사 평균 94.0%), 금융지주회사 자회사의 손자회사에 대한 지분율은 평균 71.3%였다(상장 손자회사(하나증권) 62.4%, 비상장 자회사 평균 71.9%).

〈그림 4-5〉는 전통적 비금융·보험업 분야의 재벌그룹에서 금융지주회사로 전환한 동원그룹의 지주회사인 한국투자금융지주(주)와 그 자회사 및

---

[42] 우리금융지주(주), (주)신한금융지주회사, 한국투자금융지주(주), (주)하나금융지주인데 한국투자금융지주만이 증권 중심의 금융지주회사이고, 나머지 3개는 모두 은행 중심 금융지주회사다.

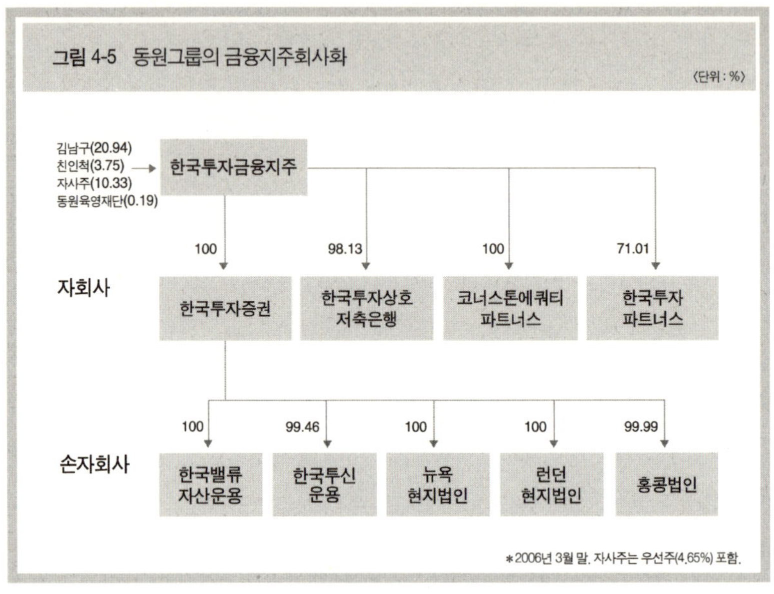

그림 4-5 동원그룹의 금융지주회사화

손자회사의 소유구조다. 금융지주회사인 한국투자금융지주(주)는 2002년 12월 30일에 금융지주회사 설립 예비인가를 취득해 구 동원산업(주)의 기업분할(인적분할) 방식을 통해 2003년 1월 11일에 동원파이낸스(인가 후 동원금융지주(주))로 설립되었으며 2003년 5월 30일 본인가를 받아 국내 최초로 증권 중심의 금융지주회사가 되었다. 소유관계를 보면 특수관계인 김남구와 친인척의 24.69%와 기타 자사주를 합해 35.21%가 지배주주의 소유인데, 이 지주회사의 지주 비율은 79.24%로 다른 금융지주회사에 비해서는 낮은 편이다. 또한 부채비율도 33.39%를 기록하고 있다.

표 4-12 금융권별 그룹화 현황 〈단위 : 개, 억 원, %〉

		지주회사 방식	모자회사 방식	그룹 합계	전체
금융 기관 수	은행	6(33.3)	6(33.3)	12(66.7)	18(100.0)
	증권	5(12.5)	9(22.5)	14(35.0)	40(100.0)
	자산운용	4(8.7)	14(30.4)	18(39.1)	46(100.0)
	보험	3(11.5)	4(15.4)	7(26.9)	26(100.0)
자산 규모	은행	4,112,303(34.6)	6,184,782(52.0)	10,297,085(86.6)	11,884,599(100.0)
	증권	192,720(31.4)	162,907(26.5)	355,627(57.9)	614,286(100.0)
	자산운용	2,684(15.9)	6,675(39.4)	9,359(55.4)	16,891(100.0)
	보험	49,864(2.1)	395,808(17.0)	445,672(19.1)	2,329,510(100.0)

출처 : 박형근(2006).

2) 금융산업 정책으로서 금융지주회사

금융지주회사법 제1조에 따르면 금융지주회사는 "금융지주회사의 설립을 촉진하고 금융지주회사와 그 자회사의 건전한 경영을 도모함으로써 금융산업의 경쟁력을 높이고 국민경제의 건전한 발전에 이바지함을 목적으로 한다"고 규정하고 있다. '건전한 경영'이 무엇인지 다소 애매하지만 금융지주회사제도는 금융의 겸업화, 대형화를 통해 금융산업의 경쟁력을 높이는 산업 정책으로서 중요한 의미가 있다. 그러나 금융산업 정책으로서 현재의 금융지주회사화는 크게 성공을 거두지 못하고 있다. 〈표 4-12〉에서 알 수 있듯이 이른바 금융그룹화는 주로 은행 중심으로 나타나고 있으며, 증권업, 자산운용업, 그리고 보험업 등을 영위하는 금융기업의 그룹화 비율은 35% 전후에 머무르고 있다. 금융그룹화 방식으로 지주회사 형태를 택한 비율은 더욱 낮다. 은행업의 경우에만 지주회사 비율이 33.3%에 이를 뿐 증권과 자산운용, 보험 등의 지주회사 비율은 15%에도 미치지 못한다.

이는 지주회사를 통한 겸업화가 꼭 대형화를 의미하는 것은 아니며 더 정확하게는 금융그룹화 방식으로 이루어지지 않음을 보여 준다. 또한 겸업화·대형화를 위해 반드시 금융지주회사라는 형태를 만들어야 하는 것도 아님을 보여 주고 있다.

금융그룹화가 주로 은행 중심으로 이루어지는 것은 자본시장의 발달이 늦은 상황에서 은행 중심의 금융 체제 발전 역사 때문에 불가피한 것인지도 모른다. 또 보험, 증권 등 제2금융권 금융회사 입장에서는 과도한 진입 제한 때문에 금융지주회사의 설립 및 전환 자체를 적극적으로 모색할 수 없다는 한계도 존재한다. 그러나 직접금융시장이 발달하고 자본시장이 형성·발전하면서 은행을 중심으로 하는 금융지주회사 전략은 근본적인 한계를 가질 수밖에 없다. 겸업화 등을 추진하면서 은행은 업무 영역을 확대해 가고 있지만 비은행 부문의 사업 현황과 실적은 여전히 낮은 수준에 머물고 있다(김성희 2006). 결국 금융지주회사 형태의 금융그룹화는 일부 기업들이 새롭게 그룹화하는 형태에 불과했다. 따라서 금융지주회사화는 겸업화를 통한 대형화 유도라는 정책적 목표도 달성하지 못하고 있는 실정이다.

3) 금융지주회사의 의의 : 금융과 산업의 분리

실제로 현재의 금융지주회사제도는 금융산업의 발전 정도나 법·제도적 측면의 제약 때문에 산업 경쟁력을 강화한다는 산업 정책, 즉 금융산업 육성이라는 차원보다는 오히려 재벌 혹은 대기업집단에 대한 규제의 성격이 강하다고 할 수 있다. 즉, 일반지주회사와 마찬가지로 금융지주회사 역시 금융회사를 통한 계열사 지배와 총수 지배력의 확대를 방지한다는 기업지배구조 개선을 목표로 하고 있는 것이다. 이러한 목적을 달성하기 위한 금융지주회사 규제의 핵심은 '금융과 산업의 분리' 원칙이다. 이와 같은 금산분리는 현행 지주회사법에 의해서도 규제되고 있는데, 이에 따르면 지주회사의 자회사는 금융·보험회사를 손자회사로 둘 수 없도록 되어 있다. 또 금융지주회사법에 따르면 동일인은 원칙적으로 은행지주회사의 의결권 있는 발행주식 총수의 10%까지 주식을 보유할 수 있지만(법 제8조 제1항 참조) 비금융주력자(이에는 공정거래법 제14조의 2의 규정에 의해 상호출자제한 기업집단 등에서 제외되어 비금융주력자에 해당하지 아니하게 된 자로서 그 제외된 날로부터 3월이[43] 경과하지 아니한 자도 포함된다)는 은행지주회사의 의결권 있는 발행주식 총수의 4%를 초과해 은행지주회사의 주식을 보유할 수 없도록 하고(법 제8조의 2 제1항 참조), 금융자회사와 비금융자회사의 주식을 동시에 보유하는 것을 금지(법 제44조 제1항, 공정거래법 제8조의 2 제1항 제4호 각 참조)함으로써 금융기관의 사금고화 내지 금융기관을 이용한 경제력 확대를 방지한다는 정책적 고려를 반영하고 있다.

이와 같은 규정에도 불구하고 현재의 지주회사법과 금융지주회사법은 재벌그룹의 금융계열사 지배를 막을 수 없다는 한계를 가지고 있다. 예를 들면 LG재벌은 지주회사로 전환하면서 지주회사법에 따라 LG투자증권, LG카드, LG캐피탈 등 금융계열사를 지주회사인 (주)LG 산하에 편입하지 않았다. 그 대신 이들을 구본무 가족의 직접적인 소유·통제하에 두었다. 결국 구본무 가족은 한편에선 (주)LG를 통해 간접적으로 자회사들을 지배하

---

43 금융지주회사법 제정 당시에는 대규모기업집단에서 계열 분리된 금융전업가인 경우에는 계열 분리 후 5년경과 시에만 은행지주회사의 설립이 허용되었다(2002년 4월 27일, 법률 제6692호로 개정되기 이전의 법 제11조 제2항 제3호 참조).

표 4-13 계열 금융보험사가 출자하고 있는 주력회사 현황(2005년 4월)　(단위 : %)

기업집단	피출자회사(출자회사, 보통주 기준)
삼성	에버랜드(삼성카드 25.64)
	삼성전자(삼성생명 7.23, 삼성화재 1.26)
	삼성물산(삼성생명 4.80, 삼성투신 0.10)
SK	SK(SK생명 0.47)
	SK텔레콤(SK생명 0.01)
한화	한화(한화증권 4.94)
동부	동부건설(동부생명 9.46, 동부화재 13.73)
동양	동양레저(동양캐피탈 35.00), 동양메이저(동양생명 1.63)
태광산업	태광산업(흥국생명 9.99)

자료 : 공정거래위원회(2005c).

고, 다른 한편에선 직접적으로 금융계열사들을 지배하고 있다. 동원그룹도 금융과 비금융 부문 지주회사를 별도 설립하고, 이들을 계열 분리함으로써 동일 재벌이 금융과 비금융 부문을 동시에 지배하고 있다. 이는 결국 금융지주회사법만으로는 재벌의 금융계열사를 이용한 경제력 집중을 억제하려는 목표도 달성하기 어려움을 의미한다. 다만 현재의 금융지주회사법으로는 지주회사 산하의 일반 자회사와 금융계열사 사이의 상호 소유관계 해소 등 금융과 산업 간 방화벽을 만들 수 있다는 장점이 있다.

또한 금융계열사를 이용해 지배력을 유지할 수 있는 환경이 바뀌지 않는 한 금융지주회사를 설립할 유인도 크지 않을 것이다. 특히 금융보험사가 계열사 주식을 보유하고 있는 대부분의 재벌은 금융보험사가 주력회사의 지분을 보유하고 있고(〈표 4-13〉), 이 주력회사들이 다시 계열사에 출자하고 있는 구조를 취하고 있어 금융계열사가 지배구조의 중요한 축을 형성하고 있다. 뿐만 아니라 금융계열사가 그룹 내 부실한 계열사를 부당하게 지원함으로써 금융과 산업의 방화벽을 무의미하게 만들고 이는 결국 금융

지원주체 →지원객체	4대 재벌 전체		현대그룹		삼성그룹		SK그룹		LG그룹	
	지원성 거래 규모	구성비	지원성 거래 규모	구성비	지원성 거래 규모	구성비	지원성 거래 규모	구성비	지원성 거래 규모	구성비
금융→금융	3369.1	37.9	2993.7	64.3	251.9	34.5	124.3	11.1	0	0
금융→비금융	1490.8	16.8	1021.2	21.9	381.7	52.2	87.9	7.9	0	0
소계	4860.7	54.7	4014.9	86.2	633.7	86.7	212.2	19.0	0	0
비금융→금융	1600.5	18.0	48.5	1.0	0	0	242.8	21.7	1309.1	55.1
비금융→비금융	2419.5	27.2	595.5	12.8	97.1	13.3	661.4	59.2	1065.5	44.9
총계	8880.8	100.0	4658.9	13.8	730.8	100.0	1116.4	100.0	2374.6	100.0

출처 : 공정거래위원회, 최한수(2005).

시장의 불안정성을 초래할 가능성을 높이고 있다.

〈표 4-14〉에서도 잘 나타나 있듯이 우리나라 4대 재벌의 부당지원행위 지원 주체 중 금융기관이 계열회사(비금융, 금융회사 포함)를 지원한 거래 규모는 약 4조8,607억 원이고 이는 전체 부당지원행위 규모의 54.7%에 해당한다. 이를 재벌별로 구분해 보면, 현대의 지원성 거래 규모가 4조149억 원으로 가장 많고, 삼성은 6,337억 원, SK는 2,122억 원 순이다. 구성 비율로만 보면 삼성이 86.7%로 가장 높고, 현대가 86.2%, SK 재벌은 19%다.

이런 측면에서 정부는 1997년 금산법을 도입해 처음으로 금융자본과 산업자본의 분리 원칙, 즉 금융자본과 산업자본이 서로 일정 지분 이상을 소유하지 못하도록 하는 원칙을 마련했다. 현행 금산법은 금융회사가 다른 회사의 의결권 있는 주식을 단독으로 20% 이상 소유하거나 계열사들과 함께 5% 이상 지분을 갖고 사실상 지배권을 행사하려면 금융감독위원회의 승인을 받도록 하고 있다.

그러나 이러한 규정에도 불구하고 일부 재벌은 금융감독위원회의 승인

표 4-15 금산법 24조를 위반한 금융기관(2004년 12월 기준)

금융회사	주식 보유 대상 기관	취득 일자	보유 규모(%)	취득 경위 (지분 취득 인지,감자 인지 등)
현대캐피탈	기아자동차	1999.3.30~2004.5.28	6.82	지분인수 및 유상감자
	INI스틸	2003.12.31~2004.6.30	5.90	유상감자
쌍용캐피탈	아시아신용정보	2003.3.30	15.61	지분 취득
동부생명	동부건설	1997.3.24~2001.5.10	9.46	지분 취득
흥국생명	태광산업	1997.10.16	9.99	자산운용 목적
삼성생명	호텔신라	1998.10.24~1999.8.27	7.30	지분 취득
그린화재해상보험	극동유화	2003.07.28	14.89	유상증자 참여
동부화재	아남 반도체	2002.7.25	8.07	지분 취득
	동부건설	2001.3.26	13.7	지분 취득
	동부제강	2001.5.11	7.7	지분 취득
동양종합금융증권	타이젬	2000.5	9.90	동양메이저의 합병에 따른 지분 취득
대우증권	델타정보통신	2002.8	68.10	구상권 행사(계좌 도용사고 처리과정에서 주식 취득)

출처 : 금융감독위원회가 2005년 박영선 의원에게 제출한 자료.

을 받지 않고 금산법 한도를 초과해 다른 회사 주식을 소유함으로써 금산법을 위반했다. 대표적인 예가 바로 삼성카드의 에버랜드 지분 초과소유나 동부생명 및 동부화재의 아남반도체 지분 초과소유다.[44] 그 밖에 금산법 한도를 초과해 다른 회사의 주식을 소유한 사례는 〈표 4-15〉와 같다.

　이와 같은 사례들은 결국 현재의 금융지주회사법만으로는 금융과 산업

[44] 2003년 7월 3일 금융감독위원회는 동부화재와 동부생명이 2002년 7월 인수한 아남반도체의 지분 600억 원(9.68%) 중 5% 초과분을 매각할 것을 명령하고 회사에 대해 기관 문책경고, 대표이사에 대해 주의적 경고 조치를 내렸다. 금산법 제24조에 정한 "동일계열 금융기관이 속하는 기업집단이 당해 회사를 사실상 지배하는 것으로 인정되는 경우"의 전형적인 예이다. 이에 따라 동부화재와 동부생명은 2005년 4월까지 5%를 초과하는 나머지 지분을 매각한 바 있다. 금융감독위원회의 이런 결정은 1997년 제정된 금산법의 제재 규정을 처음 발동한 사례로 금융감독 당국이 금융계열사를 통한 계열사 확장에 제동을 건 첫 번째 사례이다(최한수 2005).

의 분리라는 원칙을 지키는 것이 불가능하다는 것을 뜻하며, 따라서 금산법과 같은 별도의 규제법을 더욱 강화할 필요가 있다는 것을 반증해 준다.

4) 삼성재벌의 금융지주회사 전환 가능성

삼성재벌의 경우에 금융계열사의 그룹 내 역할은 훨씬 더 막중하다. 삼성의 금융계열사들은 부실 덩어리 삼성자동차에 대한 지원[45]에 동원되었을 뿐만 아니라 이재용의 인터넷 사업 실패로 인한 손실을 분담함으로써 총수의 지배력을 유지하는 데 있어서 중요한 역할을 하고 있다. 달리 말해서 삼성재벌의 금융계열사는 그룹의 지배구조 및 경영권 승계 구도에서 핵심 고리에 있다는 것이다.

〈표 4-16〉은 금융보험계열사의 출자액 변동을 보여 주는 것으로 삼성의 금융보험계열사들은 약 6조 원에 이르는 금액을 다른 계열사의 출자에 동원하고 있고, 1997년의 1조 원보다 크게 증가해 왔음을 알 수 있다. 이들 금융보험사 출자액을 지분으로 계산하면 약 7.2% 정도에 이른다.

따라서 삼성재벌에게는 공정거래법 제11조(계열금융기관의 의결권 제한),

---

45 삼성생명의 삼성자동차에 대한 총 대출 5,400억 원은 전부 담보 없이 제공된 신용대출이었으며, 그 중 4,200억 원은 사업 전망이 불투명한 상태에서 적절한 채권 보전조치 없이 행해진 신용대출이었다. 더 심각한 것은 삼성자동차에 대한 빅딜 결정 이후에 이루어진 1,500억 원의 대출은 대출금 회수가 불가능할 것이라는 점을 알면서 행해진 신용대출이었다는 점이다. 이 5,400억 원은 2000년 7월 21일 부산지법 삼성자동차에 대한 회사정리계획 인가 당시 회사 정리 절차에 따라 전액 상각되었다. 삼성캐피탈(주) 및 삼성카드(주) 역시 어음할인 방식으로 삼성자동차에 각각 1,000억 원을 지원했다(최한수 2005).

연말 기준	자본 총계	삼성 생명	삼성 화재	삼성 카드	삼성 할부 금융	삼성 증권	삼성 투신 증권	삼성 투신 운용	삼성 생명 투신	삼성 벤처 투자	금융보 험사(피) 출자 합	비중
1997	14,696	854.4	168.1	5.5	4.7	5.9					1,038.7	7.07
1998	19,462	1,205.4	198.0	55.7	35.2	22.3	33.4	4.4	4.6		1,559.0	8.01
1999	33,354	1,641.5	252.6	132.2	104.7	40.2	39.8	3.4			2,214.3	6.64
2000	38,326	1,683.8	267.0	178.0	149.6	68.4		4.8			2,351.6	6.14
2001	47,116	2,067.9	327.5	264.1	190.2	95.9		1.3			2,946.9	6.25
2002	54,923	2,413.5	423.4	338.3	231.5	113.1		5.7			3,525.5	6.42
2003	64,221	2,944.9	495.8	782.6		121.0		3.9		1.0	4,349.1	6.77
2004	75,392	3,876.0	569.1	777.8		142.2		2.9		1.1	5,369.1	7.12
2005	81,856	4,316.5	654.2	767.5		157.5					5,895.7	7.20

출처 : 송원근·이상호(2005).

금융산업개선에 관한 법률 제24조(동일계열 금융기관의 다른 회사 주식 소유 제한), 금융지주회사법 등 산업자본과 금융자본의 분리 원칙과 관련된 각종 법률에 사활적 이해관계를 가질 수밖에 없다.

삼성재벌은 적대적 인수합병을 이유로 공정거래법에 대해 헌법소원을 제기한 바 있고, 2005년의 금산법 개정 및 2006년 하반기 재개정 관련 논란도 따지고 보면 삼성재벌과 관련된 사안임은 주지의 사실이다. 2005년의 금산법 개정은 2003년 말 삼성카드가 삼성캐피탈을 합병하면서 에버랜드 지분이 14.0%에서 삼성캐피탈이 보유하고 있던 에버랜드 지분 11.64%를 합쳐 25.64%로 늘면서부터 시작되었다. 금산법 제24조에 따르면 삼성생명이나 삼성카드는 같은 소속의 비금융계열회사인 삼성전자나 에버랜드 주식을 5% 이상 가질 수 없도록 하고 있다. 아울러 다른 회사의 의결권 주식을 20% 이상 소유할 경우에도 역시 승인을 얻게 돼 있다.[46] 그런데 이 과정에서 삼성카드가 삼성캐피탈을 합병하면서 지분 취득인가를 받았는지가 논란이 되었다. 이 문제에 대한 원칙적이고 법리적인 해결은 초과 지분에 해당하는 만큼을 매각하는 것이었으나 재정경제부는 2005년 7월 금산법 24조 위반 기업에 대한 제재 조치를 도입하며 삼성생명의 의결권을 인정하고, 삼성카드의 5% 초과분에 대해서는 의결권을 제한하는 부칙 조항을 넣는 것으로 법을 개정했다.

그러나 삼성카드가 보유한 에버랜드 초과지분 20.64%는 의결권 제한을 해도 삼성의 지배구조에 영향을 미치지 않는다. 에버랜드 지분의 94.48%를 이건희 등 특수관계인이 소유하고 있기 때문이다. 반면 삼성생명이 소유한 삼성전자의 초과 지분(2006년 3월 말 2.21%)에 대한 의결권 제한은 삼성으로서는 받아들일 수 없는 크기다. 삼성이 삼성전자에 대한 적대적 인수합병 위협을 이유로 헌법소원을 제기한 공정거래법상의 금융계열사 의결권 제한(법 제11조; 현행 30%에서 매년 5%씩 3년에 걸쳐 15%로 축소) 내용과 삼성전자의 내부지분율 0.27%를 비교해 볼 때, 이 초과 지분에 대한 의결권 제한이 삼성전자의 지배구조에 미칠 영향력이 어느 정도일지를 가늠해 볼 수 있을 것이다.

2006년 말 국회를 통과한 금산법 개정안[47]에 따르면 삼성그룹은 지배구

---

[46] 1996년 금산법 제정 당시 국회 재경위 속기록에 따르면, 정부와 국회는 금산법 24조의 입법취지가 "현행 금융관계법에서는 금융기관별로 자산운용의 건전성을 위해 타사주식 취득한도를 두고 있으나, 동일계열 금융기관이 연합해 타 회사를 실질적으로 지배하고자 하는 경우 이에 대한 규제장치가 결여되어 있으므로, 개정안에서는 동일계열 금융기관이 타 회사를 실질적으로 지배하려는 관계가 형성되는 경우에 이를 제한함으로써 '금융의 산업자본 지배가능성을 방지'"하고자 하는 것이라고 명확히 밝히고 있다(1996.12.13. 국회 재경위 18차 전체회의 속기록)

[47] 이 개정으로 1997년 3월 이후 취득한 삼성카드의 초과분 20.64%에 대해서는 즉시 의결권 행사를 제한하고 5년 이내에 자발적으로 처분하며, 삼성생명의 삼성전자 초과 보유 지분(2.26%)은 2년의 유예기간을 거쳐 의결권 제한조치를 받게 된다. 이 안은 2006년 2월 국회 재경위 심사를 거

조의 핵심 고리를 이루는 금융계열사들의 지분을 일정 기간 내에 처분하거나, 의결권 행사에 제한을 받게 된다. 따라서 삼성의 소유·지배 구조에 일대 변화가 불가피할 전망이다.

이러한 상황 이외에도 삼성재벌의 소유지배구조에 영향을 줄 수 있는 것으로 지주회사 관련 규정이 있다. 삼성은 이미 삼성에버랜드의 삼성생명 주식가액 합계가 에버랜드의 자산 총액의 50%를 초과해 원치 않는 금융지주회사를 가지게 될 뻔한 적이 있다. 이 문제에 대해서도 정부는 에버랜드의 삼성생명 주식 가치를 원가법으로 적용하는 것을 허용함으로써 에버랜드를 금융지주회사로 규정하지 않았다. 그러나 삼성생명 보유 주식을 실질 가치로 계상하는 지분법을 적용하면 동 금액이 에버랜드 자산의 50%를 넘어 에버랜드가 금융지주회사가 되는 것이다. 이럴 경우 삼성생명은 금융지주회사 에버랜드의 자회사가 되고, 삼성생명이 보유한 비금융 계열사 주식을 모두 처분해야 하기 때문에 삼성전자로 이어지는 순환출자의 고리도 끊어지게 된다.

이러한 조치들이 현실적으로 적용될 것인가에 대해서는 회의적이긴 하지만, 삼성재벌이 만약 금융지주회사를 만든다면 에버랜드를 지주회사로 하기보다는 삼성생명을 금융 부분으로 분리하는 형태를 취하게 될 것이다.[48] 확인되지 않았지만 삼성재벌은 2002년 말~2003년 초 LG재벌과 같은

처 법사위로 회부됐으나, 법사위 법안심사소위에서 심의 안건으로 상정되지 않는 등 우여곡절을 거쳐 12월에야 국회 본회의를 통과하였다.

[48] 강철규 공정거래위원장은 2005년 9월 국내 인터넷신문과 한 인터뷰에서 "(삼성) 전체가 하나의 지주회사로 가기는 어렵겠지만, 분야별로 지주회사를 만드는 등 여러 아이디어가 있을 것"이라며 "금융이나 전자 소그룹 등으로 (분리해서) 갈 수도 있을 것"이라고 말한 바 있다. 그러나 이에 대해 삼성 측은 전자와 금융 둘 중의 하나를 포기하라는 것이라면서 매우 부정적인 입장을 취하고

지주회사 체제를 대안으로 생각한 적이 있고, 또 스웨덴의 발렌베리그룹 등 외국 기업들의 소유·경영 실태를 세밀하게 연구한 것으로 알려졌다.[49] 그러나 현재 삼성재벌로서는 이러한 대안은 쉽지 않은 상황이다. 현재 상황에서는 금융·산업자본의 분리 원칙과 금융지주회사법에 따라 삼성전자와 삼성생명을 두 축으로 해서 그룹을 두 부문으로 나누고 이건희를 포함한 일가는 둘 중 하나를 선택해야 하기 때문이다. 총수 일가가 삼성생명 지분 등을 팔아 삼성전자 그룹으로 집중시키더라도 안정적인 지분을 확보하기는 어렵다. 삼성전자 지분의 20%를 확보하려면 대략 17조 원(1주당 50만 원 기준)이 필요하다. 삼성생명을 중심으로 금융지주회사를 만들고 이를 통해 은행을 소유하는 방안도 있을 수 있지만 이 방법 역시 삼성전자 등 '세계 1등 기업'을 포기할 때라야만 가능한 방법이다.

있는 것으로 알려졌다(『오마이뉴스』 2005/09/09).

[49] 삼성은 인베스트AB라는 지주회사를 통해 계열사를 지배하고 있는 발렌베리 등 스웨덴식 기업 지배구조에 많은 관심을 보여왔다. '발렌베리는 삼성의 미래'라는 저널리즘적 논의에도 불구하고 발렌베리그룹을 삼성이 지향하는 기업 지배구조모델로 보기에는 문제가 많다. 현실적으로 발렌베리는 지주회사를 통해 기업 지배구조가 형성되어 있고, 발렌베리에 속한 기업들의 기업 경영 방식을 보더라도 삼성의 계열사들과는 전혀 다르다(『한겨레21』 2005/09/13).

제5장

기업 지배구조 대안 모색을 향해

1. 주주자본주의 기업지배모델을 넘어서

2. 노사 대타협과 새로운 자본주의모델

3. 사회책임경영과 새로운 기업모델의 한계

4. 재벌 체제 대안으로서 벤처기업 체제의 역기능

5. 대안적 기업 시스템 형성과 정부의 역할

6. 결론

1. 주주자본주의 기업지배모델을 넘어서

1) 주주자본주의에 대한 비관론과 낙관론

1997년 외환금융위기는 재벌 체제에 내재한 전근대적 요소를 개혁할 수 있는 하나의 결정적인 계기였음은 비교적 분명하다. 그리고 자의든 타의든 기업 개혁모델은 주주 이익 극대화를 규범으로 하는 영미식 주주자본주의 모델이었다. 이 모델은 신자유주의의 핵심 특징인 금융유동성financial liquidity 과 시장 논리가 기업을 규율하는 시스템을 지향했다. 이 시스템의 도입으로 그동안 왜곡된 지배구조하에서 만연된 재벌 총수의 전횡을 억제하고 기업 경영투명성을 제고시키는 긍정적 효과를 볼 수 있을 것으로 기대했다. 실제로 외환금융위기 이후 대우 등 다수의 재벌이 몰락하고, 영미식 자본주의가 도입되면서 자본시장이 기업을 규율하는 변화를 겪었다. 그 결과 기업 경영에 커다란 변화가 생겼다. 경영이 부실한 기업들은 경영권의 위협에 노출되었고, 기업 경영에 대한 주주들의 압력은 경영자들로 하여금 자사주 매입 등을 통해 주가를 높임으로써 주주 가치 극대화 경영을 유도하는 효과를 발휘했다.

그런데 이러한 기업 시스템 혹은 경제 시스템의 변화, 즉 기업의 주주 가치 경영의 본질과 그것이 낳은 결과를 어떻게 해석할 것인가에 대해서는 관점의 차이가 존재한다. 이 차이는 새로운 자본주의 발전모델을 형성하는 과정에서 주주자본주의가 어떤 역할을 할 수 있을 것인가에 대한 견해 차이와도 연관되어 있다. 외환금융위기 이후 확산되고 있는 주주자본주의의 폐해에 주목하는 관점은 기업의 주주 가치 경영이 설비투자나 연구개발투자 위축 등 보수적인 기업 경영을 촉발했고, 주주들이 기업의 장기 이익보다는 단기 이익만을 추구하도록 기업을 압박했다고 주장한다. 그래서 기업들은 자사주 매입 등과 같은 단기 조치를 통해 경영권을 방어하고 주가를 높이려는 활동에 주력했다는 것이다. 그 결과 기업들은 시설 투자와 임금 비용을 줄임으로써 경제 전반의 저성장과 노동시장 유연화에 따른 고용 불안을 촉발했다는 것이다. 고용 불안에 의한 내수시장 침체와 저소비의 지속은 저성장 – 양극화 – 저소비 – 내수 침체 등으로 이어지는 악순환을 되풀이하는 요인이 되었다는 것이다(장하준·정승일 2005). 이러한 논의들에 따르면 우리 경제가 고투자·고성장의 길로 다시 진입하려면 재벌에 대한 각종 지배구조 관련 규제를 풀어줌으로써 기업이 과감하게 투자할 수 있도록 해야 한다고 주장한다.

그러나 다른 한편에서는 이러한 주장들이 주주자본주의에 대한 오해에서 비롯되었다고 비판하면서, 주주자본주의 기업 경영은 주주의 이익을 실질적으로 보장하며, 그렇지 못한 기업은 적대적 인수합병을 통해 시장에서 퇴출하게 하는 긍정성이 더 많다고 주장한다. 나아가 기업가치 극대화를 위한 경영은 기업경쟁력은 물론, 국가경쟁력을 높일 수 있다고 한다. 물론 이러한 생각은 주주자본주의의 핵심이라 할 수 있는, 단기 성과에 집착하지 않고 헌신적 투자자로서 기업의 지속 가능한 성과를 위해 다른 이해당사자들의 이익까지도 챙길 수 있는 그런 주주들에게 기업의 의사 결정권이 집중되는 상황을 전제로 한 것이다(김우찬 2006). 그런데 문제는 주주자본주의가 잘 발달했다는 영미 국가들에서조차 그러한 주주들이 실제로 얼마나 될 것인가 하는 것이다. 이와 같은 의문에 대하여 주주자본주의 기업모델의 주창자들은 1990년대 이후 급성장하고 있는 연기금 등 대형 기관투자가들의 '장기' 주주로서의 역할에 주목한다. 즉, 이들 장기 주주들은 개별 기업에 대해 상당한 지분을 장기간 보유하면서, 이를 바탕으로 경영진에게 지배구조 개선과 사회적 책임 수행을 요구할 수 있다는 것이다. 장기 주주로서 기관투자가들의 역할이 커지고 이를 통해 자본주의 경제가 성장을 지속하는 21세기 자본주의를 가리켜 투자가자본주의investor capitalism라는 표현도 등장했다(Hawley & Williams 2000; Useem 1996). 또한 경영권 방어에 관해서도, 적대적 인수합병 위협이 없으면 지배주주나 경영자는 기업가치 극대화를 위해 최선을 다하기보다는 기업을 방만하게 운영하거나 자신의 사적 이익을 추구하게 될 것이라고 주장한다. 이사회에서 축출될 위기에 처해 있는 경영자라면 기업가치 극대화를 위해 최선을 다할 것이고, 높아진 기업가치는 인수 가격을 높여 결국 적대적 인수합병 시도를 무산시킬 수도 있다. 이처럼 주주 가치 경영은 경영권을 위태롭게 하기보다는 오히려 경영권을 방어할 수 있는 경영 방식이라는 것이다.

2) 주주자본주의 기업모델과 그 폐해

주주자본주의에 대한 이러한 비관론과 낙관론은 결국 주주자본주의 기업모델에 대한 인식 차에서 기인한다. 주주이익 중심의 기업모델을 "주주들만의 이익을 고려하는 기업모델이 아니라 회사에 대한 궁극적인 지배권을 주주들이 가지는" 모델로 보는 견해도 있다(Hansmann & Kraakman 2001). 즉, 경영자가 주주의 이익을 위해 회사를 경영해야 할 의무를 지며, 회사의 채권자, 종업원, 고객 등은 회사 지배구조 참여를 통해서가 아니라, 계약이나 법률적 규제에 의해 자신들의 이익을 보호받는다는 것이다. 소수주주들은 지배주주들의 행동으로부터 강력한 보호를 받아야 하고 회사 주식의 시장가격은 주주의 이익을 측정할 수 있는 일차적인 수단이다. 또 주식시장이 발달하면 경영자 능력을 반영하는 지표인 주가 상승·하락에 따라 경영자의 유임과 퇴진 여부가 결정되거나 기업 인수합병이 가능해 질 것이다. 결국 주주자본주의 기업모델은 소수주주에 대한 보호와 이들의 기업지배에 대한 참여가 핵심이다.

이런 점에서 보면, 주주자본주의에 대한 비판은 주주 가치 경영의 폐해에만 주목하며, 소수주주의 보호와 참여라는 긍정성에는 인색함을 드러낸다. 특히 소수주주의 부가 총수 등 지배주주로 이전되는 회사법 체제하에서는 소수주주의 보호가 더욱 중요하다. 따라서 이 점을 고려하지 않은 채, 주주 가치 경영 때문에 경영권을 보호해야 한다고 주장하는 것은 재벌 옹호론의 다른 표현에 불과하다. 경영권 프리미엄이 높은 나라에서 소유집중 현상이 더 우세하다는 것을 규명한 벱척에 따르면 기업들은 경영권 보호장치를 마련함으로써 경영권의 이전을 어렵게 하고, 이를 통해 경영권 프리미엄을 높이려고 한다(Bebchuk 1999). 벱척은 경영권 프리미엄을 유지하려는 지배주주들은 자신이 가진 의결권 블록voting block의 프리미엄이 실현되지 않는 한, 주식을 매각하지 않을 것이며 그와 배치되는 어떠한 제도적 개혁에도 반대할 것이라고 예측한 바 있다. 물론 소유가 집중되어 있고 지배주주들이 경영권을 행사하는 기업이 지배구조 개혁에 항상 반대하는 것은 아니다. 효과적인 지배구조에서 비롯되는 회사 전체의 가치 상승이 충분히 클 것이라고 예상되는 경우, 이 가치 상승을 통해 얻을 수 있는 지배주주의 이익이 지배주주가 이기적인 결정을 내림으로써 얻을 수 있는 이익보다 클 경우 지배주주도 지배구조의 개선에 동의할 수 있을 것이다.[1] 따라서 총수 및 일가로 구성된 우리나라 재벌기업의 지배주주들이 기업 지배구조 개선에 저항하는 것은 자신들이 지배하는 기업의 경영권 프리미엄이 여전히 높다는 것을 의미한다. 이 경영권 프리미엄은 지분을 직접적으로 소유하고 있는 계열사뿐만 아니라 계열사 간 출자 등을 통해 간접적으로 확보하고 있는 다수 계열사에 대한 지배력을 원천으로 하고 있다. 따라서 주주 가치 경영으로 경영권 방어 비용이 높아져서 기업들이 투자할 수 없다거나, 차등의결권 등 경영권 보호를 위한 장치를 추가로 도입해야 한다는 주장은 총수 및 일가의 경영권 프리미엄을 존속하거나 더 강화해야 한다는 말과 동일한 주장이다.

주주 가치 경영이나 주주 중심의 지배구조가 총수 지배력을 정점으로 하는 우리나라 기업 지배구조 개혁의 한 준거점을 제공하고 있는 것은 분명하지만, 주주자본주의의 긍정성에 대한 강조는 주주자본주의에 대한 지나친 낙관론으로 연결되기 쉽다는 점에서 주주자본주의의 딜레마가 있다. 본래적인 의미에서 주주 가치 극대화 또는 주주 중시 기업모델은 기업 통제 방법으로 주주에 의한 이사회 통제가 가장 바람직하고 이사회의 규율기능을 극대화할 수 있다는 전제 아래서 이사회를 주주 이외의 다른 이해당사자들에게 개방해서는 안 된다고 주장한다. 다시 말해, 주주 중시 기업모델에서는 집행이사회든 감독이사회든 주주 이외에 다른 이해당사자, 즉 노동자 대표 등에 이사회를 개방한 스웨덴, 독일, 북유럽 등의 기업모델은 정

---

1 네노바(Tatiana Nenova)의 연구에 따르면, 우리나라 기업의 지배주주 경영권 프리미엄은 약 31~38%에 이른다. 같은 기준에 따르면 미국 기업의 경영권 프리미엄은 1~2%에 불과하다. 이는 바꾸어 표현하면 우리나라의 경우, 지배주주들이 회사 가치의 31~38%를 제외한 나머지 부분에서만 지분 비율에 의해 다른 주주들과 회사 가치를 공유하고 투자자들은 경영권이 없는 일반 주식에 대해서는 상응하는 비율의 할인율을 적용하고 있음을 의미한다. 이에 해당 회사의 지배구조가 모범적으로 정비되는 경우, 그 회사의 주가는 다른 요인과는 관계없이 회사 가치의 상승에 상응하는 비율로 상승하게 될 이론적 가능성이 있다(Nenova 2000; Kee-hong Bae et al. 2000).

당화될 수 없다. 일부에서는 1990년대 미국의 양호한 경제적 성과를 주주 중시 기업모델, 혹은 영미식 기업 시스템의 최종 승리로 이해하면서 회사법의 '역사적 종언'을 선언하기도 했다(Hansmann & Kraakman 2001). 또 전 세계적으로 자본주의가 1980년대 구조 재편을 통해 주주자본주의로 확립되는 과정을 보더라도 주주 가치 경영의 주된 공격 대상은 포드주의 경영자자본주의 아래에서 누렸던 노동자들의 기득권이었고(조영철 2001), 이러한 공격은 어느 정도 성공을 거두었다. 또한 이 공격은 실질적인 경영권을 장악하고 있던 경영자들의 자립적 지배와 그 결과 발생한 주주들의 지배 공백 상태에 대한 우려였다.[2]

그런데 문제는 기업 경영에 있어서 주주의 위상과 역할이다. 근대법적 소유 관념에 따르면 형식상 기업 소유주인 주주들은 '주주 가치 극대화'나 '금융 수익성 극대화'를 명분으로 시장에서 평가한 자본수익률을 초과하는 이득을 기업에 요구했다. 기업 이윤의 더 많은 부분을 배당으로 요구할 수 있게 된 주주들은 잔여청구권자의 지위에서 점차 특혜적인 채권자로 그 위상을 높였다. 또 유동적 주주는 언제든지 보유 주식을 처분함으로써 투자에 따른 위험을 전가하거나 회피할 수 있다. 게다가 자본시장의 유동화와 함께 노동시장의 유연성이 극단적으로 강화되면서 주주들은 기업의 또 다른 이해당사자인 종업원들에게 이 위험을 쉽게 전가할 수 있고, 따라서 종업원들의 위험부담은 더욱 커진다. 이런 점을 고려하면 주주만이 기업에서

---

2 주지하다시피 경영자의 자립적 지배는 주주들의 출자 행위와 지배권이 분리되면서 전통적 재산이 사채·주식 등 소극적 재산과 자본으로서 현실적으로 기능 하는 회사 자산인 적극적 재산으로 분화되면서부터 시작되었다. 이에 대응하여 기업지배에 있어 법률적인 재산의 논리와 경제학적인 이윤의 논리가 대립·모순관계를 갖게 되었다(Berle & Means 1932).

유일하게 위험을 부담하기 때문에 기업에 대한 통제권이 주주에게 부여되어야 한다는 논리는 상대화될 수밖에 없다. 더 중요한 문제는 이런 상황에서 주주에게만 통제권을 부여하면 필연적으로 기업의 통제와 감시에 구멍이 생긴다는 점이다. 이는 현대 주식회사가 가진 태생적 한계이다. 종업원 말고도 기업의 중요한 이해당사자들로 소비자, 하청업체, 지역사회, 채권자 등이 있지만 오로지 주주 가치 극대화만을 목표로 기업을 운영하면, 종업원 이외에 많은 다른 이해당사자들의 권리가 훼손되거나, 여러 이해가 충돌하면서 생기는 갈등을 조정하거나 해결할 수 없게 된다. 따라서 헌신적 투자자로서 장기 주주가 다른 이해당사자의 이익까지 고려하면서 기업 통제권을 행사할 수 있다는 생각은 주주자본주의의 외연을 너무 확대함으로써 금융유동성의 논리에 휘둘릴 수밖에 없는 주주자본주의의 역사적 본질을 왜곡하는 측면이 있다. 따라서 주주자본주의에 입각한 기업모델은 단기 수익성을 추구함으로써, 새로운 투자처를 찾지 못하는 기업의 장기 혁신투자를 저해할 뿐만 아니라 과거 높은 경제성장을 가능하게 했던 한국 경제의 중요한 제도적 특징을 파괴하는 부정적 영향을 미칠 수 있다.

3) 이해당사자 자본주의 기업모델과 그 한계

총수 중심의 전근대적 지배구조 개선에 있어서, 주주 중심의 기업모델이 가지는 긍정성을 살리고 이 모델이 가진 부작용을 피하는 동시에, 그 반대의 편향이라 할 수 있는 '사이비 민족주의'에 근거한 재벌옹호론으로 빠지지 않는 바람직한 지배구조 대안은 무엇일까? 그것은 아마도 주주만이 아니라 기업의 중요한 헌신투자자로서 노동자를 비롯한 다양한 이해당사자의 권리가 보장되고, 이를 기반으로 이들의 실질적인 경영 참여가 보장되는 지배구조에서 출발하지 않으면 안 된다.

"기업 혹은 기업조직의 목적에 영향을 주거나 반대로 영향을 받을 수 있는 이익집단"으로 정의(Freeman 2002)되는 이해당사자들이 중심이 되는 기업지배모델의 이론적인 논거는 다음과 같다. 첫째, 이해당사자 자본주의 기업모델은 무엇보다 주주의 배타적 소유권에 대해 의문을 제기한다. 즉, 법인 기업은 공적 책임을 지닌 사회적 제도(Driver & Tompson 2002)로서 주주로부터 독립하여 존재하는 자율적인 실체다. 특히 소유와 경영 혹은 통제의 분리로 인해 공개 기업은 특정인이나 집단의 소유 대상이라기보다는 회사 그 자체의 소유가 된다(Jansson 2005). 이는 주주에게 회사 재산의 어떤 부분에 대해서도 직접적인 소유권을 허용하지 않는다는 것을 의미한다(Ireland 1997). 주주는 단지 그들 주식에 대한 권리 즉, 기업이 창출한 잉여를 분배받을 권리를 가질 뿐이다.

둘째, 주주만이 기업 경영상의 위험을 진다는 것도 일면적이고 피상적인 주장이다. 공장 폐쇄, 기업 파산 등 기업의 생존과 관련한 문제들은 주주 못지않게 노동자, 채권자, 공급자, 고객, 지역 단체 등 기업의 다른 이해당사자들에게도 중요하다. 특히 인적자산과 같은 기업특수자산firm-specific asset에 대한 투자는 불가역적인 것들이 많아서 노동자가 감수해야 할 위험 역시 아주 크다. 이에 비해 주주는 시장의 유동성이 커지고 자산 다변화가 이루어지면서 분산 투자 등을 통해 위험을 얼마든지 회피할 수 있지만, 종업원 등 다른 이해당사자들은 그렇지 못하다. 더 근본적으로는 주주가 접할 수 있는 기업 내부 정보도 극히 제한적이기 때문에 기업의 핵심 역량과 가치를 제대로 평가할 수 없고, 따라서 투자 결정 등 기업의 주요 의사 결정 권한을 주주들에게만 주면 기업의 가치 창출 능력은 약화될 수밖에 없다.

이런 점에서 경영자는 주주에게뿐만 아니라 기업 내 여러 이해당사자와 수탁자적 관계를 맺고 이들에 대해 수탁자 책임을 지고 있다. 따라서 기업 경영자는 주주만이 아니라 기업 내 다양한 이해당사자의 이해를 잘 조정해야 한다(Freeman 2002). 왜냐하면, 기업이나 기업 경영자가 이해당사자의 이해를 전부 다 고려한다는 것은 현실적으로 쉽지 않기 때문이다. 이해당사자들의 다양한 이해관계를 극대화하려면 이들의 이해를 잘 조정하는 것이 반드시 필요하다.

셋째, 이해당사자 기업지배모델은 기업 의사 결정에서 이해당사자들의 참여와 이를 기반으로 한 경영 감시의 정당성을 강조한다. 이런 측면에서 이해당사자 경영은 기업 지배구조 장치 가운데 하나인 이사회가 어떻게 구성되는가가 중요하다. 즉, 주주가 아닌 임노동자로서 노동자에 대한 이사회 개방이 필요하다. 실제로 이해당사자 자본주의 기업모델이 보편화된 유럽 국가들은 다양한 수준에서 고용주와 노동자 사이의 합의에 기초해 이해당사자로서 노동자의 경영 참여가 활발하게 이루어지고 있다.

임노동자 이사의 존재는 노동자들의 일반 이해를 정의하고 실현하기 위한 전략을 행사할 수 있다는 것뿐만 아니라, 이사회를 통한 경영 감시 등 규율적 이사회의 역할과 기능이 실제로 가능하다는 것을 의미한다. 여기서 임노동자 대표이사는 이중적 지위를 갖는다. 임노동자 대표 이사는 영미식 사외이사와는 달리 경영진에 대한 독립성이 강해야 하며 표준적인 재무 정보만으로는 접근할 수 없는 풍부한 기업 정보를 접할 수 있어야 한다. 나아가 이사회 의장은 최고경영자와 분리되어야 하고, 이사회 내 경영자보수위원회와 감사위원회는 집행이사의 권력에서 분리되어 이사회에 책임지도록 해야 한다. 나아가 기업 지배구조 개선뿐만 아니라 기업이 사회·윤리적 가치를 추구하도록 압력을 가하려면 기업의 사회·윤리·환경적 성과에 대한

표 5-1 유럽연합 주요 국가들의 이사회 수준의 노동자 참여

국가	법률적 구속	법률 적용 대상	이사회 참여 노동대표 수	대표 임명 절차	투표 유무	이사회 구조
오스트리아	1974	300명 이상 유한책임회사, 주식회사	감독이사회의 3분의 1	사업장 평의회 임명		이원
덴마크	1973	35명 이상 기업	이사회의 3분의 1(최소 2명)	법적 절차 없음	투표	단일/이원 혼합구조
핀란드	1990	150명 이상 기업	고용주와 노동자의 합의 (최대 4명/다른 이사 수의 25%)	사업장평의회	합의 부재 시 투표	단일+이원 (선택)
독일	1976	① 500~2,000명 ② 2,000명 이상 ③ 1,000명 이상 광산, 철강산업	① 감독이사회 3분의 1 ② 감독이사회 2분의 1 (주주대표 의장임명) ③ 감독이사회 2분의 1 (중립적 외부인사; 주주대표 의장 임명)+경영이사 1인	사업장평의회, 노동조합	① ② 투표 ③ 주주총회 임명	이원
네덜란드	1971/2004	100명 이상, 1,600만 유로 이상 자기자본 기업	최대 감독이사회 3분의 1	사업장 평의회	주주총회 임명	이원
룩셈부르크	1974	① 1,000명 이상 기업 ② 지분 25% 이상 국유기업	① 이사회 3분의 1 ② 100명 이사 1인 (최소 3명, 최대 3분의 1)	사업장 평의회 임명 철강산업: 전국노조가 3명의 이사를 직접 임명		단일
스웨덴	1982	25명 이상 대부분 기업	1,000명 이하: 2인 1,000명 초과: 3명	노동조합 임명		단일
프랑스	1983	① 국유기업 ② 사유화 기업 ③ 사적 주식회사 (자발적)	① 200~1,000명; 이사 3명 (초과하면 이사회 3분의 1) ② 감독이사회가 15인 이하면 2명, 초과하면 3명 ③ 최대 이사회 3분의 1	① ② ③ 노동자 투표		단일/이원 선택
아일랜드	1977	20개 국유기업, 일부 사유화 기업	대부분 이사회 3분의 1 (1~5명)	노동조합	투표	단일

정보를 공시하는 것이 중요하다.

물론 이와 같은 이해당사자 경영이 가능하려면 기업이 주주로부터 자율성을 가져야 하며 경영자의 재량권이 상당 정도 보장되어야 한다. 문제는 신자유주의적 금융화 이후 이런 자율성과 재량의 여지가 크게 축소되고 있다는 점이다.[3] 이런 상황에서 노동자의 실질적인 경영 참여가 보장되는 기업지배구조를 형성하기 위해서는 이론적으로뿐만 아니라 실천적으로 넘어야 할 장벽이 여전히 많다. 무엇보다도 이론적 측면에서 이해당사자 자본주의 기업모델의 주장과 논거가 자본주의의 근간인 사유재산권을 침해하는 것이라는 원론적인 반론을 방어하기 어렵다. 이 문제를 해결하는 데에는 근대법적 소유권에 기초한 기업관이나 자본주의관 혹은 그것을 체화한 회사법 등에 대한 근본적인 문제 제기가 필요하다. 이를 바탕으로 주주 이외의 자격으로서 노동자 등이 이해당사자로서 기업 경영에 관해 자신의 권리를 주장할 수 있어야 한다. 그러나 노동조합조차 허용되지 않는 상황에서 주주 이외에 여러 이해당사자의 기업 경영 참여가 보장되는 기업 지배구조를 만들어 가는 현실적인 통로와 방법이 없다는 한계가 있다. 주주 이외에 여러 이해당사자를 고려한 자본주의를 추동하는 힘은 너무 약하다. 이와 같은 한계에 대한 인식은 외환금융위기 이후 글로벌 표준이라는 명목 하에 시장 규율과 이에 입각한 주주자본주의모델의 확산이라는 냉혹한 현실에서 기인한 것이다.

그럼에도 주주자본주의적 요소가 점차 확산되어 가는 현실 속에서 노동의 경영 참여와 같은 이해당사자 자본주의적 요소를 결합함으로써 효과적으로 기업을 감시하고 규율할 수 있는 제도적 틀은 끊임없이 모색되어야 할 것이다. 왜냐하면 이를 통해서만 종업원의 고용 안정, 지역사회 활성화나 환경보호 등 주요 사회·환경적 문제들을 제대로 해결할 수 있을 것이기 때문이다. 실제로 외환금융위기 이후 재벌들에게 요구되었던 개혁도 따지

3　20세기 초반 이후 거대 기업의 독과점화에 따라 경영자의 자율성은 크게 신장되었는데, 이러한 측면에 주목해 비판적 진보세력들은 사회적 책임 기업, 이해당사자적 기업, 노동자 경영 참여 기업 등을 구상하고 이를 대안적 경제 체제의 핵심 요소로 이해하기도 했다.

고 보면 경제 시스템이 작동하기 위한 기본적이고 합리적인 법적·절차적 규칙을 마련하고 이를 준수하도록 하는 정도였다(정건화·송홍선 2006). 이러한 제도와 절차는 주주들뿐 아니라 노동자, 채권자, 소비자 등 기업을 둘러싼 모든 이해당사자들에게 동일하게 적용되는 것이어야 하며, 이들의 권리를 보장하는 것에서 출발해야 한다. 그래서 재벌개혁의 종착점은 주주자본주의적 기업모델을 도입하고 확산시킴으로써 재벌기업들의 기업지배구조를 안정시키는 것을 넘어, 기업 내 다양한 이해당사자들의 이해를 반영할 수 있는 기업지배모델과 이를 기반으로 한 새로운 발전모델을 모색하는 것이 되어야 한다.

2. 노사 대타협과 새로운 자본주의모델

1) 노사 대타협론과 경영권 보호론의 허구

시장에 의한 기업 규율이 재벌기업의 경영권을 적대적 기업인수합병의 위험에 노출시킨다는 것을 이유로 일부에서는 재벌 총수 일가의 경영권을 보장해 주는 대가로 재벌이 '사회적 책임'을 이행하도록 한다는 '대타협' 구상을 제기한바 있다(이찬근 2004). 이러한 주장은 노동과 자본 사이의 대타협모델로 흔히 얘기되는 스웨덴의 발렌베리^{Wallenberg}그룹[4]을 전거로 한 것이었다. 그러나 이는 역사적 사실과는 거리가 있다. 스웨덴에서 발렌베리와 같은 기업이 적대적 인수·합병에 대응하는 수단으로 차등의결권을 확보한 것은 1896년의 일로서 노동세력과의 대타협과는 관계가 없다. 재계와 노조 사이의 타협이 이루어진 것은 그 후의 일로서 주로 노사관계를 선진화하는 데 초점을 맞췄다. 예를 들어 1906년 12월 타협을 통해 노동자는 경영자의 배타적 경영권을 인정하는 대신 노동조합 결성권을 확보했고, 1938년 살트셰바덴 협약the Saltsjbaden agreement을 통해서는 재계와 노조 대표가 노동시장위원회를 구성해 기업 또는 산업 단위에서 해결할 수 없는 노사문제를 논의했다. 또 노동쟁의 절차를 제도화해 국가의 직권중재는 노동법원이 사법적 판단에 의해 해결하기 전에 노사 중앙조직에 의해 걸러지게 함으로써 가능한 한 노사 간 자율 협상을 통해 문제를 해결하려 했다. 즉, 동 협약은 노사관계의 틀을 개선한 것이지 경영권 보호를 대가로 일자리 창출과 고용 안정을 약속받는 형태의 타협은 아니었던 것이다.[5] 1970년대 중반 스웨덴의 사민당과 노조 일부에서 임노동자기금을 만들어 스웨덴 기업 이윤 일부를 주식 형태로 기부하도록 강제하는 방안을 추진하려고 한 적은 있지만, 이는 생산수단의 사회화라는 궁극적인 목표를 달성하기 위한 것이었지 노동과 자본 간의 대타협을 염두에 둔 것은 아니었다(임원혁 2005). 또 사민당 정권과 좌파 노총으로부터 발렌베리그룹이 보장받은 기업지배권의 내용도 우리나라 재벌들에서 볼 수 있는 총수들의 절대적 지배력이나 세습적 경영

---

4 발렌베리 가문은 5대째 경영권을 세습하고 있는 스웨덴의 거대 재벌로서 인베스트라는 지주 회사와 가족재단 및 교차지분투자를 통해 1,000억 불 이상의 시가총액을 가진 다수의 스웨덴 대기업을 지배하고 있고, 14개 상장기업의 시가총액은 스웨덴 증권시장의 40%를 웃돌고 있다.

5 동 협약의 주요 골자는 ① SAF(사용자 연합)와 LO(생산직 노조 전국 중앙조직)에서 파견하는 대표들로 노동시장위원회를 구성해 기업단위나 산업단위에서 노사 간 교섭을 통해 해결되지 않는 분쟁이 발생할 경우 이를 노동시장위원회에서 다루도록 한다. ② 노동쟁의 절차를 제도화하는 동시에 파업이나 직장 폐쇄 같은 극한적 형태의 노동쟁의가 발생하는 것을 어렵게 했다.

권이 아니라 기업 경영에 개입하지 않으면서 내부감시자로서 역할을 수행하는 감독이사회직 정도에 불과하다.

특히 연기금을 통해 재벌기업 주식을 매입하는 방안을 추진할 경우 기업 지배구조를 개선해 기업 가치를 제고함으로써 연금 가입자가 혜택을 볼 수 있도록 해야지, 경영 성과에 관계없이 '국민의 돈'을 가지고 기존 대주주의 경영권을 방어해 주는 수단으로 사용해서는 안 될 것이다. 이 방안은 국민연금기금이 적극적으로 의결권을 행사해 가고 있는 추세나[6] 기관행동주의를 통해 기업 지배구조를 개선시켜나가야 한다는 당위에도 맞지 않는 반개혁적이고, 친재벌적이며 시대착오적인 발상이라 할 수 있다.

스웨덴모델을 무엇으로 규정하든 우리나라의 경우 재벌 총수의 경영권을 보호해 주는 대가로 재벌이 '사회적 책임'을 이행하도록 한다는 내용의 대타협을 이루는 데는 한계가 많다. 우선 재벌의 중핵 회사가 대부분 상장되어 있는 상황에서 기존 대주주의 경영권을 보호하기 위해 차등의결권을 도입할 경우 일반주주에 대한 재산권 침해 논란을 야기할 가능성이 높다. 또 스웨덴을 포함한 유럽 국가의 차등의결권과 같은 기업 경영권 방어기제는 지배주주의 경영권을 보호한다는 목적보다는 주주들의 권한을 제한하는 데 더 중요한 목적을 둔 것이었다.

---

6 2005년 12월 국민연금 기금운용위원회 산하 주식의결권 행사 전문위원회는 의결권 행사 지침의 객관성과 독립성을 강화하고 기본 원칙으로서 선관주의의무(지침 제3조)와 장기 주주 가치 증대에 기여할 것을 명시하며, 재무제표 승인, 정관 변경, 이사 등에 대한 선임 및 보상, 주식 매수 선택권의 부여, 합병 및 영업양수도, 자본의 감소 등 38개 주요 사안에 대한 의결권 행사 세부 기준을 구체화한 '국민연금기금 의결권 행사지침'을 규정했다. 이에 따르면 국민연금의 의결권 행사는 주주 가치 증대에 기여하는 방향으로 행사하되, 모든 보유 주식에 대해 의결권을 행사할 수 있도록 되어 있다. 2007년에도 국민연금은 연금 가입자 및 수급자의 이익이 되는 방향으로 의결권을 행사할 것으로 예측된다.

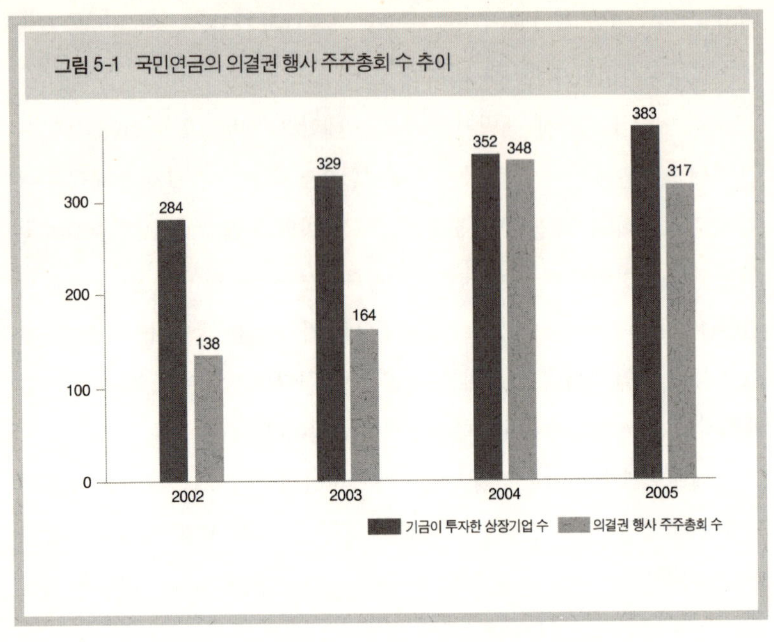

　　더 근본적으로는 평균 5%도 되지 않는 지분을 가지고 기업집단 전체에 대해 주인 행세를 하는 재벌 총수를 경영 성과와 관계없이 보호해 주는 것이 기업 경영 효율을 제고하고 국민 경제에 기여하는 것인지도 의문이다(임원혁 2005). 경영에 실패한 경영자도 경영권 위협에서 100% 보호되도록 한다면 경영에 대한 규율은 전혀 작동되지 않을 것이기 때문이다. 또, 대타협을 모색하는 과정에서 평균 95% 이상의 지분을 가진 일반 주주를 배제하고 대주주와 노동세력 간의 합의를 도출하겠다는 구상이 과연 현실적이고 타당한지도 의문이다. 이와 더불어 경영권 보호의 반대급부인 '사회적 통제' 또는 기업의 '사회적 책임'의 실체가 무엇이고 이를 구현할 수단이 무엇인지도 명확하게 밝혀져야 할 것이다.

2) 한국형 사회적 시장경제모델의 현실성 진단

재벌옹호론자들이 주장하는 사회적 타협론과 다른 것이기는 하지만, 신정완(2006)은 스웨덴식 복지자본주의 경험을 참조해 한국 경제의 대안으로 사회적 시장경제모델을 제안한다. 사회적 시장경제모델은 통상적인 의미에서 말하는 서독의 "사회적 시장경제"social market economy를 의미하기보다는, 경제 운영의 원리로서 '연대의 원리'가 중시되고, 경제의 조정 양식에서는 시장 이외의 조정 기제를 광범위하고 적절하게 활용할 수 있으며, 국민경제의 통합성 확보를 중요한 정책 목표로 고려하는 경제모델이다.

'사회적 시장경제모델'이 참조하고 있는 스웨덴모델은 자유, 평등, 효율이라는 핵심적 가치를 조화롭게 결합하고, 합리적인 노사관계와 조합주의적 의사 결정 구조, 그리고 보편적 복지제도를 정착시킨 사회경제모델이다. 특히 1938년의 살트셰바덴 협약을 거쳐 1960년대 말까지 유지된 스웨덴 특유의 협조주의 노사관계는 스웨덴모델의 여러 구성요소 중에서도 가장 기본적인 요소로서 스웨덴모델 전체를 떠받치는 기둥 역할을 했다 해도 과언이 아니다. 이 협약의 핵심 내용은 노사 간 분쟁 사항에 대한 생산직 노조 중앙조직LO과 사용자연합SAF의 조정 권한을 대폭 강화시킴으로써, 분쟁 사항이 국가의 직권중재나 노동법원을 통한 사법적 판정에 의해 해결되기 전에 노사 중앙조직들에 의해 걸러지게 해, 노사 간 자율적 협상을 통해 문제가 해결될 수 있게 하는 한편, 파업이나 직장폐쇄와 같은 극한적 노동쟁의가 발생하는 것을 가능한 한 피하도록 한다는 것이었다. 살트셰바덴 협약의 노사타협 전통은 노동시장의 안정성을 확보하고, 일자리 창출을 최우선으로 하는 기업 경영, 생산성 향상을 위한 과감한 설비투자, 노동자의 숙련 향상을 겨냥한 교육 훈련 투자, 이를 지지하는 국가의 산업 정책이 선순환되는 구조를 만들어 제조업의 경쟁력을 유지하는 토대가 되었다. 여기에 렌 마이드너Gösta Rehn-Rudolf Meidner 모델로 알려진 산업 정책 등 성장주의적 경제 정책이 가미됨으로써 지속적인 경제성장을 이룩할 수 있었다. 즉, 연대 임금 정책(동일노동-동일임금 원칙)을 통해 고수익 기업의 임금 비용을 절감하고 고수익 기업의 성장을 촉진하는 한편 적극적인 노동시장(취업 알선, 직업 재교육 등) 정책을 통해 고수익 기업으로 노동력이 원활하게 이동할 수 있게 지원했다.[7]

스웨덴과는 약간 다르게 네덜란드는 주식시장과 금융 체제가 잘 발달한 나라이면서도 사회적 연대 원리에 입각한 사회경제모델이 성공을 거둔 사례이다. 폴더Polder 모델로도 부르는 네덜란드모델은 국가·노동·자본 간의 사회적 합의를 통해 높은 실업률, 저성장, 만성적인 재정적자 등의 경제위기를 성공적으로 극복한 모범 사례로 알려졌다. 노동시장 유연화를 통해 시간제 노동자가 크게 늘어나고 있지만, 이와 동시에 사회적 합의와 연대를 통해 시간제 노동자,[8] 외국인, 퇴직자에 대한 사회보장 체제의 약화를 최

7　이러한 측면에서 스웨덴의 연대임금 정책은 저임금 노동자를 위한 연대적 성격보다는 임금 억제적 수요 관리의 성격이 본래부터 더 강했다. 특히 고수익 부문 노동자들의 희생이 컸는데, 1950년대에서 1960년대 말까지 이들의 불만은 극에 달했다. 이러한 불만을 말해 주듯 이 기간에 임금 총상승분 중 절반 정도가 임단협 이후에 임금 불만을 달래기 위한 임금 보전책의 일종인 '임금유동'에 의한 것이었다. 연대임금 정책은 또한 동일임금을 감당하지 못하는 저수익 기업을 퇴출시켜, 고부가가치산업에 자본과 노동력을 집중시키는 산업합리화 정책의 역할도 수행했다.

8　시간제 노동에 대한 정의는 제도적 정의와 통계조사상의 정의로 구분된다. 제도적 정의에 따른 시간제 노동은 전일제 노동자의 통상 노동시간보다 짧은 노동을 의미하며, 통계조사상 정의에 따른 시간제 노동은 주당 30시간 이하의 노동을 의미한다. 네덜란드는 1990년대 이후 유럽과 미국 등 주요 선진국 중에서 시간제 노동이 차지하는 비율이 가장 높은 나라로 알려졌다. 2000년에는 시간제 노동자가 전체 고용 인구의 32.1%에 달했으며, 남녀별로 보면 시간제 노동자 중 여성 비율이 76.2%로 남성 23.8%에 비해 압도적으로 높다. 한편, 비정규 노동이라는 개념은 시간제 노

대한 억제해 왔다. 달리 말해 경제학에서 경제효율과 공평성 사이에 존재하는 딜레마를 자신만의 독특한 방식으로 해결했던 것이다. 이는 시장 메커니즘에 기초해 경쟁적 배제를 심화시키는 영미식 자본주의모델과 다를 뿐 아니라 구조적 경직성에서 탈피하는 데 심각한 애로를 겪고 있는 대륙유럽의 사민주의와도 적지 않은 차이점을 보여 준다.

특히 네덜란드는 잘 발달한 주식시장을 가졌으면서도 시장규율이 중심이 된 영미식 모델과 다른 기업 시스템을 유지하고 있다는 점에서 주목할 만하다.[9] 첫째, 네덜란드 기업 지배구조의 특징은 경영이사회와 감독이사회라는 이원 이사회와 감독이사회의 강력한 권한을 통한 내부 통제다. 감독이사회의 권한이 상대적으로 커진 계기는 1971년의 기업구조법Structuuwet이었다.[10] 이 법이 제정되기 전에는 주주총회와 경영이사회가 기업을 주요한 의사 결정 기구였지만 동법 발효 이후 주주총회는 더 이상 감독이사회의 임원을 임명할 수 없게 되었다. 이 기업구조법은 기본적으로 주주 권한과 발언권을 약화시키는 대신 기업 내 다른 주요 이해당사자들, 즉 노동자와 경영자의 권한을 강화하기 위해 제정된 것이다. 감독이사회는 경영이사

동보다 더 포괄적이어서 시간제 노동 이외에 고용계약 기간이 정해진 기간제 고용, 파견노동 등이 포함된다(小倉一哉 2002).

9 네덜란드모델의 기업 지배구조 특징은 송원근(2003)을 참고.

10 네덜란드의 모든 기업이 감독이사회를 두는 것은 아니다. 납입자본금 2,500만 길더(약 1,200~1,500만 달러) 이상이고 100명 이상의 네덜란드인을 고용하며 노동을 대표하는 직장평의회가 설치된 유한책임회사에 한해서 의무적으로 감독이사회를 두도록 했다(Postma et al. 1999). 현재 전체 주식회사의 37%, 상장기업의 3분의 2 정도가 이 구조 체제를 취하고 있으며, 이 구조법의 적용을 받는 기업을 구조 체제 또는 구조적 유한책임회사로 부른다. 위의 조건을 충족시키지만 외국인이 다수 지분을 보유한 경우에는 감독이사회의 책임과 역할을 주주총회가 맡는다. 두 조건을 충족시키지 못하는 일반 기업의 경우에는 감독이사회 설치가 의무사항이 아니라 선택사항이다.

회 임원의 임면과 감시, 주주총회에 대비한 연간금융보고서 작성, 기업의 주요 의사 결정 기준 인준 등 세 가지 기능을 담당한다. 기업 지배구조에 있어서 감독이사회의 강력한 권한은 이사 선출 방식을 통해서도 잘 드러나는데 바로 통제된 호선원리controlled co-option가 그것이다. 즉, 법적으로는 노동자와 주주(총회)가 감독이사 추천권과 이사 선임에 대한 반대권을 가지고 있어 일종의 통제력을 가지지만, 감독이사를 직접 선출할 수는 없다. 대신 기존의 감독이사회 임원이 새로운 임원을 선출한다. 이 호선 방식에 의해 기업에 대한 이해당사자들의 직접적인 영향력이 제한되며(Postma et al. 2001), 나아가 경영이사회가 감독이사회 임원 후보를 지명할 권리를 갖는다. 그 결과 감독이사회 선출에는 최고경영자 혹은 경영이사회가 큰 영향력을 미친다. 이는 기업구조법의 적용을 받는 기업의 경우 감독이사회가 기업 경영에 관한 법적 권한 대부분을 소유하고 있고, 또 감독이사 선임권을 가진 경영자에 비해 주주의 발언권이 상대적으로 약하다는 것을 의미한다(de Jong et al. 2001). 결국·기업 활동에 관한 내적 통제가 감독이사회에 의해 이루어지지만 이것은 외부 주주들이나 다른 이해당사자들보다는 감독이사 자신들의 자질과 명성에 따라 이루어진다는 것이다.

네덜란드 기업 시스템 혹은 기업 지배구조의 두 번째 특징은 주주의 권한을 제한하고 통제하는 장치들, 달리 말해서 경영권을 보호하는 장치들도 다양하게 존재한다는 점이다. 이 중에서도 보통주와 교환되는 주식증서certificates는 주식 소유자의 의결권을 결정적으로 제한하는 수단으로 유명하다(전체 기업의 37%). 이것은 보통주에 대한 법적 소유권만 인정하는 것으로서 이 주식증서의 소유자들은 배당권을 가지며, 자유롭게 양도할 수도 있다. 또 주주총회에도 참석해 회사의 중요한 의사 결정에 대해 발언을 할 수 있지만 투표권은 없다. 원본 주식을 대신하는 이 주식증서의 발행과 관리를 담당하는 주식신탁사무소administratiekantoor는 해당 기업과 사업상 관련되어 있고, 따라서 신탁사무소의 경영이사들은 자신들에게 신탁된 의결권을 통해 회사 정책에 영향을 미친다. 법적으로는 신탁사무소의 경영이사들은 주식을 발행한 회사의 경영이사들이어서는 안 된다. 그러나 실제로는 이들과 친밀한 관계를 맺고 있다. 개인 주주들은 자신의 원본 주식을 주식증서로 바꿀 강제적 의무는 없지만, 기업은 이 교환에서 제외될 보통주를 결정할 수 있고, 따라서 투자자로서 주주들은 비상장주식과 상장주식 증서 중 어느 하나를 선택해야 한다. 이외에도 기업은 우선의결권주(preferred shares, 전체 기업의 63%)를 발행해 적대적 인수합병으로부터 기업을 보호할 수 있다. 이 주식은 흔히 우선주라 부르는 것과 달리 주주들의 추가적인 승인 없이도 발행할 수 있고, 액면가의 25%로 발행 가능하며, 인수합병 시도에 대해 기업들은 이 주식을 우호적 세력들에게 발행하거나 새로운 부채를 조달할 경우, 이 주식으로 상환할 수 있다. 따라서 이 주식의 발행은 자금조달보다는 주주총회에서 지분 관계를 변화시킬 목적으로 이루어진다. 뿐만 아니라 경영이사나 감독이사 지명 시 특정한 통제권을 부여한 특권주(priority shares, 전체 기업의 39%)를 통해서도 경영권을 방어하는 것이 가능하다. 물론 인수합병에 대한 방어장치로서 기업들은 이상의 세 방법 중에서 두 가지 방법만 사용할 수 있다(Degryse & de Jong 2000).

네덜란드는 주식시장이 매우 발달해 있고 소유가 분산되어 있으며 대주주blockholder에 의한 기업 감시가 존재하지 않는다는 점에서 표면적으로는 미국 기업의 소유지배구조와 유사한 측면이 많다. 그러나 미국과 달리 회계제도가 엄격하게 통일되어 있지 않아 회사마다 다양한 회계 원리가 허용될 뿐만 아니라, 주주 등 투자자 보호장치가 허술하고 적대적 인수합병에도 제약이 많아 기업지배권 시장을 통한 경영자 규율이 매우 취약하다. 게다가 은행이나 보험회사, 연금펀드 등 기관투자가들의 의결권 행사를 통한 경영 개입도 적다(Kabir 2002). 또한 경영자의 이해를 주주의 이해에 일치시키는 스톡옵션 등을 통한 경영자 보상 역시 효과적인 규율 수단이 되지 못하고 있다. 이는 결국 네덜란드의 경영자들에게 상당한 권한과 자율성을 부여함으로써 이른바 '경영자의 자기통제에 의한 기업 지배구조'를 형성하는 결정적인 요인으로 작용했다. 1997년 피터스위원회Peters Committee라 불리는 기업 지배구조위원회의 지배구조 개선에 관한 권고 사항을 계기로 주주 권한과 감독이사회의 책임성을 확대함으로써 경영자에 대한 규율을 강화하려는 시도가 있지만, 이 역시 구조적 체제 자체에 내재해 있는 주주의 근본적 권한을 본격적으로 다루지는 못하는 한계를 가지고 있다(de Jong et al. 2001).

결국 네덜란드의 경영자들은 이러한 제도적 틀에 기초해 주주와의 신뢰를 돈독히 함으로써 미국의 경영자들보다 훨씬 장기적인 시계를 가지고 기업을 운영할 수 있었다. 네덜란드 기업은 이상과 같은 제도적 기반에 힘입어 독일 못지않게 종업원·주주·경영자의 이해관계를 잘 조화시킬 수 있었다. 이렇게 볼 때 네덜란드는 그동안 사회적 합의를 각인하고 있으면서도 기업의 소유와 통제 측면에서는 경영자들의 자율규제를 바탕으로 한 내적인 통제장치, 그리고 경영권을 보호하는 다양한 방어장치에 기초해 경영자 자본주의를 성공적으로 유지해 왔던 것이다.

이처럼 스웨덴이나 네덜란드 등 이른바 '강소국' 모델에 해당하는 국가들이 지속적으로 성장할 수 있는 것은 노동과 자본 사이의 사회적 합의(노사관계 시스템)를 바탕으로 경제 주체들의 지식과 숙련을 높이고, 정부의 유연안정성flexicurity 에 초점을 둔 적극적인 노동시장 정책과 복지 정책이 결부되어 사회적 학습망을 갖춤으로써 기술 변화와 산업구조 변화에 잘 적응하는 사회 시스템을 형성할 수 있었기 때문이다(김석용 2005).

3) 사회적 타협의 세 수준과 그 전제

노사 대타협론과 경영권 보호라는 허구적 주장이 주주자본주의가 가져
온 폐해에 대한 우려와 비판이라는 순진한 생각에서 비롯된 것이기를 바라
지만, 그렇더라도 이들의 주장은 주주자본주의에 대한 오해에서 비롯된 것
이 많다. 실제로 주주자본주의적 기업모델이 요구하는 제도 중에서 소유구
조의 투명성이나 책임 경영은 어떤 자본주의 사회에서도 보편적으로 적용
되어야 할 게임 규칙과 같은 것이다. 또 외국자본이든 국내 자본이든 주주
자본주의의 폐해가 문제라면, 그 폐해를 바로잡는 방법은 재벌의 소유 구
조와 통제권을 인정하는 것 이외에도 얼마든지 찾을 수 있을 것이다. 이런
관점에서 일부 투기적 외국자본의 폐해를 확대해석해 재벌기업의 경영권
을 보호해 주자는 주장은 최소한의 개혁조차 거부하는 재벌의 저항을 합리
화하려는 것이며, 따라서 '사이비 민족주의'의 발로라고 할 수 있다.

과거 재벌 체제에 대한 반성 없이 총수의 경영권을 보장하자는 사이비
민족주의 주장과 다르게 재벌 체제 개혁의 한 대안으로서 '사회적 시장경
제'나 사민주의적 경제모델, 혹은 연대와 합의모델은 세계화 시대에 영미식
자본주의모델이 최선의 선택이 아님을 보여 주고 있다는 점에서 경청할 가
치가 있다. 특히 과거 라인형 자본주의모델을 대표하는 독일 경제가 심각
한 침체의 늪에서 좀처럼 빠져나오지 못하고 있고 침체를 벗어나기 위한
슈뢰더 행정부의 경제개혁이 오히려 '제3의 길'보다는 신자유주의적 '대처
리즘'을 지향하고 있다는 비판도[11] 있는 것을 감안하면 이들 국가의 사민주

---

[11] "From third way to Thatcherism"(*The Economist* 2003/10/16).

의적 실험은 과거에 비해 더 많은 관심과 주목의 대상이 될 만하다. 이러한 모델을 참조한다고 할 때, 이사회에서 노동자 대표의 실질적 참여가 보장되는 기업 지배구조, 주주로서 국민연금의 발언권 강화, 사외이사도의 내실화를 위한 제도적 장치를 갖추는 것은 이해당사자 자본주의 기업모델에 한 걸음 더 가까이 갈 수 있는 계기가 될 수 있을 것이다.

그러나 스웨덴을 필두로 한 이러한 사민주의적 경제모델(Amable 2003)의 핵심적 제도는 전국이나 산업 수준에서 중앙집권적으로 조직된 노동조합과 사용자단체를 중심으로 형성된 잘 조정된 노동시장 및 노사관계 시스템이다. 또 규모가 크고 제도가 잘 정비된 복지국가, 특히 이전지출보다는 사회서비스의 제공에 무게 중심을 두는 복지국가라는 것도 이해당사자 자본주의 기업 시스템이 가능해지는 중요한 전제조건이다. 뿐만 아니라 유연안정성을 확보하는 가운데 기업이 노동자의 숙련 형성에 대한 투자를 높여 노동자들의 헌신을 높이고 이를 통해 생산성을 확보하는 기업 경영도 필요하다. 그런데 현재 외환금융위기 이후 세계 자본시장이 주도하는 신자유주의적 체제에 깊숙이 편입되어 있고, 노동운동의 퇴조 현상이나 사회 파트너 사이의 낮은 신뢰로 인한 사회적 타협의 부재 등은 사민주의적 경제모델로 전환을 어렵게 하는 요인들이다.[12]

---

[12] 시장경제에 대한 제어를 통한 대안적 발전모델의 하나로서 김형기(2006)는 '공생적 시장경제'(symbiotic market economy)를 주장한다. 공생적 시장경제는 노사 간, 대중소기업 간, 도농 간, 지역 간, 양성 간, 인간과 자연 간에 공생(symbiosis)이 이루어지는 시장경제로서 지속 가능한 경제다. 이 대안 모델은 사회경제적 양극화를 초래해 지속 불가능한 자유시장경제(free market economy), 인간과 인간 간의 연대에 국한된 기존의 사회적 시장경제를 넘어서는 새로운 대안적 시장경제다. 이 모델은 "'참여·연대·생태'의 가치를 지향하는 '분권·혁신·통합'의 정책을 통해 '혁신주도 동반성장' 체제라는 새로운 성장 체제를 구축하는 것이 가까운 장래에 한국 사회가 지향해야 할 대안적 발전모델의 비전이다"고 주장한다. 그러나 '혁신주도 동반성장 체제' 구축을 위한 10대

결국, 사회적 합의와 타협을 통한 사회적 책임 수행은 무엇보다도 총수의 지배력을 약화시킬 수 있는 기업 지배구조 개혁이 전제되어야 한다. 기업지배구조 개혁을 통해 기업 경영이 더 투명해지고 총수 지배력이 약화되는 것이 곧바로 기업 경영권을 위태롭게 만드는 것은 아니다. 따라서 재벌 총수가 아닌 기업의 경영권을 보장하는 사회적 타협은 가장 중요한 이해당사자인 노동자의 고용을 보장하고 진정한 노사 동반자관계를 형성하고 노동조합을 인정함으로써 노사관계를 개선하는 일에서부터 노동자(대표), 하청업체 채권자 등 기업을 둘러싼 이해당사자들이 기업 경영에 참여시키는 타협이지 않으면 안 된다. 또 기업 경영에 대한 의사 결정과 작업장 수준에서 이루어지는 이해당사자들의 참여가 생산성 및 품질 향상과 노동의 질 향상으로 연결되려면 단순한 임금 교섭을 넘어 숙련 향상을 위한 교섭, 즉 숙련 교섭 중심의 단체교섭이 이루어져야 한다(김형기 2006).

사회적 타협의 두 번째 수준은 기업 간 관계에서도 설정될 수 있다. 이것은 그동안 재벌 중심의 기업 시스템이 초래한 수탈적이고 종속적인 기업 간 관계나 그 결과로 나타난 대기업과 중소기업 간 양극화를 해소하는 것이다. 최근 대기업과 중소기업의 상생 협력, 수평적 협력관계, 대등한 동반자관계를 형성하기 위한 기업 간 타협 논의는 수탈적인 단가 인하 관행 청산, 대기업과 중소기업 간의 공동 연구 개발과 인적자원 개발을 통한 숙련

정책의 내용을 보면 기업 시스템에 관한 논의가 없다는 한계를 가지고 있다. 예를 들어 이 모델은 기업 시스템과 관련해 "대-중소기업 간, 수출-내수기업 간 등 상호보완적인 협력적 네트워크를 구축해 상생의 동반 성장이 가능해야 하고, 따라서 두 부문 간에 연계가 단절되어 있거나 서로 대립하거나 혹은 지배-종속 관계가 성립하고 있으면 동반성장이 일어날 수 없다"고 지적하고 있지만, 지배-종속관계를 어떤 식으로 해결해야 하는지에 대해서는 언급이 없다. 이런 점에서 이 책에서는 이 모델을 본격적으로 다루지 않았다.

향상 등과 같은 어려운 과제를 제기하고 있다. 나아가서는 대기업의 활동 영역인 지역사회의 환경을 보전하고 주민의 복지 문화를 확충할 필요도 있다(조형제 2006). 이를 통해서만 과거 재벌 체제와는 다른 새로운 기업 시스템을 모색할 수 있고 이것은 성장 동력의 원천이 될 뿐만 아니라 기업 간 양극화, 나아가 경제 양극화를 해소할 수 있는 유력한 방안이 될 것이다.

세 번째 수준으로 우리 현실에서는 가장 우선적으로 이루어야 할 사회적 타협은 노동시장의 유연안정성을 위한 노사정 타협이다. 기존 노사정위원회의 위상이나 활동 등 그동안의 경험으로 볼 때, 이러한 타협의 실현 가능성은 아주 낮지만 이는 유연해진 노동시장 대신 사회복지를 획기적으로 확충하고 적극적 노동시장 정책을 강화하면서 동시에 안정성을 높이는 합의는 '사회적 시장경제 체제'를 갖춘 국가들의 공통된 특징이다. 뿐만 아니라 이 타협은 주식시장이 발달한 국가들에서도 주주자본주의의 단점을 보완해 주는 중요한 제도적 여건을 마련하는 토대가 될 수 있을 것이다.

사회복지의 확충과 적극적 노동시장 정책 강화에 따른 정부지출 증대를 뒷받침할 세원 확보를 위한 방안에 노사정이 합의해야 한다. 1997년 외환금융위기 이후 노동시장은 급격히 유연화되었음에도 사회복지 지출과 적극적 노동시장 관련 정부 지출은 아주 빈약한 수준이다. 이 타협은 노동자 간 타협과 연대를 요구하고 있다는 점에서 그 중요성을 더한다. 예를 들면 모기업인 대기업 노동자와 하청기업인 중소기업 노동자 간, 정규직과 비정규직 노동자 간 연대가 그 대표적인 예라 할 수 있다. 특히 정규직 노동자와 비정규직 노동자 간 연대에 관한 다른 국가들의 경험은 정규직 노동자 중심의 노동시장 경직성 해소와 연대임금제나 임금자제, 그리고 산별노조로 전환 등이 전제된 것이었다. 그러나 이러한 목표를 당장 이루기는 쉽지 않을 것이다. 따라서 이해당사자 자본주의모델이 지향하는 원리로서 사회적 연대가 가능한 부분을 모색하고 실천해 가는 노력이 무엇보다 더 필요할 것이다. 대표적으로 2005년 12월 도입되어 시행 중인 퇴직연금제도의 법적·제도적 개선을 위한 노력이 그것이다. 현재의 퇴직연금은 1년 미만의 비정규직이나 계약직 노동자를 배제하고 있다.[13] 따라서 퇴직연금의 사각지대를 해소할 수 있는 제도적 보완 방법은 산업별 연금제도의 도입이다. 기업연금의 하나로서 산별 혹은 부문 연금은 특정 산업만을 대상으로 할 수도 있고, 유사한 여러 산업이 공동으로 구성할 수도 있겠지만 현재의 법률로는 업종이나 직종, 산업 단위로 퇴직연금을 설계할 수 없다.[14] 이와 같은 법적 제약은 일부 직종의 산별 연금 형성을 위한 시도를 어렵게 하고 있다.[15] 산별 연금은 과거보다 더 유연화되고 이직이 잦아지는 우리나라 노동시장의 구조 변화에 대처하고 유연안정성을 담보할 수 있는 제도적 장치이자 사회적 연대의 원리를 확보하는 수단이 될 수 있을 것이다. 산별 연금제도의 도입은 현재의 기업별 노동조합 체제를 산별 체제로 전환해 가는 작지만 중요한 계기가 될 것이다. 마지막으로 퇴직연금 펀드의 규모가 아직 소규모이기는 하지만 향후 연금기금이 소유한 모든 법적 권리 행사가 가능

---

13 이외 현행 퇴직연금제도의 문제점에 대해서는 송원근(2007)을 참고.

14 관련 규정을 보면 법 제2조의 2호에 의해 '사용자'는 근로기준법 제15조의 사용자를 말하는데, 근로기준법에는 복수 사용자에 관한 정의가 없다. 또 제3조 적용 범위에서도 "근로자를 사용하는 모든 사업 또는 사업장(이하 '사업'이라한다)에 적용한다"고 되어 있어 동일 기업의 복수 사업장에 대한 규정만 있을 뿐 다수 고용주에 의한 퇴직연금 설계 규정은 없는 실정이다.

15 산별노조 차원에서 산별 연금 논의는 금속노조 등 일부에서 시작되었다. 또 산별노조가 존재하지 않지만 사무금융노련 산하의 증권노조에서는 2005년 노사 동수로 산별퇴직연금위원회를 구성한다는 원칙적 합의 이후 2006년 10월 '산별퇴직연금 TFT와 산별퇴직연금위원회' 구성에 잠정 합의한 상태이지만 이후 별 진전이 없는 상황이다.

케 하는 법적·제도적 개선도 필요하다. 이것은 연금기금이 단순히 수익성을 추구하는 펀드가 아니라 기업 지배구조에 대한 개입이나 기금 운용에서 사회책임투자SRI를 선도하는 데 있어서 전제 조건이 될 것이다.

3. 사회책임경영과 새로운 기업모델의 한계

1) 기업사회책임 혹은 사회책임경영

일반적인 의미에서 기업사회책임Corporate Social Responsibility; CSR 혹은 사회책임경영은 "기업이 자신의 활동 기반이 되는 사회와 다양한 이해당사자들에 대해 지게 되는 책임 혹은 그러한 책임을 다하는 기업 경영"을 의미한다. 그러나 기업의 사회적 책임에 대한 일치된 개념이나 보편적으로 받아들여지는 개념 정의가 없기 때문에, 그 용어나[16] 의미가 아주 다양하게 사용되고 있다(Whitehouse 2006).

기업사회책임에 대한 강조와 사회책임경영 분위기의 확산은 그동안 주주자본주의 기업 경영을 중시해 온 미국이나 영국에서 더 큰 반향을 일으키고 있다. 이는 주주 가치 극대화, 금융유동성, 노동시장 유연화를 핵심적인 내용으로 하는 신자유주의적 사회경제모델이 심각한 정당성 위기에 직

---

16 사회책임경영이라는 용어 이외에도 윤리경영, 투명경영, 환경경영, 지속가능경영, 기업시민(corporate citizenship) 등 의미는 약간 다를 수 있으나 유사한 용어나 개념이 혼용되고 있다.

면하고 신자유주의의 헤게모니가 크게 위축되는 것에 대한 나름의 대응책이다. 이런 점에서 최근 영미권에서 기업의 사회적 책임제고 운동이 고조되고 있는 것은 과거 종교단체나 자선단체들이 추진했던 기업의 윤리적 책임제고 운동과는 차원이 다른 더 큰 의미를 갖는다. 즉, 기업이 지속적으로 성장하기 위해서는 단순하게 이윤을 추구하는 기업 경영이나 주주 중심의 경영만으로는 한계가 있다는 반성과 함께 주주뿐만 아니라 노동자, 고객, 사회단체 등 기업에 관련된 모든 이해당사자들의 요구에도 부응할 수 있는 기업 경영이 필요하다는 인식이 확대되고 있는 것이다(전창환 2006).

그러나 위에서 지적한 대로 기업사회책임에 대한 보편적 정의가 없는 상황에서 그것이 무엇을 의미하며, 그 내용은 무엇인지, 또 그러한 활동을 누가 주도하고 무엇을 추구하는지도 여전히 불분명하다(Sahlin-Andersson 2006). 또 책임을 다해야 할 이해당사자의 범위는 누가 결정하며, 이해당사자 간 갈등을 해결하는 방식, 즉 기업 지배구조 장치를 어떻게 구성하는지, 이해당사자 간 우선순위는 어떤 방식으로 결정하는지에 대한 기준도 분명하지 않다. 이처럼 기업사회책임을 둘러싼 개념과 의미상의 혼란은 있으나 그 내용은 다음과 같은 몇 가지로 구분해 볼 수 있다.

- 투명경영과 윤리경영을 통한 기업 가치의 제고
- 사회책임투자 운동
- 고용 보장, 고용 평등, 최적 임금 준수, 교육 훈련 강화, 노동조합 활동 보장
- 기업이 속한 지역사회에 대한 투자나 봉사, 그리고 기부금 같은 자선 활동
- 기업 활동과 관련한 환경보호를 위한 환경 중시 경영
- 기업 간 관계망 확대에 따른 거래 기업 및 공급 사슬망에 대한 책임

그러나 정작 문제는 이상과 같은 활동을 기업이 어떤 방식으로 수행하

고 책임의 준수 여부를 어떤 기준에 의해 판단할 것인가 하는 것이다. 즉, 기업사회책임을 경영자의 자율적인 판단에 의한 경영 전략이나 활동으로 이해할 경우, 이는 어디까지나 법적 강제력이 없는 자발적인 기업 활동이다. 한편에서는 기업사회책임이 기업의 사회적 책임을 강제하는 규제의 틀로 인식되기도 한다. 특히 1990년대 이후 주주 가치 경영의 근시안적 경영이나 회계 부정 등을 계기로 기업이 개혁의 대상이 되면서부터 기업사회책임은 단지 기업의 자율적인 책임에 머무르지 않게 되었다. 이에 따라 기업의 투명한 의사 결정이나 지배구조와 관련된 규범이나 법적인 책무와 관련된 행위를 규범화하거나 법제화하려는 경향이 현실화되고 있다. 이것은 기업사회책임이 실효성을 가지려면 그동안 이를 주도한 시민단체들의 역할 이외에도 정부 등 공적 당국의 역할이 반드시 필요하다는 것을 의미한다.[17]

기업사회책임의 수행과 준수에 공적 당국의 역할이 필요하다는 사실은 기업사회책임 자체가 지닌 한계와도 밀접한 연관이 있다. 즉, 기업사회책임은 그 자체만으로 공적인 질서와 규칙 없이 기업 활동과 관련해 다양하게 발생하는 문제를 해결할 수 있다는 환상을 불러일으킬 수 있다는 것이다. 하지만 과연 공적 개입의 틀 외부에서 사회·환경적 문제를 규제할 수 있는지? 이에 대한 답을 기업의 사회적 책임론이 제시하지 못하고 있다.

또 기업의 사회적·환경적 책임에 대한 시민단체 중심의 운동이 가지는 한계도 있다. NGO에 의한 기업의 사회적 책임제고 운동은 직접적인 이해 당사자들의 권리와 이해만을 사유화, 특권화함으로써 기업 활동과 관련된

---

17 이런 점에서 기업의 사회적 책임은 경영자의 재량이 아니라 공공 정책으로 확립되어야 할 필요가 있다(Windsor 2006). 실제로 프랑스에서는 2001년에 채택된 신경제 규제에 관한 법에서 상장기업에 사회·환경보고서를 작성· 공표하도록 했다.

일반 이해의 증진에 대해서는 상대적으로 무관심하다. 노동조합을 배제하는 것이 그 대표적인 예라 할 수 있다. 기업사회책임 운동을 통해 기업에 대한 사회적 책임 수행에 대한 시민단체들의 압박이나 요구가 영미 국가에서 더 강하게 나타났던 것은 이들 국가에서 노동조합의 정당성에 대한 인정이 그만큼 취약했다는 것을 반증하는 것이라 하겠다.

2) 재벌기업 사회책임경영의 실제

실제로 "윤리경영", "투명경영", "환경경영" 등을 선언하고 사회공헌백서나 지속가능보고서를 발간하는 등 표면적으로는 기업사회책임을 수행하는 기업들이 점차 늘고 있다. 또 재벌기업들은 기업사회책임을 사회공헌 활동으로 해석하고(이상민·최인철, 2002) 1990년대 중반 이후 다양한 형태의 사회책임경영을 위해 사회공헌기금을 지출해 왔다고 발표했다. 그 결과 국내 대기업의 이익 대비 사회공헌지출 비율은 평균 2% 수준을 기록함으로써 선진국의 1%대보다 더 높게 나타나고 있고(『한겨레』 2007/02/20), 지출 규모도 매년 증가하는 추세여서 사회공헌 활동에 대한 기업의 참여가 높아지고 있음을 보여 준다(전경련 2006). 이러한 활동의 결과인지는 몰라도 국내 기업들의 기업사회책임에 관한 여론 조사를 보면 삼성, LG, SK, 현대자동차 등 주요 재벌 그룹과 계열사들에 대한 평가가 높게 나타나기도 했다.[18]

18 『매일경제신문』이 동아시아연구원(EAI)·글로브스캔과 공동으로 실시한 "한국 경제와 기업의 사회적 책임" 여론조사를 말하며, 여기에서 기업사회책임의 범위에는 좋은 제품, 친환경 생산, 종업원 공평대우, 윤리경영, 자선과 교육 등 사회공헌, 세계경제 안정 등이 포함되어 있다(『매일경

순위	그룹	2004	2005	2006	2007(계획)
					〈단위 : 억 원〉
1	삼성	4,716	4,779	4,405	4,500
2	SK	817	1,010	1,200	1,100
3	LG	640	710	900	1,000
4	포스코	1,000	808	863	전년 수준
5	현대자동차	450	400	495	전년 수준
6	GS칼텍스	73	100	225	전년 수준
7	KT	150	150	150	전년 수준
8	유한킴벌리	75	98	120	전년 수준
9	교보생명	100	110	117	120
10	한화	53	55	115	전년 수준
11	이랜드	105	104	102	110
	합계	8,106	8,224	8,692	8,798

표 5-2 주요 재벌 그룹의 사회공헌지출 추이

주 : 한화는 2006년 이후 각 계열사 지출 포함, GS칼텍스는 그룹이 아니라 회사 기준임. 유한킴벌리의 전년 수준은 매출의 1~1.5%임.
출처 : 『한겨레』 2007/02/20.

그러나 국내 기업의 기업사회책임 운동이 시작 단계라는 점을 감안하더라도 이러한 활동은 아직 상징적이고 선언적인 차원에 머물거나 기업 홍보 수단에 지나지 않아 국제적 수준과 비교하면 부족한 점이 많다. 실제로 우리나라 기업 가운데 자체 환경보고서 발간 기업은 2004년 10개에서 2005년에는 4개로 감소했고, 사회공헌백서 발간 기업은 2001년 4개에서 2006년 6개로 큰 변동이 없었다. 다만 지속가능보고서 발간 기업이 2003년 5개에서 2006년 말 기준 15개로 증가했을 뿐이다.[19]

제』 2007/01/19 인터넷판).

[19] 조돈문(2007)은 삼성SDI(주)의 지속가능보고서의 분석을 통해 삼성SDI의 경영이 사회책임경영보다는 궁극적으로 총수 경영을 지향하고 있음을 밝혔다.

　더 근본적인 문제는 이러한 사회 공헌에 대한 참여나 사회책임경영에 대한 약속이 사회에 존재하는 기업의 책임과 이해당사자들의 요구에 부응하려는 의지와 자발적인 참여를 통해서 이루어진 것이 아니라는 데 있다. 예외적인 경우도 있지만, SK재벌의 경우, SK글로벌의 분식회계 사태와 그 뒤를 이은 총수 구속이나 경영권 위협 시점에, 삼성이나 현대자동차의 경우, 소위 'X파일' 사건이나, 글로비스를 통한 비자금 조성 등으로 총수가 사법처리 될 시점에 사회책임경영의 내용을 발표한 것이 그 대표적인 예일 것이다.

　삼성은 2005년 3월 16일 삼성 그룹 사장단 회의에서 기업의 사회책임과 임직원들이 지켜야 할 기본 행동 원칙을 5대 원칙으로 정하고, 구체적 실행 원칙으로서 15개 세부 원칙, 그리고 42개 행동 세칙을 담은 '삼성 경영 원칙'을 제정해 실천할 것을 선언했다. 이전에도 삼성그룹은 정부, 정치권, 경제계, 시민단체 등 4대 부문의 대표가 체결한 '투명사회협약'에 참여한 바 있다. 5대 원칙은 ① 법규 준수와 회계투명성, 정치적 중립 유지를 내용으로 하는 '법과 윤리의 준수' ② 공사 구분과 회사 지적재산권 보호를 규정한 '깨끗한 조직 문화' ③ 고객과 주주, 종업원의 가치를 다룬 '고객, 주주, 종업원 존중' ④ 환경과 안정 문제를 강조한 '환경, 안전, 건강 중시' ⑤ 사회공헌 전반에 대한 '기업시민으로서 사회적 책임 수행' 등이다.[20]

　2006년에도 삼성재벌은 8,000억 원 상당 사회기금 헌납, 구조조정본부 기능 조정과 계열사 독립경영 강화, 삼성SDS(주) 신주인수권부사채BW 증여

---

[20] 이와 유사한 경영 원칙으로는 GE의 '8Valus & 4Actions' 도요타의 'Toyota Way', 휴렛팩커드의 'HP Way', 존슨앤존슨의 'Our Credo' 등이 대표적인 예다.

표 5-3 삼성재벌의 경영 원칙 내용

경영 원칙	핵심 내용
법과 윤리의 준수	- 개인의 존엄성과 다양성 존중 - 법규 준수 및 공정경쟁 - 회계투명성 유지 - 정치개입 회피 및 정치적 중립 유지
깨끗한 조직 문화	- 공과 사의 엄격한 구분 - 회사와 타인의 지적재산 보호와 존중 - 건전한 조직분위기 유지
고객, 주주, 종업원 존중	- 고객 만족을 우선가치로 고려 - 주주 가치 중심의 경영추구 - 종업원의 삶의 질 향상에 노력
환경, 안전, 건강 중시	- 환경친화적 경영 추구 - 인류의 안전과 건강 중시
기업시민으로서 사회적 책임 수행	- 기업시민으로서 기본적 책무 수행 - 지역사회와 상생 실천 - 사업 파트너와 공존공영 관계 구축

세 부과소송 및 공정거래법 헌법소원 취하 등을 골자로 하는 총수 재산의 사회 헌납과 사회책임경영 방침을 발표했다.

현대자동차의 경우에도 2006년 4월19일 대국민 사과를 발표하고 정몽구 회장이 보유하고 있는 1,054만6,000주(28.1%)와 정의선 사장의 1,195만 4,000주(31.9%) 등 2,250만 주(60%)의 글로비스 주식을 사회에 기부하겠다고 밝힌 바 있다. 뿐만 아니라 국내 일자리 창출과 투자 확대, 중소기업 및 협력회사 지원, 사회적 책임과 윤리적 의무 이행, 윤리위원회 신설, 이사회 및 감사위원회 기능 강화, 기획총괄본부 조직 축소, 계열사 독립경영, 검찰 수사 적극 협조 및 사법적 책임 감수 등의 사회책임경영과 기업지배구조 개선을 약속했다.

이러한 사례들은 그동안 우리나라 재벌기업들의 사회공헌 활동이나 사회책임경영이 극히 일부를 제외하고는 수동적·일회적·책임회피적인 것임

표 5-4 재벌의 사회공헌 및 지배구조 개선 약속

재벌	발표 일시	사건 계기	내용
SK	2003.6	SK글로벌 분식회계 등	· 브랜드와 기업문화 공유하는 독립기업의 네트워크로 변신 · 구조본 해체, 이사회 중심 전문경영인 체제로 독립 · 투명·윤리경영 정착 등
	2003.8.31		· 1천억 원 상당 최태원 회장의 워커힐 주식 등을 (주)SK네트웍스에 무상 기부
	2004.1.30		· SK(주) 사외이사 비중 70%로 확대, 투명경영위원회 신설
	2004.4.8		· 사회공헌 활동 강화 등 뉴SK 선언
삼성	2006.2.7	X파일 사건, 에버랜드 CB 헐값 발행	· 8천억 원 상당 사회기금 헌납 · 사회복지 확대 등에 2,000억 원 지원 · 중소기업 및 협력회사 경쟁력 강화 방안 별도 준비 · 삼성을 지켜보는 모임 · 구조조정본부 기능 조정과 계열사 독립 경영 강화 · 삼성SDS BW 증여세 부과소송 및 공정거래법 헌법소원 취하
현대 자동차	2006.4.19	총수 일가 비자금 조성 등	· 1조 원 상당 글로비스 주식 사회 환원 · 국내 일자리 창출과 투자 확대, 중소기업 및 협력회사 지원 · 사회적 책임과 윤리적 의무 이행, 윤리위원회 신설 · 이사회 및 감사위원회 기능 강화, 기획총괄본부 조직 축소 · 계열사 독립 경영, 검찰 수사 적극 협조 및 사법적 책임 감수

을 알 수 있게 해 준다. 특히 사회책임경영에 대한 약속은 그 이행 여부와 무관하게 사회로부터 부정적인 여론의 확산을 막기 위해 사용되는 보조장치로 기능함으로써 결과적으로 사회적 책임의 수행은 기업 경영활동의 실패를 무마하는 여론조작의 효과적 수단이 되고 있다(정건화·송홍선 2006).

우리나라 재벌기업들의 기업사회책임 활동에서 가장 중요한 문제는 기업의 가장 중요한 이해당사자인 노동자의 인권과 노사관계 관련 사항이 기업사회책임의 구성요소로 인식되지 못하고 있다는 점이다.[21] 예를 들면 "세

---

[21] 기업 경영자들을 대상으로 한 설문조사에 따르면 국내 기업들이 중시하는 기업사회책임 요소

계에서 가장 존경받는 기업이 되겠다"던 삼성재벌의 이른바 '사회와 함께 하는 경영 실천'의 이면에는 노동조합 자체를 인정하지 않는 전근대적인 노사관계, 비사회적인 경영 방식이 도사리고 있다. 무노조 경영은 노동기본권을 비롯한 기본적인 인권과 시민권을 총수의 지배력으로 무시하는 것이다. 이와 같은 삼성재벌의 무노조 경영 전략은 개별 계열사 차원에서 이루어지는 것이 아니라 총수의 절대적 영향력하에 있는 기업 구조조정본부 차원에서 주도면밀하게 이루어진다. 그리고 이러한 무노조 경영은 '삼성가족주의', '사회책임경영' 등으로 포장되었다. 이와 같은 현실은 기업 지배구조 개선을 핵심으로 하는 기존의 재벌개혁에 새로운 과제가 추가되어야 할 정당성을 부여한다.

현대자동차의 경우에도 총수 중심의 기업 지배구조에 커다란 변화가 없고, 또 재벌 2, 3세에 대한 부당한 부의 상속이 계속되는 가운데 사회책임을 위한 투자 약속이 실질적인 사회 변화에 얼마나 기여하게 될지 의문이다. 또 사회적 책임 이행을 약속하고 사회공헌 투자액을 경쟁적으로 늘이는 재벌기업들이 과연 사회로부터 신뢰받고 있는가에 대해서도 회의적이다. 또 이러한 사회공헌 투자가 약속대로 시행되고 있는지와 무관하게, 이 투자를 약속한 자금은 계열사 간 밀어주기에 의한 배당수익이나 주가차익의 일부에 해당하는 것일 뿐이다. 예를 들어 현대자동차그룹의 정 회장 부자가 글로비스를 설립할 때 사용한 자본은 약 50억인 데 비해 그동안 현대자동차그룹 계열사들이 물량 몰아주기 등으로 성장한 글로비스를 통한 배

중에서 노동자의 인권과 노사관계 및 고용 관련 내용은 우선순위 5위 안에 포함되어 있지 않고, 또 지배구조 관련 요소들도 중요하게 고려되지 못하고 있다(안병훈 외 2006).

당금 수익은 130억 원 이상이다. 또 2004년 25%의 주식을 팔아 거둔 시세 차익은 1,000억 원대에 이른다. 그리고 현대자동차그룹이 내놓겠다고 한 '1 조 원' 역시 '평가차익'일 뿐 실질적으로 실현된 돈이 아니라는 점에서 실현 가능성도 크지 않다. 게다가 글로비스를 현대자동차 일가의 소유물로 간주 하고 사회공헌기금을 약속한 것은 글로비스의 주가 하락과 이로 인한 소액 주주들의 손실을 고려하지 않는 비민주적 발상이라 할 수 있다.

노동과 인권, 그리고 기업 지배구조 개선 이외에 환경 경영에 관한 우리 나라 기업들의 사회책임경영도 소극적이며, 그 내용도 충실하지 못하다. 기 업들의 환경 경영이 초보적인 수준이라는 점을 감안하더라도 일부 대기업 이 발표하고 있는 지속가능보고서는 가이드라인에서 제시하는 평가 항목 을 제대로 준수하지 못하고 있다. 실제로 기업책임시민연대가 기업들이 글 로벌 표준으로 삼는 유엔환경계획 산하 GRI^{Global Reporting Initiative} 기준에 따 라 지속가능보고서를 발간한 기업 11곳을 대상으로 조사한 결과, 평균 준 수율이 45%에 정도에 그쳐 매우 저조하다(한국노동연구원 2006).

결국 총수를 포함한 지배주주들에 의한 소액주주들의 부 탈취나, 왜곡 된 형태의 주주 가치 경영이 지속되는 상황에서 이해당사자들의 요구에 부 응하는 사회책임경영이나 이해당사자들에 대한 배려는 극히 취약한 수준 에 머물러 있다. 이는 우리나라 재벌기업들이 여전히 재벌 총수와 친인척 등 지배주주들의 이해를 극대화한다는 배타적이고 협소한 목적에 지배되 고 있다는 것을 의미한다.[22]

---

[22] 재벌 체제와 기업사회책임에 대해서는 송원근(2007b)을 참고.

3) 새로운 노사관계에 기초한 기업모델 : 유한킴벌리모델

한편 재벌기업의 경영권 보호를 주목적으로 한 노동과 자본 사이의 사회적 대타협이나 일회적이고 책임회피적인 사회책임경영과는 별개로 새로운 노동개혁(노사관계모델)의 일환으로서 노사 대타협 모델 논의도 활발하게 전개되고 있다. 주지하다시피 영미식 주주자본주의를 지향하는 국가들에서 이른바 고용 없는 성장은 단기수익성 제고를 목적으로 한 '구조조정과 배당' 메커니즘을 통해서였으며 우리 경우도 예외는 아니다. 즉, 노동 부문에서는 상시적 인력 구조조정과 노동 유연화, 노동 배제적 성장이 일반화되고, 기업들은 사상 최대의 매출과 순이익을 내면서도 총 고용량은 외환위기 이전 수준을 회복하지 못하고 있다. 게다가 기업들은 고임금을 감당하지 못해 해외 진출에 주력하는 한편, 값싼 인건비와 고용 유연성을 이유로 갈수록 비정규직을 선호하고 있다. 비정규직의 확산은 노동시장의 불안과 사회적 형평성을 심각히 해치고 있다. 더 큰 문제는 기업들의 이러한 전략이 작업장의 숙련 축적과 기술 혁신을 저해하고 있다는 점이다. 이러한 상황에서 우리나라 기업들은 단기수익성을 높이기 위해 저임노동에 기초한 노동유연화low road 전략을 더욱 강화할 것인가 아니면 고임금을 유지하면서 직업 교육을 통해 노동자의 숙련 축적을 지원하고 기술혁신을 통해 기업효율성과 성과를 높이는 고진로high road 전략23을 지향할 것인가 하는

---

23 고진로 전략의 대표적인 사례는 1990년대 초 미국 위스콘신주에서 볼 수 있다. 생산 현장 노동을 경시하는 미국의 일반적인 풍조와 달리 위스콘신에서는 스웨덴식 고진로 방식을 통해 실업문제를 해결해 왔다. 시카고에 인접한 지역적 특성으로 위스콘신 지역은 자동차 부품업체를 중심으로 제조업이 비교적 발달한 곳이다. 1980년대 후반 미국 자동차업계의 불황에 따라 실업문제가

기로에 서 있다고 할 것이다(Ellerman 2004).

　후자의 대표적인 예가 이른바 '유한킴벌리모델'(Y-K모델)이다.[24] 4조 2교대와 노동자 평생교육을 통한 지식근로자를 양성하는 유한킴벌리모델은 기존의 기업모델을 대체할 '뉴 패러다임'[25]의 전형으로서 불려지기도 한다. 유한킴벌리모델은 기존 인력보다 25~30% 정도의 고용 증대 효과를 기대할 수 있다. 더 나아가 4조 교대제를 통해 생산성을 증가시켜 성장하면 사업에 대한 투자가 그만큼 더 늘어나고, 이는 다시 새로운 일자리 창출로 이어질 수 있다. 고용은 100% 보장되지만, 내부 노동시장은 유연하다. 따라서 유한킴벌리의 노사 동반성장모델은 곧 '고숙련-고기술-고성과-고임금'의 선순환구조가 핵심이라 할 수 있다. 이러한 신경영 전략을 통해 유한킴벌리는 인력을 최소 33~100% 더 고용한 대신 고정자산 투자를 24시간 360일 가동할 수 있는 능력을 확보해 물적 자산에 대한 투자비 및 운영비를

심각해지자 지역의 노동단체와 사용자단체, 그리고 정부 등 지역 노사정이 위기 극복을 위해 협력을 약속하고 실업자에 대한 직업교육에 들어갔다. 그 결과, 노동자는 직업의 숙련도를 높여 노동력의 부가가치를 높이게 되고, 사용자는 기술 숙련도가 높은 노동자를 손쉽게 구할 수 있게 되고, 지방정부는 실업문제 해결과 빈곤문제 등 사회문제를 해결하게 되는 등 노사정 각 주체에게 모두 환영을 받게 되었다. 이와 같은 위스콘신 방식의 시사점은 지역 노사정의 역할이라 할 수 있다.

[24] 이 모델에 대한 구체적 사례 연구는 조성재(2004)를 참조.

[25] 정부는 2003년 12월 30일 발표한 2004년 경제 운용 방향에서 고용 창출과 노동생산성 향상을 위한 방안으로 교대 근무제를 제시하고 그 모범 사례로 유한킴벌리를 소개했다. 정부는 유한킴벌리모델을 공식적으로 도입하기 위해 "사람입국 신경쟁력 위원회"라는 준비 조직을 설치했고, 2004년 3월 노동연구원 부설로 "뉴패러다임센터"가 만들어졌다. Y-K모델을 국내 산업 전반에 보급하는 것을 목표로 한 이 센터는 출범 1년이 채 되기도 전에 13개 중견, 중소기업 및 공공기관이 이 모델을 도입하는 성과를 올렸다고 알려졌다(『미디어다음』 200/01/09). 경기 침체를 이유로 대기업들까지 감원을 주저하지 않는 상황에서 풀무원, 대명화학 등 '뉴패러다임'을 선택한 기업들은 고용을 20~30%씩 늘리고 생산성까지 높이고 있다.

20% 줄였다. 또 안전율, 품질, 생산성, 원가 측면에서 획기적 성과를 이뤘다. 그 결과 해당 분야에서 시장지배 사업자의 지위를 계속 유지하는 것은 물론 생산성과 수익성이 크게 높아졌다. 노동자들의 근무시간은 줄고 임금은 유지되었으며,[26] 기업은 고성장을 지속했다.[27] 결국 유한킴벌리모델이 주목받게 된 가장 큰 이유는 고용 없는 성장 문제를 해결하고, 직업 교육을 통한 숙련 축적과 생산성 향상을 기할 수 있다는 두 가지 점에서다.

이 모델의 지속적 성공에는 안정적이고 협력적인 노사관계가 바탕을 이루고 있음에도 주목할 필요가 있다. 학습·혁신 체제가 아무리 우수하더라도 노동조합이 찬성하지 않으면 성공하기 어려웠을 것이라는 점에서 협력적 노사관계의 현실적인 중요성이 있다. 참여적 작업 조직과 교육훈련의 토대로서 협력적 노사관계는 유한킴벌리모델의 중요한 구성 요소다. 뿐만 아니라 소유구조 측면에서도 30%의 지분을 소유한 모기업 유한양행[28]의 창업주 가족 및 친인척의 경영 참여가 없고 전문경영자에 의해 기업 경영

26 전체 비용에서 인건비가 차지하는 비중이 15%에 이르며 이 중 교육훈련비가 차지하는 비중이 25%에 이른다.

27 동아일보와 한국IBM BCS가 공동 실시한 '2005년 존경받는 30대 한국 기업' 조사에서 유한킴벌리는 직원과 사회 부문에서 1위를 차지했다. 국내 최초로 현장 노동자를 대상으로 4교대 근무제를 실시하고 휴무일에는 교육에 참가하거나 사회공헌 활동을 할 수 있도록 했다. 이 회사의 이직률은 0.3%로 30대 기업 평균 이직률(4.8%)보다 크게 낮다. 장애인 고용 비율이 30대 기업 평균의 5배이고, 매출액 대비 사회공헌 투자액은 0.97%로 30대 기업 평균의 4배였다(『동아일보』 2005/06/27).

28 유한양행은 IMF 이전까지 유한킴벌리의 지분 40%를 소유하고 있었는데, IMF 직후 10% 지분을 KCC에 매각해 3,400만 달러의 외자를 유치했다. 그 결과 2004년 말 유한양행이 30%의 지분을 가지고 있고 KCC(Kimberly Clark Corporation)가 23.6%, Kimberly Clark Inc.가 46.4%를 소유하고 있는데 이와 같은 소유구조는 수년 동안에 걸쳐 매우 안정적이다.

이 이루어지고 있어 소유와 경영 분리의 모범을 보이고 있다는 점에서 재벌 기업의 소유지배구조와 다르다. 또 노사협의회나 각 급 노사간담회를 통해서 경영 정보가 공개되고 있어 경영투명성도 높다.

'한국적 미시 코포라티즘'의 성공모델이라는 긍정적인 평가(임상훈 외, 2004)에도 불구하고 이 모델에 대한 비판도 만만치 않다. 즉, 시장 지배력이 낮거나 고정 자산이 적은 기업의 경우, 이 모델은 인건비 부담 등으로 오히려 기업채산성을 악화시킬 수 있다는 것이다. 또 새로운 교대 근무제로 인해 노동자들의 생활 리듬에 문제가 생기거나 작업장 내 동료 노동자 간 연대감이 부족해질 수도 있다. 뿐만 아니라 이 모델은 환경친화적 혹은 지속가능한 경영모델과는 거리가 멀다는 비판도 있다. 즉, 생산성을 높여 더 많은 상품을 만들어 내므로 더 많은 자원을 고갈시킬 가능성이 크고, 따라서 이 모델은 대량생산·대량소비를 특성으로 하는 포드주의 생산방식Fordism에서 크게 벗어나지 못했다는 것이다. 동일한 맥락에서 정보통신기업 등 교대 근무제 등이 활성화되지 않은 지식집약산업 분야의 성공 사례가 아직 없다는 것도 약점으로 지적된다.[29] 또 노동자 경영 참여도 교육 훈련에 대한 노동자의 적극적 참여나 제안 제도 등 지식경영에 대한 참여에 머물러 있어 노사 동반자관계 형성에 주력하는 단계이며, 노동조합 역시 경영에 순응하는 방식을 취하고 있다. 또 권한 위임에 있어서도 사무관리직의 경우 비교적 상당한 재량권이 주어지지만 생산직의 권한 위임은 매우 제한적인 수준에 머물러 있다(한국노동연구원 2000). 따라서 생산계획·생산성/품질

---

29 이와 같은 주장에 대해 뉴패러다임센터는 혁신의 속도가 빠른 IT기업일수록 직원들에 대한 학습을 보장해 주는 뉴패러다임이 더 필요하다는 반론을 펴고 있다.

관리·신기술도입·인력관리 및 개발·기타 노사현안 등과 같이 전략적 의사
결정과 관련된 경영 전반에 대한 노사협의가 이루어지지 못하고 있다.

4. 재벌 체제 대안으로서 벤처기업 체제의 역기능

1) 벤처 체제의 의의

투명하지 못한 소유구조와 총수 중심의 지배구조의 문제점에 대한 인식
은, 기존의 재벌 체제를 대신하는 새로운 소유지배구조를 가지며, 직접금융
에 의해 조달된 자금으로 혁신투자를 과감히 수행함으로써 집단화 효과가
의존하지 않고 기술력에 의해 기업경쟁력을 갖춘 벤처기업 중심의 '벤처 체
제'를 모색하는 것으로 구체화되기도 했다. 특히 외환금융위기를 전후해 첨
단 산업에 대한 진출을 통해 경제 활력을 모색하던 정부가 적극적인 벤처
육성책을 시행하면서 이른바 '벤처 붐'이 조성되었다.
정부의 육성 정책을 계기로 외환금융위기 이후 얼마 동안은 벤처기업의
대부분인 중소기업들이 재벌기업들과 독립적이고 경쟁적인 관계를 형성할
수 있는 조건이 마련되기 시작했고, 기존의 재벌 체제와는 구분되는 새로
운 기업 체제 형성에 대한 기대도 생겨났다. 이는 주로 다음 몇 가지 점에서
인데 첫째, 기존의 재벌 체제가 그룹 전체의 이익을 중시하고, 총수 등 지배
주주의 이익을 지향했다면, 벤처기업은 기업의 외형보다는 개별 기업의 시
장가치나 수익성을 중시하고 주주 일반의 이익을 우선한다는 점에서다. 특

표 5-5 재벌 체제와 벤처기업 체제

	재벌 체제	벤처기업 체제
경영 목표	대주주 개인이익; 그룹 전체 가치, 외형	주주 일반이익 : 개별 기업 가치, 수익성
소유구조	소유집중, 높은 내부지분	소유분산 : 낮은 내부지분
재무구조	간접금융, 은행차입, 융자	직접금융 : 기업공개, 혁신 투자
지배구조	족벌 경영 ; 총수 및 일가	전문경영 : 소유와 경영의 분리
사업구조	비관련다각화 : 계열사 지배	네트워크화 : 전략적 보완성
	제조업 ; 물적 유형자산	정보산업 : 인적 정보자산

출처 : 이재희(2000).

히 투자 위험과 불확실성이 큰 업종인 벤처기업 투자자들은 상대적으로 인내심이 적기 때문에 기업은 투자자들을 안심시키기 위해서 수익성 확보에 더욱 적극적일 수 있다. 둘째, 자금조달과 투자에 있어서도 재벌 체제가 은행 융자 등 간접금융에 의존해 사업 다각화와 계열사 확장에 주력했다면, 벤처 체제는 기업공개 등 직접금융에 의존하고, 기술혁신 투자 비중이 높다. 셋째, 소유구조가 재벌에 비해 분산되어 있고, 내부지분율이 낮아 지배주주에 의한 비민주적 의사 결정이 불가능하다는 점에서다. 넷째, 기업 규모가 커지면서 벤처기업은 전문경영 체제의 필요성이 커지는 것에 비해[30] 재벌의 경우에는 해당 기업에 대한 총수 및 일가의 통제권 확보가 우선이기 때문에 전문경영인 체제로 기업을 경영하기 어렵다. 나아가 벤처기업

---

[30] 창업자가 경영에서 완전히 물러나고 외부 경영전문가에 일임하는 전문 경영 기업의 등장('옥션', '아이네트' 등)이나, 창업자가 외부 경영전문가를 영입해 각각 기술개발 분야와 경영, 마케팅 분야를 전담하는 공동 경영 기업의 등장('나모인터랙티브', '웹투폰', '코스모브리지' 등)이 그 대표적인 사례로 꼽을 수 있다.

간에 합병이나 합작기술개발 등을 통한 전략적 제휴가 이루어지는 경우도 많다. 다섯째, 코스닥 등록 벤처기업들도 활발한 다각화를 통해 기업 그룹을 형성해 나갔는데 이는 과거 재벌의 사업 확장과 유사한 측면이 있지만 계열사 지배를 주된 목적으로 한 재벌 체제와는 다른 것이다. 즉, 벤처기업들은 전략적인 목적과 환경 변화에 신속하게 대응하고 기업 단위의 세분화를 통해 책임경영을 구현하고, 기업 간 시너지 효과를 높일 수 있다는 것이다. 이와 같은 기업 그룹의 운영방식은 모든 계열기업을 하나의 명령 체계로 통괄하는 수직적 재벌 조직과 달리 상호 독립적인 수평적 네트워크 조직에 해당하는 것이라 할 수 있다(이재희 2000).

2) 재벌의 벤처 부문 진출

중소기업들이 중심이 되었던 벤처 부문의 진출에는 재벌들도 적극적이었다. 재벌들의 벤처 진출은 일반적으로 주식취득을 통해 기존의 벤처기업을 인수하는 방법, 기존의 계열사 내부에 벤처사업부를 신설하거나 사내벤처를 운영하는 방법, 그리고 사업성이 확인된 벤처사업을 분사 방식을 통해 새로운 기업을 설립하는 등 다양하게 이루어졌다. 진출 부문을 보면 이른바 '신경제'New Economy의 주역인 정보통신산업에 대한 진출이 특히 활발하게 이루어졌다. 이는 재벌 소속 대기업들의 인터넷 계열사 확장 경쟁으로 본격화되었다. 특히 2000년 닷컴 열풍과 함께 재벌그룹 및 재벌기업 간에는 e-비즈니스 영토 확장 경쟁이 가속화되었다. 일례로 2000년 초부터 2001년 5월까지 삼성, SK, LG, 현대, 현대자동차 등 5대 재벌에 새로 편입된 정보통신 관련 계열회사는 모두 45개에 달했다. 이 수치는 5대 재벌이

표 5-6 4대 재벌의 벤처캐피털 투자 사례(2000년)

재벌	주요 투자 기업	벤처캐피털	벤처 투자대상 기업
삼성	삼성물산, 삼성전자, 삼성SDS, 유니텔	삼성벤처투자 삼성물산 산하 골든게이트	새롬기술(220억 원), 한국정보인증(20억 원), HTH(37억 원), 네오플랜, 시네마테크
현대	현대정보기술 현대종합상사	현대기술투자	몬덱스코리아 네오플랜, 인포웹, 컴커넥트, 세인트미디어, 아이해브무브드닷컴, 홈TV인터넷
LG	데이콤, LG-EDS, LG전자, LG상사, LG텔레콤	LG창업투자	드림위즈, 심마니, 리눅스원, 키움닷컴, 케크로스닷컴, 이지빌
SK	SK주식회사, SK상사, SK텔레콤		바이텍시템, 아이냅스, 디지털조선,한국정보인증, 코리아사이버페이먼트 등 100억 원, 호른테크(300만 달러), 아이윙즈(20억 원), 데일리시큐어(6억 원)

같은 기간에 신규 확장한 전체 계열사의 절반을 넘는 수치다. 특히 2001년 5월까지 이들 5개 재벌이 신규 편입한 22개 계열회사 가운데 e-비즈니스 관련 기업이 13개나 될 정도로 정보통신 분야 진출에 강한 열의를 보였다.

이와 같은 재벌기업들이 e-비즈니스 계열사 확장은 표면적으로 그룹 전체의 핵심 역량을 강화하고 이른바 온·오프라인on-off line 연계 사업을 구축하며, 미래의 수익성 있는 사업을 집중 육성한다는 것이었다. 게다가 자본이나 인력 측면에서 정보통신 계열사, 그중에서도 특히 인터넷 계열사들은 계열 편입과 매수에 따르는 신규 자금 부담과 절차 등에 있어서 과거와 비교해 비교가 안 될 정도로 부담이 작은 것도 크게 작용했다.

재벌의 벤처 부문에 대한 진출은 벤처캐피털 시장을 통해서도 급격히 이루어졌다. 창업투자회사의 설립과 인수를 통한 직접적인 진출, 그리고 계열 내 비금융보험사들을 통해 벤처캐피털 시장의 자금 공급자가 되는 간접적인 진출 방식 등이 그 대표적인 예이다.[31] 재벌 소속 대기업이 벤처캐피털 시장에 진출하게 된 계기는 1994년 중소기업창업촉진법 개정을 통해 정부가 재벌의 진출을 허용하면서부터였지만 1999년 벤처 붐 시기에 있었던 정부의 진입 규제완화가 결정적인 역할을 했다.[32] 〈표 5-6〉은 벤처 붐 붕괴 이전인 2000년 당시 4대 재벌의 벤처캐피털 투자를 나타낸 것이다.

3) e-비즈니스 사업을 이용한 경영권과 부의 상속 : 삼성재벌의 사례

정보통신분야를 중심으로 한 재벌들의 벤처 부문 진출은 새로운 사업 기회의 선점이나, 벤처캐피털 투자를 통한 자본이득 획득과 같은 동기가 작용했을 것이다. 이외에도 신규사업 진출을 통해 기업들의 e-트랜스포메이션을 촉진한다는 긍정적인 취지도 있었을 것이다. 그러나 다른 한편으로는 재벌을 중심으로 한 대기업들의 벤처캐피털 투자는 과거와 같은 문어발식 계열 확장과 지배력 확대를 위한 수단이 될 수 있다는 우려를 애초부터 가진 것이었다. 인터넷 분야의 계열사 확장은 이러한 우려를 현실화했고, 재벌들은 경쟁적으로 그룹 핵심 역량과 관계없이, '돈'이 될 만한 분야는 무조건 계열사로 끌어들이는 결과를 초래했다. 더 심각한 것은 인터넷 계열사를 재벌 2·3세의 변칙 상속이나 증여, 나아가 경영권 승계의 수단으로 이용하려 했다는 사실이다. 삼성재벌의 이재용에 대한 경영권 승계 시도가

---

31 이를 계기로 당시 대우전자, LG전자, 현대증권은 중소기업촉진법상의 벤처캐피탈회사들을 인수하게 되었다(Kenney et al. 2002, 82).

32 30대 재벌 그룹이 벤처기업에 투자할 때 지분율이 30% 미만이고 최대 주주가 아니라는 조건 하에서 이들의 투자를 출자총액제한의 예외 조항으로 인정한 바 있다.

그 대표적인 예다.

1995년 말 이건희 회장이 이재용에게 61억 원을 증여하면서 시작된 삼성의 경영권 승계 작업은 계열사 주식의 시세 차익을 이용한 재산 증식과 이를 통한 계열사 지배로 요약된다. 이재용이 삼성에버랜드의 최대 주주가 되는 것으로 승계 작업은 마무리된 듯했으나[33] 이 과정에서 생긴 불법 거래 의혹은 사회적 파문을 일으켰다. 불법 상속이라는 여론을 무마하고 '경영 능력을 가진 이재용'이라는 이미지를 구축하기 위해 삼성재벌은 벤처지주회사인 e-삼성(주), e-삼성인터내셔널(주), 시큐아이닷컴(주) 등을 설립해 인터넷 관련 사업을 이재용에게 맡겼다. 그리고 6개월여 만에 e-삼성(주), e-삼성인터내셔널(주) 산하에 총 16개의 계열사를 편입시키는 등 삼성재벌 안에 'e-삼성그룹'이 만들어지는 듯했다. 그러나 벤처 붐이 꺼지면서 이들 계열사의 수익 전망이 없어지자 이재용의 소유 지분을 다른 계열사들이 초기투자액을 상회하는 비싼 가격으로 떠안았다.[34] 물론 당시 삼성재벌이 벤처 투자를 변칙 상속 및 증여 수단으로 이용하려 한다는 비난과 그룹 내 다

---

[33] 이재용은 1996년 12월 주식전환 가격이 7,700원인 전환사채에 48억3,000만 원을 투자, 지분 31.9%를 가진 에버랜드 최대 주주가 됐다. 곧이어 에버랜드는 삼성생명 지분을 매입했다. 당시 에버랜드는 주당 9,000원에 삼성생명 주식을 대량으로 사들여 지분을 2.25%에서 20.7%로 높였다.

[34] e-삼성 지분 75%는 제일기획이, e-삼성인터내셔널의 지분 60%는 삼성SDS·삼성SDI·삼성전기가, 가치네트의 지분 57.2%와 시큐아이닷컴 지분 45.5%도 삼성증권·삼성카드·삼성캐피탈 등 금융계열사들이 나누어 인수했다. 당시 총인수 대금은 초기 투자금 505억 원을 상회하는 511억 원 규모로 알려졌다. 물론 여기에 대해서는 피인수 계열사의 주식 가치가 오히려 저평가되었다는 해석도 있다. 즉, 피인수 계열사들의 주당 인수 가격이 미래기업가치를 감안하지 않고 보수적으로 산출한 결과라는 것이다(『내일신문』 343호, 2000/08/02). 당시 메릴린치증권은 삼성SDI분석 보고서를 통해 "e-삼성인터내셔널과 같은 벤처회사는 현재 순자산가치에서 30~40% 할인되어 팔리고 있다"면서 삼성SDI가 이재용으로부터 주당 순자산가치를 기준으로 삼아 인수하는 것은 적절하지 못한 것으로 평가했다(『한겨레 21』 353호, 2001/04/03).

른 계열사 인터넷 사업부와의 마찰 등도 인터넷 사업을 정리하는 계기가 되었다. 이로 인해 지분을 인수한 계열사들은 5,000억 원이 넘는 주가 하락을 경험한 바 있다(참여연대 2001). 또 최근 삼성 계열사들이 소유하고 있던 (주)엠포스의 지분을 정리하면서도 약 380억 원 이상의 손실이 발생했다(참여연대 2005a). 총수 일가의 재산과 경영권을 지키기 위해 다른 계열사들이 손실을 보전하는 것은 결국 주주 권리와 재산 가치를 심각하게 훼손하는 것이다. 이 밖에도 삼성재벌 계열사가 주주들에게 끼친 손실은 부실 삼성카드의 유상증자에 대한 계열사 참여에서도 드러난다. 예를 들어 삼성카드의 지분을 인수한 삼성전자는 2003년 8,900억 원, 2004년 7,800억 원 등 총 1조6,700억 원의 지분법 평가손실을 기록했다.

4) 정보통신계열사 확장의 부정적 효과

이러한 문제 이외에도 신생 벤처기업들에 대해 그룹 차원에서 이루어지는 다른 계열사의 직·간접적인 지원은 기업 자체의 경쟁력을 약화시킬 뿐만 아니라 시장 경쟁을 제한하는 반시장적인 질서를 온존시킬 가능성도 있다. 이미 우리나라 재벌들은 독립법인화한 그룹 내 정보통신 계열사(예를 들면 시스템 통합업체)에 대해 그룹의 기업 솔루션을 독점적으로 몰아주는 식의 내부매출거래를 통해 정보통신계열사 및 그룹 전체 외형을 확대한 경험이 있다. 그 결과 국내 소프트웨어 시장의 경우, 회계처리, 소프트웨어 등 기업정보 시스템을 구축해 주는 대기업 계열의 시스템 통합업체가 시장 전체 매출의 80%를 장악하게 되었다.

이들 시스템 통합 계열사들의 내부매출 비중을 보면 다른 계열사들에

표 5-7 재벌의 시스템 통합업체의 내부매출액과 그룹의존도 〈단위 : 억 원, %, 년도 말 기준〉

순위	회사명	2000		2001		2002		2003		2004		2005	
		내부매출	비율	내부매출	비율	내부매출	비율	내부매출	비율	내부매출	비율	내부매출	비율
1	삼성SDS	8,108	64.3	8,376	63.4	9,585	61.8	11,424	67.0	11,656	65.8	12,567	67.0
2	LG CNS	1,419	20.1	4,093	44.0	5,135	44.2	6,440	49.7	5,915	40.4	7,177	45.3
3	SK C&C	5,155	90.0	5,558	73.7	6,543	74.0	6,703	76.8	6,511	69.3	7,098	70.8
4	한전KDN	2,834	75.7	2,270	56.4	2,526	73.1	924	25.5	2,954	76.6	2,128	68.9
5	포스데이타	1,433	53.2	1,690	56.0	1,924	54.3	2,227	58.6	2,305	67.3	2,130	66.6
6	신세계I&C	559	62.7	714	56.4	1,014	55.5	903	54.1	1,051	60.1	1,141	62.1
7	CJ 시스템즈	866	84.3	736	74.5	560	84.5	722	83.9	895	92.7	1,002	87.9
8	현대정보기술	2,138	37.5	1,022	22.6	543	12.4	473	11.9	-	-	-	-
9	동양 시스템즈	512	54.7	444	43.2	495	40.2	348	34.1	320	44.3	368	42.5
10	한진정보통신	428	52.1	431	47.8	416	41.6	332	39.1	363	41.7	408	50.9
11	코오롱정보통신	273	12.4	327	11.1	311	12.4	256	10.5	69	3.1	49	4.3
	합계	23,726	54.6	25,661	52.7	29,052	53.0	30,751	54.0	32,039	57.7	34,068	60.1

비해 그 비중이 아주 높은데 2004년 말 현재 11개 대상기업 매출의 57.7% 정도를 그룹 계열사에 대한 매출에 의존하고 있을 정도다. 2005년 말 현재 삼성SDS의 내부매출액은 1조2,567억 원에 이르며 이는 전체 매출액의 67.0%에 이르는 것이다. 또 삼성재벌은 2000년에 들어서면서 정보통신 산업에 대한 진출을 가속화했다. e-삼성, e-삼성인터내셔널 등을 시작으로 가치네트, 뱅크풀, Fn가이드, 엔포에버, 엠포스 등 20개 계열사를 편입했다. 당시 8개 금융·보험계열사를 제외하면, 삼성 계열사 중 40%가량이 온라인 계열사였던 셈이다. 삼성재벌은 그룹 내 시스템 통합업체인 삼성SDS에 대한 지원과 같은 몰아주기 방식을 통해 이들 계열사를 지원하고 있다. 그리고 이러한 지원은 이들 신생 계열사의 성장에 결정적인 영향을 미쳤다.

그룹 내 내부매출거래를 통한 지원과 지나치게 높은 그룹의존도는 해당 거래의 부당성 여부는 별개로 하더라도 다음과 같은 문제점을 낳는다. 먼저 시스템 통합기업들의 높은 그룹 의존도로 인해 이들 기업의 수익성이 거래 상대 계열회사 혹은 재벌 모기업의 영업 실적에 의해 좌우된다는 점이다. 실제로 매출액 기준 3대 업체인 삼성SDS, LG CNS, SK C&C의 전체 영업이익률은 1~2% 내외에 그치는 반면, 그룹 내에서의 영업이익률은 10~15%에 이른다. 외환금융위기 이후 불어닥친 계열사들의 부실 여파는 재벌 소속 대형 SI업체의 수익성을 악화시키는 결정적인 요인이 되었다. 그 대표적인 예가 바로 현대정보기술(주)이다. 이른바 '왕자의 난' 이후 현대라는 거대 재벌이 몇 개의 독립그룹으로 분리되면서 타격을 입은 현대정보기술을 비롯해 쌍용정보통신, 대우정보시스템의 매출액 증감률(2001~02년)은 각각 −3.0%, −18.1%, −1.8%를 기록했다. 그러나 이보다 더 큰 문제는 시스템 통합, 혹은 우리나라 소프트웨어 시장이 전체 규모에 비해 매우 협소해지는 결과를 초래할 수 있다는 점이다. 삼성SDS는 삼성그룹 외에 LG나 SK그룹의 프로젝트를 수주하기 어렵다. LG CNS나 SK C&C 역시 마찬가지다. 따라서 그룹 계열사가 아닌 중견 및 중소기업, 혹은 정부 부처 등 공공 부문[35]으로 경쟁 영역이 제한된다. 이는 결국 시장 참여 기업들이 가격 경쟁에만 매달리는 결과를 초래하게 되며 이것은 곧 산업 자체의 경쟁력을 약화시키는 요인이 된다. 뿐만 아니라 이들 신생정보통신 계열사들은 일반적으로 내부지분율이 높고 따라서 이들에 대한 지원은 지원주체 계열사들의 부가 피지원 기업의 지배주주로 이전될 가능성을 높이고(송원근·이상호 2005), 따라서 지배주주 이외의 주주들의 재산권을 침해할 수 있다.

---

35 한국전산원의 정보화 사업(2000~02년) 통계에 따르면 전체 공공정보화사업 중 삼성SDS가 43.6%, LG CNS가 21.4%를 차지했다. 양사의 점유율을 합치면 무려 65%(수주액 기준)에 달한다.

5) 벤처 체제의 역기능-벤처지주회사화

외환금융위기 이후 주식시장 중심의 금융 체제를 지향하면서 벤처캐피
털 시장의 구조 변화는 주목을 끌기에 충분한 것이었다. 위기 이전에 대기
업에 의해 장악되고 있던 금융기관(은행과 투신권) 자체가 구조조정의 대상
이 되면서 자본은 더 투명하고 수익성 있는 투자처를 찾아 이동하려 했고,
이것은 벤처 부문 활성화를 더욱 촉진시켰다. 특히 코스닥이라는 거래시장
이 활성화되면서 투자 회수 계기가 마련됨으로써 투자가 늘고 벤처캐피털
도 급증하게 되었다. 여기에 '국민의 정부'의 벤처기업 육성책은 재벌개혁
에 대한 대안을 모색한다는 차원에서 기존의 산업 정책을 대체할 정도의
적극성을 띠면서 벤처 부문의 양적인 성장을 촉진했다. 2003년부터는 창업
투자회사의 숙원 사업이었던 코스닥 등록 후 지분 매각을 제한했던 락업
lock-up제도가 개선되었으며, 투자조합 중심의 재원 조달이 지속적으로 증가
하는 등 전반적인 침체 가운데서도 성장이 지속되고 있다. 투자 방식에 있
어서도 기존의 보통주 투자 방식 이외에 투자기업에 대한 통제가 가능한
프로젝트 방식, 전환사채CB, 상환우선주로 다변화되고 있으며, 그 결과 벤
처캐피털의 투자기업에 대한 사전, 사후적 경영 간섭에 대한 관심도 더 높
아지고 있다. 2003년에는 위기에 처한 한계 기업들에 대한 인수합병 등 벤
처 부분의 구조조정이 가속화되는 상황에서 벤처기업 인수합병시장이나
전문회수시장secondary market이 생겨났다. 이와 함께 벤처기업 사이에서도 지
주회사 설립, 혹은 지주회사 전환이 활발하게 전개되었다.

벤처기업이나 벤처산업 자체의 특수성으로 인해 벤처기업의 지주회사
화에 대해서는 찬반양론이 무성하지만 긍정적인 측면에서 보면, 지주회사
화는 일반적으로 규모의 경제나 범위의 경제를 실현할 수 있고, 활발해진

적대적 인수합병에 효과적으로 대처할 수 있으며, 기업 간 네트워크를 통한 관련다각화를 성공적으로 수행할 수 있다. 또 지주회사를 통해 경영의 독립성과 창의성을 인정받으면서 안정적인 자금 확보도 가능하다. 다른 한편으로 거시적 관점에서는 전망이 좋은 벤처기업이 일시적인 자금 부족이나 경기 불안으로 인해 사장되는 것을 막고 여유 자금의 효율적 배분도 기대할 수 있다. 뿐만 아니라 지주회사를 통해 대기업과 벤처기업 협력의 토대가 될 수 있다. 예를 들면 재벌기업 산하의 종합상사는 대량생산, 대량판매의 해외수출 경험에서 얻은 노하우와 자금을 바탕으로 벤처기업과 파트너십을 구축함으로써 이른바 '벤처종합상사'라는 개념의 벤처지주회사를 만들어 낼 수 있다는 것이다. 이와 같은 긍정성에 부합해 공정거래법은 2000년 12월의 개정에서 벤처지주회사에 유리한 규정을 둔 바 있다. 신기술을 사업화하는 벤처기업을 활성화하기 위해 벤처캐피털이 다양한 유형의 벤처기업에 쉽게 투자할 수 있도록 한 것이다. 즉, 벤처기업을 자회사로 두는 벤처지주회사는 자회사의 지분 중 20% 이상만 보유하도록 완화했고(제8조의 2 제1항 제2호, 종전 50% 이상), 기업 구조조정 촉진을 위해 현물출자 방식 이외에 상법상 회사 분할을 통해 지주회사로 전환·설립하는 경우 1년간 부채비율 제한 예외 인정, 2년간 지분율 제한 예외를 인정하였다(동조 제1호 단서, 제2호 단서).

그러나 벤처기업 지주회사화의 역기능도 만만치 않다. 우선 벤처기업의 지주회사화가 확대될 경우 재벌들의 우회적인 계열 확장 수단으로 악용될 수 있고 오히려 경제력 집중을 심화시킬 수 있다. 재벌과 무관한 벤처지주회사들이라고 할지라도 이들의 지주회사화는 기존 재벌들의 계열사 확장이나 이를 통한 소유지배구조의 축소판에 불과한 경우가 많았다.[36] 국내 벤처기업도 투자수익을 바탕으로 기술개발에 주력하기보다 사업 다각화 등

무리한 확장 경영으로 자금 경색을 초래한 경우가 많았다. 따라서 벤처캐피털 본래의 목적인 혁신(기업)에 대한 자금조달 시장으로서 역할을 제대로 할 수 없었다. 이러한 부정적 사례들은 단순한 사업 확장 차원을 넘어 경영자들의 도덕적 해이moral hazard를 초래하기까지 했다. 결국 사업다각화를 명목으로 한 일부 벤처기업의 지주회사화는 벤처기업을 '손쉬운 돈벌이' 수단으로 전락시켰다(이인찬·심동철·이경형 2000). 이는 '국민의 정부' 이후 벤처 정책과 벤처 버블 붕괴를 경험하면서 확인된 도덕적 해이와 정경유착 등과 밀접한 관련이 있다. 즉, 국가의 지원과 구제, 그리고 지원기준의 모호성은 관료에게 엄청난 재량권을 부여하는 것이어서 기업으로 하여금 국가에 의존해 로비에 열중하게 만드는 도덕적 해이를 조장했고, 또한 경영실적 개선이나 기술혁신투자보다는 코스닥 등록이나 증자를 통한 자본이득을 우선하도록 했다. 반면 투자자 역시 국가 지원을 믿고 벤처 투자의 위험을 간과하는 도덕적 해이를 범했다. 잇따른 벤처 비리는 이러한 환경에서 발생했고, 곧이어 벤처 버블 붕괴가 뒤따랐다. 그리고 그 손해는 일반 투자가가 떠안게 되었다. 새롬기술의 인터넷 지주회사 설립 계획, 메디슨의 무한창업

36 우리나라 벤처기업들은 성숙기에 접어들면서 기업 대표를 포함한 친·인척 지분이 오히려 늘어나는 '오너 일가' 중심의 지분 구조를 보이고 있다. 대표적인 예로 다음커뮤니케이션의 경우 이재웅 사장과 그의 친·인척 지분이 약 22%에 달한다. 코스닥 상장 뒤 온라인교육 간판기업으로 떠오른 메가스터디의 경우 손주은 사장 지분 31%를 포함, 동생 등 친·인척 지분율이 40%에 육박하고 있다. 보광그룹이 대주주인 휘닉스피디아도 홍석규 회장 지분 13.19%를 포함, 친·인척이 총 45.89%의 지분을 가졌다. 이외에도 KH바텍, 주성엔지니어링, 인선이엔티, 넷웨이브 등 벤처로 대별되는 코스닥 상장기업 시가총액 상위사 중 오너와 친·인척 중심으로 20~30%대 지분을 보유한 기업들이 적지 않다(『아이뉴스24』 2005/09/19). 물론 창업 초기부터 친·인척의 지분 참여가 많았거나 창업 이후 10~20년을 거치면서 지분 구조에 변화가 생긴 것을 재벌식 지배구조 문제로 돌릴 수는 없지만 최근 벤처기업들의 계열사 확대를 통한 오너 일가 중심의 지분 구조는 기존 재벌과 동일한 지배구조의 문제를 낳을 수 있다는 우려를 낳기에 충분하다.

투자(주)를 통한 사업다각화, 한국디지털라인의 정현준 사건 등은 모두 이러한 맥락에서 이해될 수 있다(송원근 2004).

참여정부의 벤처 정책이 시장원리를 더 적극적으로 도입했다는 점에서 국민의정부 시절의 '퍼붓기식' 벤처 정책과는 차별적이라고 평가할 수 있지만, 그것은 혁신적 창업기업을 지원하는 정책이라기보다는 지나치게 팽창한 벤처 부문의 구조조정에 초점이 맞춰진 것이었다. 그러나 내수 경기 침체와 심각한 자금난으로 중소기업과 벤처기업의 도산이 이어지고 해외 이전 등의 문제가 발생하면서 2004년 말에서 2005년에 걸쳐 벤처기업 관련 정책과 제도가 크게 바뀌거나 새롭게 도입되었다. 벤처캐피털의 경영지배 허용, 국내 최초 선진국형 유한회사형 펀드LLC 출범, 벤처캐피털 공시제도 시행, 기업 인수합병제도 개선, 그리고 1조 원 모태펀드의 조성, '패자부활제', '프리보드 시장 활성화' 등이 그것이다.[37] 가히 제2의 벤처 붐이라 할 만한 제도적 변화가 있었고, 실제 벤처기업 수가 크게 증가하고[38] 매출액이나 수익성이 신장되는 등 가시적인 성과도 있었다.[39] 이를 통해 정부는 경제

---

[37] 2004년(12월)과 2005년(6월)의 '벤처기업 활성화 대책'과 '벤처활성화 보완대책'은 창업단계(32건), 성장단계(35건), 성숙·구조조정단계(17건)별로 총 94건에 이르는 광범위한 지원 내용을 담고 있다.

[38] 2003년 7,702개사였던 벤처기업 수는 2004년 7,967개사, 2005년 9,732개사, 2006년 말에는 1만2,218개사에 달했는데, 이것은 '제1차 벤처 붐'이 최고조에 달했던 2001년(1만1,329개사)을 넘는 기록이다.

[39] 2006년 벤처기업 총매출액은 100조 원에 이르렀고, 기업당 평균 매출액도 69억 원으로 29억 원인 중소기업의 2.4배에 이르렀다. 영업이익 역시 평균 4억5,000만 원으로 중소기업 평균(1억2,000만 원)의 3.8배에 달했다. 벤처기업의 고용도 1998년 75,000명에서 2005년에는 33만 9,000명으로 급증했다. 이는 같은 기간 대기업 고용이 220만5,000명에서 145만 명으로 감소한 것과는 대조적이다(중소기업청 2006).

활력을 회복하고 성장동력 및 일자리 창출을 유도하고자 했다.

그러나 이 '벤처캐피털 시스템의 선진화'를 위한 지원 정책과 제도는 '시장 시스템의 육성과 간접지원'이라는 참여정부 초기의 정책 방향과도 다른 것이며 따라서 벤처 초창기에 발생했던 도덕적 해이 등의 문제를 여전히 가지고 있는 것이었다. 또한 소유주의 독단적인 경영과 무리한 사업 확대를 시도했던 뉴코아와 현주컴퓨터, 그리고 재벌기업을 모방해 문어발식으로 사업을 확장했던 삼보컴퓨터와 메디슨의 실패 사례에서 알 수 있듯이, 비재벌 벤처기업들의 기업 경영 방식은 여전히 문제를 가지고 있다. 벤처기업의 활성화와 이를 통한 경제활력 회복은 기본적으로 기술개발에 대한 지속적 투자와 합리적인 기업 경영 등 기업의 몫일 것이다. 그러나 경기 침체가 지속되고 있고, 기업 간 양극화가 심화되고 있는 상황에서 재벌 기업의 진출에 따른 벤처 사업영역 잠식과 대기업과 중소기업 간 불공정 경쟁 등의 문제도 중소벤처기업 활성화를 이를 통한 고용창출, 새로운 성장동력 찾기에 걸림돌이 되고 있다.

5. 대안적 기업 시스템 형성과 정부의 역할

1) 개혁 실패와 정부 역할에 대한 인식의 혼란

대안적 기업 시스템을 향한 그동안의 변화를 요약하면 먼저 경제 체제가 시장을 중심으로 변화하면서 기업 자금의 조달자로서 더 큰 역할을 할 수 있을 것으로 기대되던 주식시장의 역할이 기대에 미치지 못하고 있고, 또 소액주주운동을 중심으로 한 주주들의 기업 지배구조에 대한 영향력도 한계가 많다. 반대로 주주 가치 극대화 경영을 표방하고 있는 재벌기업들의 주주 가치 경영은 고용 조정과 비정규직의 확대, 투자 회피, 자본 파업을 초래했다. 아울러 혁신적 자금조달을 통해 혁신에 대한 투자를 활성화하고 이를 통해 대기업과 중소기업 간 새로운 협력관계를 형성하며, 또 기존의 재벌 중심의 기업지배 시스템과는 다른 기업 시스템의 모습을 기대했던 벤처 체제도 기존 재벌들의 기업지배 행태를 답습하거나 소수 지배주주들의 지배력 확대나 부당한 상속 수단으로 이용되는 경우가 많았다.

그렇다고 노동과 자본의 타협에 입각한 새로운 노사관계나 노사합의를 통해, 기업 경영에 대한 노동의 참여를 보장하는 제도적 틀을 만들고, 숙련 투자를 증대시킴으로써 새로운 성장 동력 발굴과 과감한 투자로 연결되는 성장모형을 기대하기도 어렵다. 또한 사회적 타협을 꼭 전제하지 않아도 가능한 재벌기업들을 중심으로 한 사회책임경영은 가장 기본이 되어야 할 노동과 인권의 보호라는 측면에서 이해당사자들의 요구에 부응하지 못하고 있다. 그래서 기업들의 사회책임경영은 선언적인 것에 그치거나 그룹 총수의 위기를 모면하려는 미봉책에 그치고 말았다. 또 전 세계적 금융유동화를 배경으로 적극적 투자가로서 기관투자가의 기관행동주의를 통한 기업 지배구조 관여 역시 금융수익성의 논리에 매몰되기 쉬운 상황에 있다.

이상과 같은 진단으로 그간의 시스템 변화를 부정적으로만 평가하는 것은 성급한 것일지도 모르나, 그간의 개혁을 통해 얻을 수 있는 분명한 교훈은 대안적 기업 지배구조 시스템 형성에 있어서 정부 역할에 대한 새로운 문제제기가 필요하다는 것이다. 정부의 보증하에 성장을 구가했던 재벌 중심 기업 시스템에서 탈피하여 이제는 정부와 재벌 간 관계의 새로운 변화를 모색해야 할 때다. 물론 정부와 재벌 간의 새로운 관계 설정은 과거 발전국가 시기의 정부의 역할을 복귀시키는 것이어서는 안 된다. 1997년 외환 금융위기나 이후 지속되는 경기침체의 원인이 산업 정책 등 정부의 후퇴 때문이라는 해석은 이러한 주장에 설득력을 더하는 것처럼 보인다. 그러나 글로벌 시대의 기업 경영과 관련해서 정부는 기업을 앞서가지 못하며, 기업 활동에 대한 정부의 개입은 '과도한' 규제라는 이름으로 반발과 지탄의 대상이 된지 오래다. 역으로 위기 이후 정부가 일관되게 추진해 온 시장 중심의 개혁과 주주자본주의모델의 왜곡된 이식, 그것의 사회경제적 귀결로서 양극화 현상은 새로운 기업모델과 성장모델을 추구하는 데 있어서 정부 역할에 관한 인식 상의 혼란을 가중시키고 있다.

　이와 같은 상황에서 삼성이라는 특정 재벌의 경제력 확대와 공정거래법 헌법소원 등을 둘러싼 '삼성 공화국' 논란은 재벌 체제의 공과를 되짚어 보고, 이를 발전적으로 지양하는 새로운 기업 시스템과 이를 기초로 한 성장 체제를 모색하는 데 있어서 새롭게 요구되고 있는 정부 역할을 본격적으로 논의할 수 있는 계기를 제공하고 있다. 사실 한국 경제성장사에서 '재벌 공화국'이라는 표현은 그렇게 새로운 것이 아니며, 따라서 자본 분파로서 재벌 일반의 이해와 충돌하는 경우를 제외하면 정부는 재벌의 성장을 주도했다고 해도 과언이 아닐 것이다. 형식적 민주주의 혹은 '1주1표주의'의 경제적 민주주의를 표상하는 것으로 이해할 수 있는 공화국이란 표현 자체로 재벌의 전근대성과 과도한 정부 개입으로 인한 폐해와 좋은 대조를 이룬다. 그럼에도 불구하고 발전국가 체제 하의 국가 – 재벌 연합이 낳은 경제적·사회적 폐해를 시정한다는 명분은 서둘러 정부를 후퇴시켰다. 이는 나름대로 작동하고 있던 과거의 '견제와 균형' 시스템을 빠른 속도로 해체해 버렸다. 더 정확하게 말하자면 정부 개입이 없었던 것은 아니었지만, 그것은 오히려 스스로도 통제할 수 없는 시장을 확대하는 결과를 초래했다. 따라서 문제는 통제되지 않는 자유 시장의 폐해를 시정할 적절한 개입 지점을 놓쳐버린 데 있다(양재진 2006). 그 결과 외환금융위기 이후 사회적으로나 경제적으로 확산된 형식적 민주주의를 지탱하고 발전시키기 위한 사회경제적 기반은 오히려 약화되었다(최장집 2006). 정부는 이러한 기반을 갖추는 데 무능력을 드러냈다. 뿐만 아니라 '기업하기 좋은 나라'라는 구호 속에서 성장과 분배의 조화로운 발전마저 용납하지 않는 성장 지상주의 유령은 자본 혹은 재벌과의 연합을 오히려 강화하고 있다.

2) '좋은 지배구조' 형성을 위한 정부 역할

대안적 기업 시스템 형성이라는 측면에서 볼 때, 강화되어 가는 재벌과 정부 사이의 연합이나 공모관계를 지양하고 이해당사자 자본주의 기업모델과 제도적으로 조응하는 대안적 경제 체제와 발전모델을 모색하기 위해서 정부는 어떠한 역할들을 새롭게 정립, 강화해야 하는가?

우선 총수 중심의 기업 지배구조를 지양하고 대안적 기업모델을 형성하기 위한 전제조건으로 정부는 기존의 재벌개혁 정책을 더욱 강화해야 할 것이다. 지금까지 추진되었던 기업 지배구조 개선은 "기업의 합리적인 의사 결정 체계", "주주, 채권자, 거래당사자, 종업원, 고객 등 이해당사자를 공평하게 취급하며, 정당한 권익을 보장하는 좋은 지배구조"를 목표로 한 것이었다(공정거래위원회 2004a). 이와 같은 언급은 또 적어도 원론적으로는 정부의 재벌 정책이 부분적이지만 이해당사자주의 기업모델을 지향하고 있음을 의미하는 것이다. 또 '합리적 의사 결정 체계'의 형성은 기존 재벌들의 총수 지배력의 약화를 통해서만 가능한 것이다. 이런 측면에서 정부의 재벌개혁을 통한 지배구조 개혁은 지속적으로 추진되어야 할 것이다. 그러나 지금까지 진행된 정부의 재벌 정책은 지속적으로 후퇴의 길을 걸어왔으며 기존의 지배구조 개혁 조치들은 총수 등 지배주주의 지배력을 약화시키지 못했다.

이것은 출자총액제한제도의 폐지를 둘러싼 재벌과 정부 사이의 공방에서도 드러나듯이 정부의 재벌 정책에 분명한 목표가 없었기 때문이다. 즉, 재벌개혁 정책의 궁극적인 목표는 '총수의 지배력 약화'임에도 현재까지의 재벌 정책은 그 궁극적인 목표가 무엇인지가 분명하지 않다. 기업 관련 정책을 수립하고 운용하는 과정에서 자주 나타났던 공정거래위원회와 재정경제부, 금융감독위원회 사이의 정책적 혼선과 부처 간 갈등, 그리고 재벌 총수의 불법에 대한 법 집행과 이에 따른 경제적 충격과 불안의 수습이라는 현실 사이에서 보였던 절충과 타협, 비일관성 등은 정책 목표가 분명하지 않았던 대표적인 사례들이라 할 수 있다. 따라서 정부는 무엇보다 총수의 지배력을 약화시키는 정책과 제도를 통해서 재벌 체제를 대체하는 대안적인 기업 시스템이 무엇인지를 분명하게 제시할 필요가 있다.

다만 재벌들이 줄기차게 폐지를 요구하고 있는 출자총액제한제도를 더욱 강화하고 순환출자를 금지함으로써 총수들의 전횡을 막을 수 있는 최소한의 경제민주주의를 확보해야 한다. 나아가, 계열사 간 결합과 부당지원을 통한 지배력 확대를 막기 위해 '금융과 산업의 분리 원칙'을 더욱 강화하고, 불공정 하도급 등 부당 내부거래에 의한 왜곡된 경쟁 질서를 바로잡는 정책들을 강화해 가야 한다.

또 소유지분에 따른 권리와 책임을 명확하게 하는 정책들도 더욱 강력하게 추진할 필요가 있다. 재벌개혁에는 무엇보다도 사법 당국의 엄격한 법 적용과 집행에서 출발하는 것이지만 사실 이것은 현재의 정부나 기업친화적인 정치권의 판단에 의존하기 때문에 쉽지만은 않을 것이다. 그리고 금산법 개정 논란에서 볼 수 있듯이 준권력기관에 버금가는 인적 네트워크를 형성하고 있는 삼성재벌의 경우에는 더더욱 어렵다. 그럼에도 총수 일가 등 지배주주의 사적 지배력 추구를 방지하는 기업 지배구조 개선이라는 측면에서 보면, 지배주주의 권한을 분명하게 하고 이에 상응하는 책임을 지게 하는 법적·제도적 장치들은 더욱 강화하고, 이에 따른 법 적용과 집행을 철저하게 수행해야 한다. 지배주주에 대해 책임을 묻는 것은 아주 적은 현금흐름권으로 재벌 그룹 전반에 걸쳐 막대한 통제권을 행사하는 지배주주와 계열사의 일반주주, 채권자 사이의 이해 상충을 충분하게 고려하지 못하고 있는 우리나라 회사법이나 각종 증권 관련 규정들을 손질하는 것에서부터 시작할 수 있을 것이다. 또 계열사 주식의 시세차익을 이용한 재산 증식과 이를 통한 계열사 지배로 요약되는 삼성재벌의 경영권 승계 과정에는 많은 불법과 탈법이 있었다. 그리고 총수 일가의 재산과 경영권을 지키기 위해 다른 계열사들이 동원되었고 이것은 주주 권리와 재산 가치를 심각하게 훼손했다. 이에 대한 책임 추궁도 여전히 유효한 작업이 될 것이다. 또 투명성과 주주권 강화를 위한 제도적 기반의 강화는 재벌들로 하여금 시장질서에 순응하게 만드는 첫걸음이 될 것이다. 예를 들면 사외이사 선임의 독립성 확보, 집중투표제 의무화, 이사회 의장과 최고경영자의 분리, 그리고 이중대표소송 등 지배주주의 법적 책임을 강화하는 제도들이 실제로 기능할 수 있어야 한다(송원근 2006b). 이러한 조치들은 결국 총수의 지배력을 약화시키고, '좋은' 지배구조를 형성하기 위한 출발점이 될 것이며, 이런 점에서 기업 시스템 혹은 기업모델을 형성하기 위한 정부의 재벌 정책은 더욱 강화될 필요가 있다.

3) 자본과 노동에 대한 규율자로서 정부

그러나 '합리적'이고 '좋은' 기업 지배구조를 형성하기 위해서 개별 기업이나 특정 재벌을 대상으로 한 재벌 정책을 통한 규율과 제도를 강화하는 것만으로는 한계가 많다. 따라서 정부는 자본뿐만 아니라 노동에 대한 규율자로서 역할을 동시에 수행해야 한다. 이 역할은 우선 노사정위원회와 같은 기구를 통한 사회적 타협과 합의 과정을 통해서 구현될 수 있을 것이다. 즉, 노사관계 시스템에서 타협을 주도하고 이러한 타협이 노동과 자본 양자 모두의 하위 수준에까지 강제될 수 있는 사회적 규율자로서 정부 역할이 필요한 것이다. 기존 노사정위원회의 위상이나 활동 등 그동안의 경험으로 볼 때, 이와 같은 노사 간 타협이나 합의, 혹은 노동 간 연대의 경험은 아직 일천하고 조건도 열악하다. 그러나 이와 같은 국가적 차원의 사회적 조절과 집행은 기업 지배구조 안정과 사회적 책임이라는 자본과 노동 간 타협의 전제조건이다. 이를 위해서는 다른 국가들에서 볼 수 있는 사민주의 정부나, 강력한 산별노동조합이나 강력한 사용자단체 등과 같은 사회적 조절과 조정에 걸맞은 제도가 있어야 할 것이다.

그러나 이러한 제도들이 당장 존재하기 어려운 현 상황에서는 정부는 우선 자본 혹은 재벌에 대한 조정자 역할뿐만 아니라 노동이 자본과 대등한, 아니면 적어도 기업 경영에 참여할 수 있는 최소한의 제도적 장치들을 확보할 수 있도록 규율자 역할을 수행하는 것이 무엇보다 중요하다. 나아가 외환금융위기 이후 정부의 기업 지배구조 개혁 정책도 기업에 기업사회책임을 수행하도록 하는 정책으로서 재정립되어 한다. 인권이나 노사관계를 주 내용으로 하는 기업사회책임이 정부의 공공 정책이나 사회 정책의 일환으로써 기업을 사회적으로 규율해야 하는 이유는 바로 여기에 있다.

다른 하나는 노동 간 연대와 타협의 일환으로서 노동계층 간, 정규직과 비정규직 사이의 차별을 줄이고, 이들 사이의 연대를 확보함으로써 노동의 공공성과 사회적 책임을 강조할 필요가 있다. 이를 위해서는 노동조합의 역할도 재정립할 필요가 있다. 즉, 개별 노동조합이나 상위의 노동조직들은 집단 이기주의를 과감하게 벗고, 외부자가 아닌 내부자의 자격으로 단체교섭을 통한 선순위 이익의 확보라는 원칙을 축소하는 대신, 기업의 다양한 이해당사자들을 대표하는 기업 감시자의 자격으로 기업 지배구조 개선에 적극적으로 나서고 이를 바탕으로 기업들의 기업사회책임 활동을 견인하는 역할을 할 수 있어야 한다(한국노동연구원 2006).

4) 성장 체제의 제도 정합성을 담보하는 정책 수행자로서 정부

기업 지배구조 혹은 기업 시스템의 개혁이 새로운 성장 체제로 이어지기 위해서는 기업 개혁을 위한 여러 제도가 기업 시스템 이외의 다른 시스템 내 제도들과 정합성을 확보해야 한다. 이런 측면에서 정부는 기업 시스템에서뿐만 아니라 기업가 정신에 입각한 혁신적 기업들에 대한 자금조달이 가능한 금융 체제, 그리고 유연안정성을 기반으로 한 노사관계 체제, 혹은 사회복지체계 사이의 제도적 정합성을 담보하는 정책 수행자로서, 그리고 그 과정에서 필요하게 될 사회적 합의의 조정자 역할을 수행해야 한다. 이는 시장의 안정성과 고용 창출로 이어질 수 있는 정부 정책을 통해 보완할 수 있을 것이다. 즉, 유연성과 안정성이 조화를 이루는 유연안정성 체제를 노동시장, 금융, 거시경제와 사회 정책 분야 등 경제사회 전반에 확산시킬 수 있는 정책 개혁이 필요하다(조영철 2006). 동시에 이와 같은 정책을 수립하고 집행하는 과정에서 생겨나는 갈등을 조정하고, 주요 이해당사자 사이의 합의를 이끌어 낼 수 있는 장치를 강화해야 할 것이다. 성공적인 사회경제모델을 경험했던 국가들이 보여 주는 경험은, 정부 정책이 노동시장의 유연성과 사회복지체계의 안정성을 확보하는 동시에 이 과정에서 생기는 사회적 갈등을 사회적 타협과 합의로 조절할 수 있었다는 것이다.

정책 수행자로서 정부의 적극적인 역할과 관련하여, 산업 정책과 같은 적극적 조정자로서 정부 역할 부재가 외환금융위기를 초래했고, 따라서 경기 침체에서 벗어나려면 과거 개발연대 시기의 산업 정책을 부활해야 한다는 주장도 있었다(장하준 2004). 실제로 외환금융위기 이후 정부 규제는 대폭 완화되었으며, 정부의 벤처산업 육성과 같은 일부 분야를 제외하고는 과거의 산업 정책과 같은 개입도 거의 찾아볼 수 없다. 시장 유연성과 변동성을 일방적으로 확대하는 정부의 신자유주의적 시장개혁 조치도 과거의 제도들과 부정합을 드러내면서 경제사회 시스템을 불안정하게 만들고 경제성장의 잠재력마저 훼손시켰다. 이러한 상황에서 산업구조를 고도화하고 기업 경쟁력을 높이기 위해서는 2차적 따라잡기catch-up 전략, 즉 생산과 분배에서 국가의 적절한 조정을 통해 생산과 분배를 조화시키는 전략이 필요하다는 주장은 나름대로 설득력이 있어 보인다.

그러나 재벌 체제, 혹은 기업 시스템의 개혁을 전제하지 않는 '새로운 양식의 조정시장경제 체제'coordinated market economies(신장섭·장하준 2004) 하에서 산업 정책을 부활시키자는 것은 과거와 같은 정부-재벌 연합을 강화할 우려가 있고, 또 현실적으로 가능하지도 않다.

사회자본에 대한 투자를 강조하는 사회투자국가론도 정부의 적극적 역할을 강조한다는 점에서 언급할 가치가 있다. 사회투자국가는 공정fairness과 사회적 최소수준을 보장하는 사회정의를 실현하기 위해 교육, 직업훈련 등

인적 자본과 사회복지 등 사회적 자본에 투자해 경제성장과 사회통합을 동시에 추구하는 국가모델이다.[40] 즉, 경제가 성장하려면 사회자본에 대한 투자가 선행되어야 하고 이를 위해서는 시장 못지않게 정부의 역할이 중요하다는 것이다. 사회투자국가론은 소비적 지출보다 투자적 지출, 결과의 평등보다는 기회의 평등, 시민의 복지권(사회적 시민권)보다 그에 상응하는 의무를 강조한다는 점에서 전통적인 복지국가론과 다르다. 또 여전히 시장 폐해의 교정과 평등화를 위해 국가 개입의 필요성을 인정한다는 점에서는 정부 개입 최소화를 주장하는 신자유주의와도 다르다.

이러한 사회투자국가론은 분배 혹은 복지와 성장 사이의 관계를 상충 관계로 보는 인식을 거부하고 사회 정책과 경제 정책 사이의 상호 보완성을 강조한다는 점에서, 그동안 참여정부가 내세워온 경제 정책 혹은 사회 정책과도 일맥상통하는 측면이 있다(참여정부 2006). 참여정부는 이러한 투자 전략을 통해 고용 창출, 양극화 해소가 가능하고 이것이 경제 활력 회복과 성장으로 이어지기를 기대하고 있는 것으로 보인다.[41]

그러나 사회투자국가론은 여전히 시장의 핵심적 기능이 정치적 행위에 의해 훼손되어서는 안 된다는 것을 강조하는 점에서 전통적인 복지국가모

---

40 사회투자국가는 1998년 영국의 사회학자 기든스(A. Giddens)가 세계화 시대 사회민주주의 소생의 유일한 길로 '제3의 길'을 제시하면서, 제3의 길을 향한 복지국가 비전 내지 새로운 사회경제 정책 패러다임으로 제창한 개념이다. 이 사회투자국가론은 1996년 블레어 정부의 등장과 더불어 대대적으로 주창되었고 블레어 정부 2기에 들어서면서부터는 오히려 기세가 수그러들었다. 사회투자국가론에 대한 일반적 정리는 임채원(2006)을 참고.

41 복지를 지출이 아닌 사회적 투자로 보는 관점의 전환은 2006년에 정부가 제안한 '비전 2030-함께 가는 희망한국'이라는 보고서를 통해서였고, 이런 점에서 새로운 정책패러다임이라 부를만한 것이었다.

델과 상치되는 가치들과 정부 역할을 전제하고 있다. 이는 전통적인 의미의 복지 지출을 복지 투자로 대체함으로써(김영순 2007), 시장 조정 기제의 폐해를 시정하려는 정부의 역할을 오히려 제한하는 결과를 낳을 수 있다. 또 교육, 혹은 복지체계와 경제의 다른 시스템, 예컨대 경제성장 시스템 사이의 연계나 상호보완 효과는 이들 사이의 제도적 정합성, 그리고 사회적 갈등을 해결하는 일관된 조정 기제를 확보할 때만 가능하다. 물론 이와 같은 주장은 지금까지 존재했던 모든 국가나 정부가 가치중립적이지 않았다는 일반적 인식으로 인해 그 논리적 설득력이 반감될 수밖에 없다. 뿐만 아니라 정부의 역할과 능력에 대한 문제 제기는 현실의 특수한 정치·사회적 경험에 의해 제약된다. 예를 들면, 시장 중심의 글로벌 금융 체제와 정치적 보수주의의 심화는 향후 사회경제적 갈등을 조정하고 합의를 이루어 내는 데 있어서 '신자유주의적 경찰국가'라 칭할 수 있을 만큼 비민주적이고, 노동배제적인 정부의 재출현을 촉진할 토양을 마련해 가고 있다. 이러한 상황은 조정시장경제 체제(Hall & Soskice 2001)가 요구하는 사회적 합의나 갈등의 조정을 더욱 어렵게 할 것이다.

6. 결론

외환금융위기 이후, IMF와 김대중 정부에 의해 추진된 재벌개혁 정책은 불투명한 기업 경영과 경영실패에 대해 책임지지 않는 총수 체제 등 기존 한국 재벌의 문제를 개선하고 주주 가치 경영의 정착 등 시장 원리에 의한 기업 규율이 작동하게 하자는 것이었다. 이 규율은 '1주1표주의'에 입각한 경제민주주의의 확립과 총수 중심의 지배구조를 개선함으로써 전근대적 기업 시스템을 탈피할 수 있는 하나의 계기를 제공했다. 물론 글로벌 표준란 명목 아래 재벌개혁의 방안으로 도입된 자본시장의 전면 개방과 소액주주권의 강화 등 신자유주의적 기업 구조조정 과정은 본질상 영미식 주주자본주의 원리를 한국 경제에 이식하는 과정이라는 비판이 있다. 그럼에도 '총수'를 정점으로 한 지배주주 중심의 기업 지배구조가 존속하는 상황에서 대규모 재벌의 자발적인 구조조정에 의한 기업 지배구조 개선은 한계를 드러냈으며, 출자총액제한제도, 금산법 개정 등과 같은 정부 규제를 통해서도 재벌기업의 지배구조를 바꾸기 어렵다는 사실이 확인되었다. 오히려 재벌들은 소유구조 개혁의 일환인 지주회사를 이용해 부의 상속이나 형제간 재산 분할을 합법적으로 시도하고 있고, 이는 결국 새로운 재벌의 탄생을 의미하는 것이었다. 또 계열사 간 내부거래 의존도의 심화 등에서 알 수 있듯이 기존의 재벌 혹은 새로운 재벌들의 계열사 간 결합력은 더욱 강화되고 있다. 기존의 재벌 체제를 대체할 벤처 체제의 모색이라는 상징성에도 불구하고, 벤처기업에 대한 정부의 지원과 제도적 환경 조성 노력은 재벌들의 무리한 사업 확장과 부당한 부의 상속에 유리한 조건을 마련해 주었다. 또 기존의 재벌 체제를 모방한 벤처기업의 지주회사화는 새로운 기업 시스템 형성에 대한 기대를 좌절시켰다. 나아가 거시경제 차원에서는 빈부격차 심화와 비정규직 확대에 따른 소득과 소비 양극화, 금융 체제의 중개 기능 약화로 인한 투자 양극화, 고용 없는 성장 등 한국 경제의 구조적 위기는 더욱 심화되고 있다. 게다가 이러한 위기가 기존 정부의 재벌개혁 정책의 부정적 효과 예컨대, 경제 불안, 저성장, 국내 기업에 대한 역차별 때문이라는 논리적 비약에 근거해 재벌기업의 경영권을 보호하자는 '사이비 민족주의'

주장도 제출되어 있다. 따라서 주주 가치 경영 자체가 가지고 있는 문제점과 국내에 진출한 외국자본이 보여 준 폐해는 심각하게 고려해야 할 문제이기는 하지만 대안적 지배구조를 모색하려는 과제의 핵심에서 비켜서 있다. 그래서 외환금융위기 직후부터 현재까지 우리나라 기업 지배구조 개선의 핵심은 '총수'의 지배력을 약화시키는 것이라는 점에서는 변함이 없다. 문제는 그동안 재벌 체제의 순기능을 최대한 살리면서 역기능을 최소화하는 기업 지배구조와 이를 위한 여러 제도와 정책을 찾는 일이다.

후발산업화 국가의 발전모델과 실패, 그리고 '신성장 동력' 산업에 대한 진출을 모색함으로써 새로운 발전모델을 만들어 가야 할 시점에서 과거 재벌의존적 성장 체제의 순기능, 혹은 장점은 무엇인가? 그것은 아마도 부채의존적 성장이 불가피했던 후발국적 상황과 자본시장의 미비라는 조건하에서 정부의 보증을 기반으로 한 새로운 사업 진출과 계열사 간 자금이나 상품의 거래를 통한 새로운 사업의 확대, 그리고 내부 자본시장을 활용함으로써 가능했던 거래비용의 감소 효과 등을 들 수 있을 것이다. 문제는 그러한 계열사 간 상호 지원과 개별 기업 단독으로는 도저히 불가능했을 집단 시너지 효과가 합리적인 의사 결정에 따르지 않고, 기업을 둘러싼 여러 이해당사자의 이해를 무시한 채 진행되었다는 점이다. 즉, 총수가 멋대로 계열사 간 자금 흐름을 결정하고, 또 그 과정에서 주주의 이익을 침해하고 사익을 챙겨왔다는 점이 본질적인 문제인 것이다(김기원 2002). 따라서 이와 같은 재벌과 경제 체제의 건전한 선순환 구조가 제대로 작동하려면 무엇보다도 다수의 독립 계열사들의 집단이 형성하고 유지해 왔던 기존 재벌의 목적함수가 변해야 한다. 아직도 재벌기업은 개별 독립 기업들의 목적에 좌우되기보다는 집단 전체의 목적, 즉 총수의 통제권 편익을 높이는 방향으로 기업의 의사 결정이 이루어지고 있다. 그간 진행되었던 내·외부의 기업 지배구조 장치의 도입과 활성화, 지주회사제도 전환 등은 바로 재벌이 아닌 개별 기업의 목적 함수를 극대화하는 시도들이다(송홍선 2000).

이러한 측면에서 집단의 이익과 목적을 우선하고, 총수 지배력을 확장하기 위한 수단으로서 재벌 체제에서 핵심적인 역할을 하는 금융 계열사를 통한 지배력 유지는 금융과 산업자본의 분리 원칙, 금융에 대한 규율 강화를 통해 해결해야 한다. 달리 말하면 재벌의 금융계열사의 (준)내부화를 제도적으로 차단하는 것이다. 또 이 글에서는 다루지 않았지만 은행이 기업 지배구조에서 제 역할을 하려면 무엇보다 은행 자체의 소유지배구조가 개선되어야 한다. 즉, 민영화 이후 은행의 책임경영이 이루어지도록 정부 소유 은행의 민영화 방향과 원칙이 조속히 확립되어야 하고 분식회계의 근절을 포함한 투명성 관련 제도의 개선도 시급하다. 둘째, 금융계열사의 의결권 행사를 부분적으로 허용하는 등 산업과 은행의 결합을 허용하는 경우, 정부의 금융감독을 통해 자산 극대화 유인, 나아가 부채조달 유인을 약화시키는 방법이 있다. 셋째, 독립, 분사 계열사에 대한 출자도 규제해야 한다. 직접 상호출자를 금지하고 출자총액을 순자산의 일정 범위 내로 제한하는 것은 부채를 통해 분사적 다각화를 차단한다는 점에서 다각화에 따른 부채조달 유인을 줄여 주는 효과가 있다. 그런데 이 방식은 재벌집단에만 적용되는 규제이자 대증요법적 규제라는 비판과 자본시장이 발전할수록 출자 비율이 시장을 통해 적정화될 수 있기 때문에 불필요하다는 비판에 직면할 수 있다. 또 금융지주회사 전환을 통한 재벌 체제 유지 가능성은 별로 보이지 않지만 금융계열사에 대한 '지배'와 '금융지주회사'의 개념도 근본적으로 전환해야 할 필요가 있다. 즉, 금융지주회사법에 의해 금융지주회사로 인가받은 자만이 아니라, 금융기업을 사실상 지배하는 자 역시 금융지주회사로 간주함으로써 더 강화된 기준에 의한 신임의무를 부담하도록 해야 한다. 특히 금융기업의 특수성을 고려하면, 금융기업의 지배주주에 대해 더 엄격한 신임의무를 부과하지 않는 한 지배구조 개선의 실질적인 효과를 기대하기 어려울 것이다(김상조 2002).

이러한 일련의 노력과 제도 변화는 재벌의 역기능을 최소화시키는 일이 될 것이다. 이런 측면에서 주주자본주의, 즉 주주 가치 경영은 여전히 경영권 승계 등 부작용을 연출하고 있는 재벌의 전근대성을 교정하는 역할을 할 수 있을 것이다. 이런 측면에서 보면 자본시장의 개방으로 국내 주식시장에서 큰 비중을 차지하고, 또 앞으로도 그 비중이 증대할 것으로 예상되는 외국인 투자자들은 주주이자 경영 감시자로서 총수 중심의 지배구조를 개선하는 데 긍정적인 역할을 할 수 있을 것으로 예측된다. 그러나 현재까지 외국자본은 주주 가치 극대화 경영을 명분으로 한 국내 기업의 경영 전략, 예를 들면 인원 감축과 비정규직 확대 등 고용 조정에 있어서는 이해관계가 일치했다. 또 이들은 주식시장 내에서 투기자본의 행태를 보임으로써 국부 유출 논란의 주범이 되기도 했다. 따라서 외국자본의 대량 유입에 따른 문제점을 최소화하고 투기적 활동을 통제함으로써 주식시장 개방의 긍정적 효과를 거두기 위한 제도적 장치를 마련하는 것이 필요하다. 또한 기관투자가를 통한 간접 주식투자 문화를 확대하여 개인 투자가의 외국인 투자 패턴 추종 매매 등에 따른 외국인 투자자의 국내 주가에 대한 영향력을 완화시키는 것도 필요하다(한국은행 2005c). 이와 동시에 우선 중소기업을 중심으로 투자 홍보IR 강화, 회계 투명성 및 공시의 신뢰성 제고 등을 통해 외국인이 직면하는 정보 비대칭성 문제를 완화하는 것이 필요하다.

시장의 규율자로서 기관투자가의 의결권 행사를 통한 경영 감시는 의결권 행사를 활성화해야 한다는 일반적인 목표와 재벌 금융계열사의 지배구조 왜곡 효과를 방지해야 한다는 특수한 목표 사이의 충돌을 조화시켜야 하는 어려운 문제다. 기관투자가의 의결권 행사를 활성화하기 위해서 의결권 행사의 법적 의무화를 고려할 필요가 있다. 미국에서는 1988년 에이본Avon사의 사례에서와같이 연기금 관리자가 연기금의 자산 가치에 영향을 미치는 사안이라면 의결권을 행사해야 할 의무가 있음을 분명히 했고(Avon Letter), 이 원칙을 증권거래위원회SEC와 통화감독청OCC도 받아들임으로써 여타 기관투자가에도 확대 적용되었다(신인석 2001). 한편, 1999년 증권거래소 규정Combined Code 개정 당시 의결권 행사의 법적 의무화를 반대하고 단지 권고 사항으로 남겨 두었던 영국도 마이너스 보고서Myners' Report 2001의 제안 내용을 모두 받아들여, 연금자산 운용기관들의 주주권 행사 의무화를 추진하고 있다. 동 의무에는 의결권 행사뿐 아니라 경영진에 대한 적극적 모니터링과 대화도 포함되어 있다는 사실에 주목할 필요가 있다.[42]

우리나라에서는 이미 각 투신사가 채택하고 있는 내부 통제 기준에 '적극적으로 의결권 행사에 참여해야 한다'고 규정하고 있으나 사실상 아무런 효과를 발휘하지 못하고 있다. 따라서 의결권 행사의 법적 의무화가 필요하다. 다만, 의결권 행사 의무화 대상 안건은 기존의 증권투자신탁업법 및 공정거래법 규정처럼 '정관 변경, 임원 임면, 합병 및 영업 양수도 등' 경영권 변동 관련 주요 사안으로 한정하는 것이 바람직할 것이다. 또한, 의결권 행사를 담당할 부서를 설치하도록 하고, 의결권 행사 기준 및 절차를 규정

---

[42] 마이너스 보고서 중 기관투자가의 주주권 행사 관련 내용을 보면, ① 미국의 ERISA 입법례와 같이 영국도 연금자산 운용기관들에 대해 주주권 행사를 법적 의무화해야 함. ② 동 의무에는 경영진에 대한 적극적인 모니터링과 대화, 그리고 의결권 행사가 포함되어야 함. ③ 그러나 동 의무는 주주권 행사에 따른 비용을 감안 연금자산의 가치 제고에 도움을 줄 수 있을 것으로 판단하는 경우에만 구속력을 가짐. ④ 동 의무를 위반했을 경우 손해배상 소송이 가능해야 함. ⑤ 동 의무의 이행 여부를 모니터링할 수 있도록 주주권 행사 내역을 공시해야 함 등이다.

한 내부 문서를 갖추고 이를 공시하도록 해야 할 것이다. 국민연금 등 공적 연기금에 대해 이상의 조치를 우선적으로 시행하고,[43] 민간 금융기업으로 점차 확대하는 방안도 생각해 볼 수 있다.

한편, 재벌 산하 금융기업이 보유한 계열사 주식에 대한 의결권 행사는 (적어도 당분간은) 원칙적으로 금지하는 것이 바람직할 것이다. 계열사 주식을 보유하는 자체가 자기거래이며, 그에 대한 의결권 행사는 이해 상충의 가능성이 매우 높기 때문이다. 기관투자가들의 기업 감시활동을 활성화하기 위해서는 재벌의 제2금융권 지배를 차단하는 것이 시급하다. 재벌의 영향권 밖에 있는 기관투자가들에 대해서도 자율성을 높이는 방향으로 규제를 완화하고 지배구조를 개선하는 것이 필요하다. 굳이 대안을 찾는다면, 의결권 행사에 대한 책임을 명시적으로 이사회에 부여하는 방안을 고려할 수 있다. 특히 계열사의 '정관 변경, 임원 임면, 합병 및 영업양수도 등'에 대한 사안은 소액 투자자 또는 외부 주주와의 이해 상충이 야기될 가능성이 높으므로, 의결권 행사의 내용과 그 근거를 이사회의 사전 의결을 거쳐 공시하도록, 즉 자기거래의 실체적 검증과 절차적 검증을 훨씬 더 엄격하게 하여 사후적으로 신임의무 추궁이 가능하도록 해야 할 것이다.

그러나 이러한 노력만으로는 재벌기업이 중심이 된 우리나라 기업들의 지배구조 개선에 한계가 있을 수밖에 없다. 이는 그간 진행된 재벌기업의 자율적인 구조 개혁이 총수의 지배력을 약화시키지 못했고, 오히려 소유와 지배 괴리를 확대해 총수를 비롯한 일가들은 이전보다 더 적은 지분으로 더 많은 계열사를 지배하는 역설적인 결과를 낳은 것에서도 잘 알 수 있다.

[43] 국민연금의 의결권 행사 활성화를 위한 방안에 대해서는 김우찬(2001)을 참조 바람.

이런 점에서 우리나라 기업 지배구조 개선과 대안적 지배구조 모색에 있어서 핵심은 총수의 지배력을 약화시키는 것이 되어야 한다. 같은 맥락에서 2004년 6월 경제협력개발기구도 미국의 샤베인 옥슬리법을 계기로 기업 투명성을 강화한 새로운 '기업 지배구조 원칙'을 통해, 지배주주의 소수주주 이익 침해 위험성을 강조하면서 그룹 형태가 일반화된 나라의 경우 지배주주의 권한 남용을 방지할 수 있는 장치를 마련할 것을 강력히 권고하고 있다. 이 '새로운 원칙'에 따르면 '주주 동등 대우' 분야에서 지배주주가 소수주주의 이익을 침해하지 못하게 하고, 이익 침해가 있을 때 이를 효과적으로 교정할 수 있는 수단을 강구하도록 촉구하고 있다. 즉, 지배주주가 계열사 출자로 지배권을 확대하는 주식 피라미드화와 차등의결권주 등은 지배주주의 남용 위험성을 증폭시키며, 특히 그룹 형태가 일반화된 국가에서는 이사의 충실의무가 그룹(또는 총수)에 대한 충실의무로 변질된다고 강조하고 있다. 또 지배주주의 남용에 대한 교정 수단으로서 집중투표제와 대표소송 및 집단소송제도 도입 등을 권고했다. 이사회의 책임에서도 이사회의 독립성을 경영자뿐 아니라 지배주주까지 확대하고, 사외 이사의 역할을 강조하고 있다. 마지막으로 이해당사자의 역할에서는 기업의 성과 향상을 위해 종업원 경영 참여를 허용하는 방법으로 종업원 대표의 이사회 참여, 종업원 지주제, 이익 공유 등을 구체적으로 예시하고 있다. 그러나 소유 분산과 제한적인 경영 참여를 위한 종업원 지주제는 현재의 제도 틀이나 노사관계하에서는 아직 요원한 것으로 보인다. 따라서 주주로서 노동자의 경영 참여에는 기본적으로 한계가 존재할 수밖에 없어 보인다. 게다가 지배주주의 남용이 존재하는 경우 투명성과 책임성 제고, 그리고 일반적인 경영 감시장치만을 통해서는 그것을 통제할 수 없다.

재벌 체제 개혁의 한 대안으로서 '사회적 시장경제'나 사민주의적 경제모델, 혹은 연대와 합의모델은 세계화 시대에 영미식 자본주의모델이 최선의 선택이 아님을 보여 주고 있다는 점에서 경청할 가치가 있다. 그러나 스웨덴 등 강소국의 사민주의적 경제모델의 핵심적 제도는 전국이나 산업 수준에서 중앙집권적으로 조직된 노동조합과 사용자단체를 중심으로 형성된 잘 조정된 노동시장 및 노사관계 시스템이다. 또 규모가 크고 제도가 잘 정비된 복지국가, 특히 이전지출보다는 사회서비스의 제공에 무게 중심을 두는 복지국가라는 것도 이해당사자자본주의 기업 시스템이 가능해지는 중요한 전제조건이다. 뿐만 아니라 유연안정성을 확보하는 가운데 기업들이 노동자들의 숙련 형성에 대한 투자를 높여 노동자들의 헌신을 높이고 이를 통해 생산성을 확보하는 기업 경영도 필요하다. 그런데 외환금융위기 이후 세계 자본시장이 주도하는 신자유주의적 체제에 깊숙이 편입된 상황에서 노동운동의 퇴조 현상이나 사회 파트너들 사이의 낮은 신뢰는 초보적인 수준에서의 사회적 타협 가능성조차도 의심스럽게 만드는 상황을 연출하고 있다.

다른 한편으로 뉴패러다임모델은 노동자들의 숙련 형성에 대한 투자와 노동과 자본 간 신뢰를 통해 생산성을 확보한다는 점에서 사민주의 경제모델의 구체적인 기업상을 제시한다는 긍정적 의미가 있다. 그러나 노동조합의 존재마저도 부정하는 재벌기업들이 존재하는 상황에서 노동자의 지식경영에 대한 참여가 재벌 중심의 기업 시스템을 대체할 수 있는 대안제도로 확산되고 정착되기에는 많은 제도적 보완과 시간이 필요하다. 또 뉴패러다임 기업모델은 생산성만을 제고하기 위한 새로운 경영모델을 넘어서지 못한다는 비판을 벗어나기 어렵다. 그것은 노동자들의 경영 참여가 노동조합이 주도하기보다는 경영자에 순응하는 방식을 취하고 있다는 점 때문이다. 또 노동자들에 대한 권한 위임도 매우 제한적이며 따라서 생산계획, 생산성/품질관리, 신기술 도입, 인력 관리 및 개발, 기타 노사 현안 등과 같이 전략적 의사 결정과 관련된 경영 전반에 대한 노사협의로 진전되지 못하고 있다. 결국 이러한 요인들은 사민주의 경제모델이나 뉴패러다임모델의 지향하는 경제 혹은 사회 시스템으로 전환을 어렵게 하는 요인들이다.

대안적 기업 시스템을 형성하기 위한 정부 역할과 관련해서, 정부는 '총수의 지배력 약화'라는 재벌 정책의 목표를 분명하게 제시하고, 기업을 둘러싼 이해당사자들의 요구와 참여가 반영될 수 있는 의사 결정 체계, 기업 지배구조를 형성하기 위한 정책 수단을 더욱 강화해 가야 한다. 예를 들면 출자총액제한제도 강화와 순환출자 금지 등은 총수들의 전횡을 막을 수 있는 최소한의 경제민주주의를 확보하기 위한 것이다. 나아가, 계열사 간 결합과 부당지원을 통한 지배력 확대를 막기 위해 '금융과 산업의 분리 원칙'을 더욱 강화하고, 불공정 하도급 등 부당 내부거래에 의한 왜곡된 경쟁 질서를 바로잡는 정책들을 강화해 가야 한다. 재벌기업 지배주주들의 법적 권한과 책임을 명확하게 하는 제도적 정비와 이에 근거한 엄격한 법 집행도 이러한 재벌 정책의 유효성을 높일 수 있다. 물론 자본에 대한 규율자로서 정부 역할은 자본뿐만 아니라 노동에 대해서도 유효한 것이어야 한다. 자본과 노동에 대한 규율은 예컨대 노사정위원회가 같은 기구를 통한 사회적 타협과 합의 과정을 통해서 구현될 수 있을 것이다. 즉, 노사관계 시스템에서 타협을 주도하고 이러한 타협이 노동과 자본 양자 모두의 하위 수준에까지 강제될 수 있는 사회적 규율자로서 정부 역할이 필요한 것이다.

이와 같은 대안적 기업 시스템 형성에 있어서 정부의 역할 정립은 전근대성을 교정하는 시장 질서, 혹은 주주자본주의 기업모델이 제시해 주는 장점을 살리면서도 세계 시장경제가 낳은 파괴적인 결과를 교정하기 위한 비시장적 조정기제를 회복하는 전제조건이 될 것이다.

결국 바람직한 지배구조의 대안을 모색하기 위해서는 주주들만이 아니라 기업의 중요한 헌신투자자로서 노동자를 비롯한 다양한 이해당사자들의 실질적인 경영 참여가 보장되는 지배구조가 필요하다. 이러한 주장의 이론적 논거는 다음과 같은 몇 가지 점에서다. 주류적인 근대법적 소유관념에 기초한 주주들은 기업에 대한 지분을 소유할 뿐, 기업의 자산까지 소유하는 것은 아니다. 다시 말해 유·무형의 기업 자산은 주주가 아닌 기업 자체가 소유하고 있는 것이기 때문에 기업은 그 자체로서 자율적 실체로 간주해야 한다. 또 기업의 위험 부담은 주주만이 아니라 노동자, 채권자, 공급자, 고객, 지역 단체 등도 기업의 특수한 자산을 창출한다는 점에서 상당한 위험을 지고 있다. 특히 인적자산 투자는 불가역적인 것들이 많아서 노동자가 감수해야 할 위험 역시 아주 크다. 시장 유동성이 커지고 자산 다변화가 이루어지면서 유한책임 주주는 위험을 전가하기 쉽지만 노동자들은 그럴 수 없다. 또 주주들은 기업 경영에 관한 내부 정보에 제한적으로만 접근할 수밖에 없어서, 기업의 핵심 역량과 가치를 제대로 평가할 수 없다. 따라서 투자 결정 등 기업의 주요 의사 결정 권한을 주주들에게만 주면 기업의 가치 창조 능력은 약화될 수밖에 없다. 그럼에도 이러한 주장과 논거들은 자본주의의 근간인 사유재산권을 침해하는 것이라는 원론적인 반론을 방어하기 힘들다. 아울러, 위에서도 살펴보았듯이 주주 이외의 자격으로서 이해당사자가 기업 경영에 관해 자신의 권리를 주장할 수 있는 통로와 방법이 없다는 현실적인 한계도 극복하기 어렵다. 따라서 노동자의 실질적인 경영 참여가 보장되는 기업 지배구조를 위해서는 이론적으로뿐만 아니라 실천적으로 넘어야 할 장벽들이 여전히 많다. 그럼에도 주주자본주의적 요소들이 점차 확산되어 가는 현실 속에서 노동의 경영 참여와 같은 이해당사자 자본주의적 요소들을 결합함으로써 효과적으로 기업을 감시하고 규율할 수 있는 제도적 틀이 끊임없이 모색되어야 할 것이다. 여기에는 부당한 총수 지배력을 약화시키는 재벌 정책의 실효성 있는 집행, 노동기본권의 보장, 이해당사자 경영과 기업사회책임을 강제하는 규율자로서 정부의 역할이 전제되어야 한다. 동시에 정부는 정책 집행을 둘러싼 다양한 이해당사자들 사이의 갈등을 조정하고, 노동과 자본 사이의 사회적 타협을 견인하는데 주도권을 행사할 수 있어야 한다. 또 정부는 이 타협을 노동과 자본 양자의 하위 수준에까지 강제될 수 있는 사회적 규율로 구체화할 수 있어야 한다. 왜냐하면 이를 통해서만 고용안정, 지역사회 활성화나 양극화 해소, 그리고 환경보호 등 주요 사회·환경적 문제들을 제대로 해결할 수 있고, 이를 바탕으로 새로운 경제발전모델을 구축함으로써 한국 경제의 새로운 도약을 꾀할 수 있을 것이기 때문이다.

참고문헌

강명헌·김태기·이 근. 2005. "협상론에서 본 정부-재벌 관계: 출자총액제한제도를 중심으로." 『경제발전연구』 제8권 제1호.

강신준 외. 2006. 『한국의 재벌: 재벌의 노사관계와 사회적 쟁점』. 나남.

강 원. 2004. 『소유 지배괴리도와 기업성과에 관한 연구』. 삼성경제연구소.

강위두. 1980. "한국 상법에 있어서의 영미회사법의 계수에 관한 연구." 동아대학교 대학원 법학 박사학위논문.

강종구. 2005. "최근 은행대출 증가세 둔화원인과 정책과제." 『금융경제연구』 제238호. 한국은행 금융경제연구원.

______. 2006. "금융환경 변화가 금융안정에 미치는 영향." 『금융경제연구』 제258호. 한국은행 금융경제연구원.

강철규. 1999. 『선단경영에서 독립경영으로 : 재벌개혁의 경제학』. 다산출판사.

______. 2003. "시장경제와 경쟁정책의 과제." 공정거래위원회 강연자료(09/08)

강철규·이재형. 2006. "출자총액제한제도가 투자에 미치는 영향 : 실증연구." 기업구조와 전략연구회 세미나 발표 자료(11.29)

강태수·서유정. 2006. "최근의 기업투자와 현금흐름간 관계분석." 『금융경제연구』 제245호. 한국은행 금융경제연구원.

경제개혁연대. 2006. "경제력 집중 억제 관점에서 본 출자총액제한제도 존치의 필요성." 경제개혁 리포트 2006-5호(11.8).

공정거래위원회. 2001a. "1999년 시장구조 조사결과." 보도자료(11/08)

______. 2001b. 『공정거래제도 도입 20년, 정책변천사』. 공정거래위원회.

______. 2002. "대규모내부거래 공시이행실태 점검결과." 보도자료(10/31)

______. 2003a. "시장개혁 3개년 로드맵." 공정거래위원회.

______. 2003b. "2001년 시장구조 조사·분석 결과." 보도자료(12/10).

______. 2004a. "출자총액제한제도에 대한 몇 가지 오해." KFTC 경쟁이슈04-04.

______. 2004b. "금융보험사의 의결권 제한, 왜 필요한가?." KFTC 경쟁이슈 04-06.

______. 2004c. "기업지배구조·소유구조 개념과 우리 기업집단 구조의 문제점과 개선 방안." KFTC 경쟁이슈 04-08.

______. 2004d. "외국인 국내 주식 투자 증가에 따른 적대적 M&A 가능성 및 평가." 정례 브리핑 자료 04/06.

______. 2004e. "대기업집단 차별규제 주장에 대한 공정위 의견." 보도자료(8.4).

______. 2004f. "'동부' 기업집단 소속 계열회사에 대한 부당 내부거래 조사 결과." 보도자료(11/06).

______. 2004g. "대기업집단의 소유지분 구조 공개." 보도자료(12/28).

______. 2005a. "개편된 대기업집단 제도에 따른 2005년도 상호출자제한기업집단 등 지정." 보도자료(04/08).

______. 2005b. "금융보험회사 의결권 제한. 왜 필요한가?." KFTC 경쟁이슈 05-04, 제13호.

______. 2005c. "2005년 대기업집단 소유지배구조에 관한 정보공개." 보도자료(07/13).

______. 2005d. "부당지원행위 유형별 사례(심결자료)." 공정위 조사자료 2005-6.

______. 2006a. "2004년 시장구조 조사 결과." 보도자료 (11/03).

______. 2006b. "2006년 대규모 기업집단 소유지배구조에 관한 정보 공개." 보도자료(07/31).

______. 2006c. "대규모기업집단시책 개편안." 보도자료(11/15).

______. 2006e. "2006년 공정거래법상 지주회사 현황 분석." 보도자료(11/01).

______. 2007. "2007년 공정거래법상 지주회사 현황 분석." 보도자료(10/04).

곽만순. 2006. "출자총액규제와 대규모기업집단의 투자."『규제연구』15권 1호.

국제금융연구소. 2003.『한국의 기업지배구조: 투자자의 시각』. IIF보고서(06/30).

권재열. 2004. "이중대표소송의 허부에 대한 비교법적 검토."『비교사법』제11권 제2호. 한국비교사법학회.

금융감독원. 2005."상장 법인의 자기주식 보유현황 분석." 보도자료(08/30).

금융감독위원회. 2000. "1999회계연도 결합재무제표 분석." 보도자료.

______. 2001. "2000회계연도 결합재무제표 분석." 보도자료.

______. 2002a. "2001회계연도 2개 기업집단재무제표 분석." 보도자료.

______. 2002b. "기업의 투명성 제고를 위한 회계제도 개혁안." 보도자료(11/08).

김건식. 2000. "금융지주회사의 법적 규제." 권오승 편.『공정거래법강의 II』. 법문사.

김건식 외. 1997.『우리나라 지주회사금지제도의 평가와 개선방향』. 공정거래위원회.

김기원. 1999. "재벌 체제의 해체와 책임전문경영의 확립." 김균·김대환 편.『한국재벌개혁론』. 나남.

______. 2002.『재벌개혁은 끝났는가』. 한울아카데미.

______. 2005. "외국자본이냐 재벌이냐의 잘못된 2분법에서 벗어나라."『말』6월호.

김동환. 2005. "순환출자 규제와 관련된 몇 가지 법경제학적 논점."『KIF 금융논단』제 14권. 한국

금융연구원.

______. 2006. 『산업·금융자본 결합규제에 관한 연구』. 한국금융연구원

김상조. 2001. "재벌소속 금융기관의 계열사주식 보유 한도 및 의결권제한 완화의 문제점." 참여
연대 경제개혁센터 주최 『재벌 및 금융부문 규제완화 관련 토론회』 자료집(10/18).

______. 2002. "비은행금융기업의 지배구조 개선: 과제와 대안." 예금보험공사 정책심포지움 발표
문(11.19).

______. 2003. "노무현 정부의 재벌·금융 개혁: 원칙과 과제." mimeo.

______. 2004. "재벌개혁: 이해관계 충돌 및 조정의 현실적 고려사항." 『시민과 세계』 제5호.

______. 2005a. "삼성의 기업지배구조 문제 : '금융'을 통한 그룹 지배와 '배임'에 의한 3세 승계." 『역
사비평』 제72호(가을).

______. 2005b. "소액주주운동의 성과와 과제." 강신준 외. 『한국의 재벌: 재벌의 노사관계와 사회
적 쟁점』. 나남.

김석용. 2005. "기업지배구조와 경쟁력." 이근 외. 『한국 경제의 인프라와 산업별 경쟁력』. 나남.

김선구·이상승 외. 2003. 『출자총액제한제도의 바람직한 개선방향』. 서울대학교 기업경쟁력연구
센터.

김선웅. 2006. "기업집단에 관한 독자적인 규제 법률의 필요성과 내용." 『기업지배구조 연구』 봄
호. 좋은기업지배구조연구소.

김성희. 2006. "금융지주회사제도와 한미FTA." '한미FTA와 한국 금융시장의 변화' 정책세미나 발
표문(1.11).

김영순. 2007. "사회투자국가가 우리의 대안인가? 최근 한국의 사회투자국가 논의와 그 문제점."
mimeo.

김용렬·진태홍. 2003. 『기업지배구조 개혁의 성과에 관한 연구』. 산업연구원.

김우찬. 2001. "국민연금의 의결권 행사체계 확립과 기금운용의 건전성 제고 방안." 참여연대 경
제개혁센터·사회복지위원회 주최 『국민연금 기금운용체계 개선을 위한 공청회』 자료집
(10/11).

______. 2006. "주주자본주의에 대한 오해." 『머니투데이』(08/30).

김주일. 2006. "삼성전자 이익처분의 현황과 문제점." '기업의 사회적 책임 : 쟁점과 과제' 연구발
표회 자료집(12/5).

김준기. 2002. "Enron의 기업지배구조의 실패와 미국의 Sarbanes-Oxley Act of 2002." Center
for Good Corporate Governance. 『기업지배구조연구』 가을호.

김진방. 2005. 『한국의 재벌: 재벌의 소유구조』. 나남.

김진방·송원근. 2006. 『출자총액제한제도의 성과분석 및 평가』. 공정거래위원회 용역보고서.

김형기. 2006. "지속가능한 진보를 위한 대안적 발전모델." mimeo.

나성린. 2005. "선진화정책: 세계화시대의 재벌문제." 안민정책포럼 발표문(12/21).

대한상공회의소. 2004. "공정거래법시행령 개정방향에 대한 업계 의견"(12/22).

______. 2005. "기업자금 중개기능 약화의 원인과 과제."

류영재. 2005. "관계투자 시대에 역행하는 5%로."『기업지배구조연구』6월호.

미디어다음. 2005. "뉴패러다임." 기획연재 (01/06~01/09).

박경서. 1997.『은행의 소유·지배구조에 관한 연구』. 정책조사보고서 97-05. 한국금융연구원.

______. 2000. "기업지배 체제에 있어 기관투자가의 역할." 이선 외 엮음.『한국 기업지배구조의 현재와 미래』. 미래경영개발연구원.

______. 2002. "국내은행의 지배구조." 예금보험공사 정책심포지움 발표문.

박경서·조명현. 2002.『경영투명성과 기업가치』. 한국경제연구원.

박종현. 2005. "기관투자가의 경영감시." mimeo.

박형근. 2006. "금융환경 변화와 은행의 금융중개 역할." 한국은행 금요강좌(12/01).

상명대학교 경제정책연구소. 2004. "외국과 국내기업(집단)들의 소유지배구조 비교 분석 및 정책 시사점 연구".

석명철. 2001.『미국증권관계법: 미국의 시장원리와 그 운용』. 박영사

송원근. 2003. "네덜란드모델과 기업지배구조의 특징."『기업지배구조연구』통권 제9호.

______. 2004. "벤처기업 특성과 벤처붐 : 김대중 정부 벤처 정책의 허와 실."『위기 이후 한국자본주의』. 풀빛.

______. 2005. "삼성재벌의 경제력과 성장의 그늘."『역사비평』제72호(가을).

______. 2006a. "대안적 기업지배구조의 모색." 유철규 편.『혁신과 통합의 한국경제모델을 찾아서』. 함께 읽는 책.

______. 2006b. "재벌개혁의 여러 층위들: 삼성재벌을 중심으로."『동향과 전망』제68호.

______. 2007a. "퇴직연금제 도입현황과 문제점."『경제와 사회』제73호.

______. 2007b. "재벌 체제와 기업의 사회적 책임."『동향과 전망』제70호.

송원근·이상호. 2005.『한국의 재벌: 사업구조와 경제력 집중』. 나남.

송태경. 2004. "노동자소유제(우리사주제) 활용방안." 민주노동당 자료실.

송홍선. 2000. "재벌의 전략적 다각화와 재무위험." mimeo.

시장경제연구원. 2006.『시장구조조사』. 공정거래위원회 용역보고서.

신범철 외. 2004.『우리사주제도 실태조사와 외국제도 비교 연구』. 노동부 용역보고서. 11월

신인석. 2001.『투신사의 의결권 행사 실태와 정책 대응』. 정책연구시리즈 2001-02. 한국개발연구원.

신장섭·장하준. 2003. "한국 금융위기 이후 기업구조조정에 대한 비판적 평가."『한국경제의 분석』9권 3호.

______. 2004.『주식회사 한국의 구조조정: 무엇이 문제인가』. 창비.

신정완. 2004. "재벌개혁 논쟁과 스웨덴모델."『시민과 세계』하반기.

______. 2006. " '한국형 사회적 시장경제모델' 구상." 유철규 편.『혁신과 통합의 한국경제모델을 찾아서』. 함께 읽는 책.

신현한. 2006. "기업지배구조의 개념, 대규모 기업집단 체제의 현황과 정부의 정책방향." 전국경제인연합회.

안병훈 외. 2006. 『우리나라 기업의 사회책임경영 현황 및 전망에 관한 조사보고서』. 한국과학기술원 사회책임경영 연구센터·대한상공회의소 지속가능경영원.

양두용. 2005. "국내기업 주주로서 외국자본: 주요 쟁점 검토." 『KIEP 오늘의 세계경제』 제05-17호. 대외경제정책연구원.

양세영. 2003. "기업지배구조, 기업규제의 척도인가?: 기업지배구조 논의 동향과 시사점." 전국경제인연합회.

양재진. 2006. "한국의 대안적 발전모델의 설정과 민주적 국가자율성 및 국가능력의 복원을 위하여." 『국가전략』 제12권 제2호.

유철규. 2004. "국적 없는 은행산업과 민영화 문제." 금융경제연구소 주최 IMF 금융위기 7년 '위기 이후 한국' 대토론회 발표문.

______. 2005. 『혁신과 통합의 한국경제모델을 찾아서』. 성공회대 사회문화연구소. 함께 읽는 책.

유한킴벌리. 2000. "고능률생산조직의 도입과 성공: 유한킴벌리의 경영혁신 사례." 유한킴벌리.

이강현. 2005. "기업 사회공헌 활동의 현황과 과제." mimeo.

이건범·이동걸. 2001. "최근 재벌의 출자행태와 정책적 시사점." 『KIF 금융논단』 12월호. 한국금융연구원.

이규억 외. 2002. 『기업집단 지정제도를 중심으로 한 공정거래제도의 현황 및 개선방향』. 국회 정무위원회 용역보고서.

이동원. 2001. 『지주회사』. 세창출판사.

이병국. 2006. "M&A시장과 재무적 투자자의 역할." 산업은행 이슈분석.

이병윤. 2006. "금산분리 관련 제도의 현안과 논점." 한국금융학회 주최 '금융산업 소유구조 재점검' 정책심포지움 발표문.

이병천. 2006. "삼성재벌의 개혁과 사회적 책임 기업으로 가는 길."'재벌그룹 삼성의 빛과 그림자'. 제1차 발표회(03/31). 대안연대회의.

이상민·최인철. 2002. 『재인식되는 기업의 사회적 책임』. 삼성경제연구소.

이상호. 2006. "완성차업체의 부품업체에 대한 사회적 책임: 현대자동차 사례를 중심으로." '기업의 사회적 책임'연구발표회 발표문(12/05).

이승철. 2000. 『내부거래의 경제 분석과 경쟁 정책』. 한국경제연구원.

이윤호. 1999. "자본구성과 자본조달." 참여사회연구소 편. 『한국 5대재벌백서』. 나남.

______. 2005. 『한국의 재벌: 재벌의 재무구조와 자금조달』. 나남.

이은정. 2005. "가족 경영방식의 확대로 현대자동차그룹의 지배구조위험 증대." 『기업지배구조연구』 6월호.

이은정·이주영. 2003. "지주회사 LG의 설립과정과 특징: 소유구조를 중심으로." 『기업지배구조연구』 가을호.

이인찬·심동철·이경형. 2000. 『벤처산업의 구조적 변화와 정책대응』. 한국정보통신정책연구원 정책보고서 00-17.

이재형. 2007. 『일본의 일반집중 규제제도: 특징과 시사점』. 한국개발연구원. 연구자료 2007-02.

이재희. 2000. "벤처기업, 재벌, 한국의 산업정책."『경제발전연구』제6권 제 2호.

이주선. 2002. 『재벌규제의 현황과 시사점』. 한국경제연구원 법경제연구센터.

이찬근. 2003. "유럽 소국의 기업지배권 방어기제: 국내 재벌개혁에의 시사점."『사회경제평론』 제21호.

______. 2004. "한국경제 시스템의 위기와 대안정책."『시민과 세계』하반기.

이철송. 2002. 『회사법강의』제9판. 박영사.

이태규. 2006. "은행민영화와 소유 규제 완화." 한국금융학회 주최 '금융산업 소유구조 재점검' 정책심포지움(6.9) 발표문.

이태윤. 2006. "우리나라의 해외투자 및 외국인의 국내투자현황과 시사점."『외환국제금융리뷰』 제7호. 한국은행.

임상훈·최영기·김균 외. 2004. 『한국형 노사관계모델의 탐색』. 한국노동연구원.

임영재. 2006. "환상형 순환출자의 본질에 대한 이해 및 정책 방향."『KDI 정책포럼』제169호.

임영재·이중기. 2003. 『기업연금의 지배구조 설계에 관한 소고』. 한국개발연구원.

임원혁. 2005. 『재벌개혁과 경영권 방어』. 코리아연구원 정책보고서(4.25).

임채원. 2006. 『신자유주의를 넘어 사회투자국가로』. 한울아카데미.

장하성. 2001. "Korea Discount와 기업지배구조."『기업지배구조연구』겨울호.

장하준. 2004. 『사다리 걷어차기』. 부키.

장하준·정승일. 2005. 『쾌도난마 한국경제』. 부키.

재정경제부. 2004. "산업자본의 금융지배에 따른 부작용 방지 로드맵"(01/04).

전국경제인연합회. 2003. "지주회사제도: 주요 쟁점 및 시사점." CEO Report on Current Issue (CER-2003-11).

______. 2006. "기업의 사회적 책임(CSR) 논의 동향." CEO Report on Current Issue(CER-2006 -2).

전승철 외. 2005. "투기성 외국자본의 문제점과 정책과제."『금융경제연구』제213호. 한국은행 금융경제연구원.

전창환. 2006. "이해당사자 기업모델과 기업의 사회적 책임." '기업의 사회적 책임 : 쟁점과 과제' 연구발표회 자료집(12/05).

정건화·송홍선. 2006. "재벌개혁과 기업지배구조." 세교연구소 공개포럼 '재벌 문제의 새로운 쟁점과 대안 모색' 발표문. 6.30.

정구현. 1996. "한국기업의 사회적 책임과 사회공헌 활동."『연세경영연구』61호.

정무권. 2006. "21세기 환경변화에 대응하는 새로운 국가역할과 거버넌스 구조." 참여정부 3주년 기념 심포지엄(2.22) "민주주의 선진한국, 국가는 무엇을 할 것인가?" 자료집. 대통령자문 정책기획위원회.

정세열. 2004. "상호출자금지와 출자총액제한제의 실효성 검토." 한국국제경제학회 동계학술대회 발표 논문집.

정승일. 2003. "주주가치자본주의 비판과 재벌개혁의 대안." 대안연대회의 정책토론회 자료집.

______. 2005. "주주자본주의의 문제점과 재벌개혁 방안-민족적 산업자본 강화의 논거." mimeo.

조돈문. 2006. "'인간 존중' 삼성재벌 '무노조'전략의 실제." '재벌그룹 삼성의 빛과 그림자'. 제1차 발표회(03/31). 대안연대회의.

______. 2007. "재벌 기업 지속가능보고서의 이데올로기적 기능: 삼성SDI 사례 연구."『동향과 전망』제70호.

조성욱. 1999. "한국기업의 수익성 분석: 대주주와 소액주주의 이해갈등을 중심으로."『KDI정책연구』II. 한국개발연구원

______. 2000. "재벌의 기업지배구조 개선에 대한 분석: 주식시장의 평가를 중심으로."『KDI정책포럼』제152호. 한국개발연구원(07/03).

______. 2003. "외환위기 이후 재벌구조 변화에 대한 실증분석: 리스크 이전 및 주가수익률 동조화를 중심으로." 2003년도 경제학 공동 학술대회 발표문. 한국경제학회.

조성재. 2004. "유한킴벌리의 협력적 노사관계." 참여사회연구소 참여사회 포럼 발표문(04/02).

조영철. 2001. "미국의 기업지배구조: 주주자본주의의 신화와 한계." 강신준 외.『미국식 자본주의와 사회민주적 대안』. 당대.

______. 2006. "외환위기 이후 한국경제의 구조 변화: 거시경제 변동성 증가와 경제성장 둔화."『동향과 전망』제69호.

조형제. 2006. "대기업의 사회적 책임과 사회공헌: 현대자동차의 사례." 세교연구소 공개포럼 '재벌문제의 새로운 쟁점과 대안 모색' 발표문(06/30).

좌승희. 1998.『진화론적 재벌론』. 비봉출판사.

중소기업청. 2006. "혁신형 중소기업의 경제적 파급 효과 및 육성 방안." 중소기업청.

증권거래소. 2004. "2003년 주요 그룹의 시가 총액과 외국인 보유 비중 현황." 보도자료.

증권선물거래소. 2005a. "주요 그룹 연도별 자기주식 보유 현황." 보도자료.

______. 2005b. "주요 그룹 시가총액 및 주가 등락 현황." 보도자료(10/10).

______. 2006. "외국인 상장주식 보유현황." 보도자료(12/12).

참여연대. 2001. "이재용 등과의 거래로 인한 제일기획, 삼성SDI의 주가영향." 보도자료(04/02).

______. 2005a. "삼성그룹 주요계열사 이재용씨의 부실 인터넷 기업 떠안아 380억 원대 손실 부담." 보도자료(7.13).

______. 2005b. "삼성의 인적 네트워크."『삼성보고서』제1차(08/03).

______. 2006.『38개 재벌총수 일가의 주식거래에 대한 보고서』(04/06)

참여연대 참여사회연구소 경제분과. 1999.『한국 5대재벌백서』. 나남.

참여정부. 2006. "참여정부는 사회투자국가를 지향하는 국가입니다." '참여정부 4년 평가와 선진 한국전략'. 청와대 브리핑.

최한수. 2005. "사례를 통해 살펴본 재벌 계열 금융기관들의 부당지원 실태."『기업지배구조 연구』
　　　가을호. 좋은기업지배구조연구소.
최호상. 2006. "기업자금조달의 구조변화와 시사점." SERI경제포커스 제 112호.
한국개발연구원. 2003.『시장개혁 추진을 위한 평가지표 개발 및 측정』. 공정거래위원회 용역보
　　　고서.
한국기업지배구조개선지원센터. 2006.『기업 내·외부 견제 시스템 평가』. 공정거래위원회 용역
　　　보고서(8월).
한국노동연구원. 2000.『작업장 노사관계 혁신모델 연구』. 연구용역보고서(1월).
　　　. 2006.『노동사회 관점에서 본 기업의 사회적 책임(CSR) 추진방향』. 정책토론회 자료집
　　　(12/06).
한국신용평가정보주식회사. KISLINE 기업정보.
한국은행. 2004. "설비투자 부진 원인과 대응 과제."『금융경제연구』제210호.
　　　. 2005a. "가계와 기업의 성장양극화현상-현황·원인·대책." 보도자료(01/20).
　　　. 2005b. "은행의 금융 중개 기능 약화 원인과 정책과제."『금융경제연구』제214호.
　　　. 2005c. "외국인 주식 투자가 주가양극화에 미친 영향 및 시사점."『금융경제연구』제218호.
　　　. 2006.『한국의 금융시장』. 한국은행.
한국증권거래소. 2000. "IMF 이후 10대그룹 계열사 지배구조의 변화." 보도자료.
한국증권선물거래소. 2006. "외국인 상장주식 보유현황." 보도자료(12.12).
한국증권금융. 2006.『증권금융』각.호.
허민영. 2007. "민주적 기업통제를 위한 정책과제." 이상호 외.『산업구조조정의 실태와 노동의 대
　　　응정책』. 진보정치연구소.
홍영기. 2004. "위기이후 금융시스템 전환의 성격과 한계."『위기 이후 한국자본주의』. 풀빛.
홍종학·송문현·위평량. 2005. "출자총액제한과 기업집단 소유구조의 국제비교."『글로벌 스탠다
　　　드에 적합한 한국기업집단들의 지배구조 개선방안 연구』. 경실련 경제정의연구소.

小倉一哉.. 2002. "非典型雇用の國際比較."『日本勞動研究雜誌』No. 505(Aug).
Amable, B. 2003. *The Diversity of Modern Capitalism*. Oxford University Press.
Bebchuk, L. A. 1999. "A rent-protection theory of corporate ownership and control." Social
　　　Science Research Network Working Paper 〈http://papers.ssrn.com/sol3/papers.
　　　cfm? abstract_id=168990〉.
Bebchuk, L., R. Kraakman & G. Triantis. 1999. "Stock pyramids, cross-ownership, and dual
　　　class equity: The creation of agency costs of separating control from cash flow
　　　rights." NBER Working Paper No. 6951.
Berle, A. & G. Means. 1963. *The Modern Corporation and Private Property*(Revised edi-

296

tion). Harcourt, Brace and World.

Black, B. 2000. "The core institutions that support strong securities markets." *Business Lawyer* vol. 55.

Black, B., Jang, Hasung & Kim, Woochan. "Does corporate governance affect firms' market values? Evidence from Korea"(July 2003). http://ssrn.com/abstract=311275.

Bonbright, J. C. & G. C. Means. 1932. *The Holding Company.* New York: McGraw-Hill Book Company Inc.

Brennan, D. M. 2005. "Fiduciary capitalism, the political model of corporate governance, and the prospect of stakeholder capitalism in the United States." *Review of Radical Political Economics* Volume 37, No. 1, Winter.

Choi & Cho. 2003. "Shareholder activism in Korea: An analysis of PSPD's activities." P*acific-Basin Finance Journal* 11(3).

Claessens, S., S. Djankov, J. Fan & L. Lang. 2002. "Disentangling the incentive and entrenchment effects of large shareholdings." *Journal of Finance* Vol. 57.

Degryse H. & de Jong, A. 2000. "Investment spending in the Netherlands: The impact of liquidity and corporate governance." *Center for Economic Research Working Paper No. 2000-24.*

de Jong, A., D. V. de Jong, G. Mertens and C. Wasley. 2001. "The Role of self- regulation in corporate governance: Evidence from the Netherlands." ERIM Report Series Research in Management. www.erim.eur.nl 2001.

Driver, C & G. Tompson. 2002. "Corporate governance and democracy: The stakeholder debate revisited." *Journal of Management and Governance* No. 6.

Ellerman, D. 2004. "Re-constituting the corporation." Paper for International Conference 'Road to Korean capitalism: ESOP and New Paradigms of industrial relations.' July, 21, Seoul ; Korea.

Faccio, M. & L. H. P. Lang. 2002. "The ultimate ownership of western European corporations." *Journal of Financial Economics* Vol. 65(3).

Freeman, R. E. 2002. "Stakeholder theory: A libertarian defense." *Business Ethics Review* Vol. 12. No. 3.

Gadhoum, Y., L. H. P. Lang & L. Young. 2005. "Who controls US?." *European Financial Management* 11(3).

Gillan, S. L & L. T. Starks. 2000. "Corporate governance proposals and shareholder activism: The role of institutional investors." *Journal of Financial Economics* 57(2).

______. 2003. "Corporate governance, corporate ownership, and the role of institutional investors: A global perspective." *Lerner College of Business and Economics Working*

Paper.

Gorton, G. & Kahl, M. 1999. "Blockholder identity, equity ownership structure and hostile takeovers." *NBER working paper No. 7123.*

Hall, P. A. & D. Soskice. 2001. *Varieties of Capitalism.* New York: Oxford University Press.

Hansmann, H. & R. Kraakman. 2001. "The end of history for corporate law." *Georgetown Law Journal* 439.

Hawley, J. P. & A. T. Williams. 2000. *The Rise of Fiduciary Capitalism: How Institutional Investors Can Make Corporate America More Democratic.* Philadelphia: University of Pennsylvania Press.

Ireland, P. 1997. "Corporations and citizenship." *Monthly Review* May.

Jansson, E. 2005. "The stakeholder model: The influence of the ownership and governance structure." *Journal of Business Ethics* Vol. 56.

Johnson, Simon, Rafael La Porta, Florencio Lopez-de-Silanes, and Andrei Shleifer. 2000. "Tunnelling." *American Economics Review* Papers and Proceedings 90(2).

Kabir, R. 2002. "Corporate financing in the Netherlands: Some empirical evidence." *EIFC-Technology and Finance Working papers* No. 32. United Nations University.

Khanna,T. & K. Palepu. 1999. "The right way to restructure conglomerates in emerging markets." *Harvard Business Review* July-August .

Kee-hong Bae et al. 2000. "Tunneling or value addition? Evidence from mergers by Korean business groups." Social Science Research Network Working Paper 〈http://papers.ssrn.com/sol3/papers.cfm?abstract_id=246621〉.

La Porta, R., F. Lopez-de-Silanes and A. Shleifer. 1999. 'Corporate ownership around the world'. *Journal of Finance* Vol. 54.

Lazonick, W. 2001. "Public and corporate governance : The institutional foundations of the market economy." Paper to be presented at Spring Seminar of the United Nations Economic Commission for Europe, Geneva, Switzerland.

Lemmon, M.L., & K.V. Lins. 2003. "Ownership structure, corporate governance and firm value: Evidence from the East Asian financial crisis." *Journal of Finance* Vol.58.

Lim, Young-jae. 2003. "Chaebol's agency costs, institutional shareholders, and public policy in Korea." Presented at the KDI–EWC Joint Conference, Honolulu, Hawaii(July)

Myners' Report. 2001. *Institutional Investment in the U.K. - A Review.*

Nenova, T. 2000. "The Value of corporate votes and control benefits: A cross-country analysis." Social Science Research Network Working Paper 〈http://papers.ssrn.com/ sol3/papers. cfm?abstract _id=237809〉.

OECD. 2003. *White Paper on Corporate Governance in Asia.* Paris: OECD.

Postma, T., H.van Ees, H. Garretsen & E. Sterken. 1999. "Top management team and board attributes and firm performance in the Netherlands." Research School Systems Organization and Management(SOM) Research Reports. Groningen University (http://www.ub.rug.nl/eldoc/som/e/99E20/1999).

Postma,T., H.van Ees & E. Sterken. 2001. "Board composition and firm performance in the Netherlands." Research Report. Groningen University.

Sahlin-Andersson, K. 2006. "Corporate social responsibility: A trend and a movement, But of what and for what?." *Corporate Governance* Vol.6(5), Emerald Group Publishing Limited.

Useem, M. 1996. *Investor Capitalism : How Money Managers are Changing the Face of Corporate America.* New York: Basic Books.

Valor, C. 2005. "Corporate social responsibility and corporate citizenship: Towards corporate accountability." *Business and Society Review* Vol.110(2).

Whitehouse, L. 2006. "Corporate social responsibility: Views from the frontline." *Journal of Business Ethics* Vol. 63.

Williamson, O. E. 1975. *Markets and Hierarchies.* N.Y: Free Press.

______. 1985. *The Economic Institutions of Capitalism.* N.Y: Free Press

Windsor, D. 2006. "Corporate social responsibility: Three key approaches." *Journal of Management Studies* Vol. 43(1) Jan.

찾아보기

ㄱ

가계대출　117, 121

가공 의결권　45

가공자본　62, 153

간접금융　115, 255

감독이사회　218, 223, 227, 231, 232, 234

감사위원회　18, 100, 104, 143, 144, 222, 246, 247

강소국모델　234

거래비용　11, 66, 186, 187, 279

게이레츠(系列, Keiretsu)　161

결합감사보고서　72

결합재무제표　67, 72, 106, 143

겸업은행 중심의 금융 시스템(Universal Banking System)　183

경영권 프리미엄　104, 217

경영자보수위원회　18, 222

경영자자본주의(managerial capitalism)　13, 95, 96, 219, 234

경제개혁연대　28

경제력 일반집중　22, 23, 25, 30, 36, 161

경제력 집중　19, 22~24, 26, 28, 41, 62, 75, 142~145, 153, 154, 156, 160, 161, 163, 174, 187, 204, 264

경제민주주의　12, 271, 278, 286

경제협력개발기구(OECD)　13, 174, 284

계열 분리　26, 27, 82, 97, 204

계열사 간 출자　19, 41, 45, 52, 67, 74, 104, 130, 153, 158, 163, 176, 187, 218

계열사지분율　53, 58, 91, 164

고용 없는 성장　15, 250, 252, 278

고용 조정　17, 122, 138, 268, 281

고진로(high road) 전략　250

공인회계사법　101

공적자금　98, 99, 119, 133

공정거래위원회　15, 23~26, 28, 29, 39, 41, 42, 45, 52, 67, 76, 77, 101, 142, 157, 171, 271

관계투자(relationship investments)　123

관계특수자산(relation specific assets)　186, 187

구조조정본부　102, 103, 145, 146, 172, 182, 183, 245, 247

국내총생산(GDP)　37, 40, 117

국민연금　125, 227, 236, 283

국민총소득(GNI)　40

국제결제은행 117
국제결제은행 자기자본 비율(BIS비율)
117
군집(herd) 행위 118
그램 리치 블라일리
법(Gramm-Leach-Bliley Act)
150
금융감독위원회 67, 79, 205, 271
금융계열분리청구제 148
금융과 산업의 분리 203, 207, 271, 286
금융보험사 의결권 166, 167, 168
금융산업의 구조개선에 관한 법률(금산법)
14, 23, 148, 152, 167, 205~208,
209, 272, 278
금융안정성 118
금융유동성(financial liquidity) 214,
220, 240
금융자본의 산업자본 지배 79, 88, 89
금융지주회사 20, 150, 175, 183,
198~204, 207, 210, 211, 280
금융지주회사법 150, 198, 201, 203,
204, 207, 211, 280
기관투자가 20, 95, 113, 122~125, 215,
216, 234, 268, 281, 283
기관행동주의 113, 124, 227, 268
기업 경영권 시장(Market for Corporate
Control) 94, 122, 132
기업 공시 105
기업 투명성 104, 150, 284
기업가정신(entrepreneurship) 111,
188
기업경상이익률 159
기업구조법(Structuuwet) 231
기업구조조정본부 103, 248
기업사회책임(Corporate Social

Responsibility; CSR) 240, 241,
242, 243, 244, 247, 273, 274, 288
기업 지배구조 10, 12, 13, 16, 18~20,
24, 62, 63, 67, 94, 96, 98~100,
102~104, 110, 111, 113, 115, 119,
121~123, 125, 129, 130, 133, 139,
145, 149, 156, 164, 171, 173, 174,
183, 185, 202, 211, 217, 218, 222,
223, 225, 227, 231~234, 236, 237,
240, 241, 246, 248, 249, 264, 268,
270, 27~274, 278, 279, 280, 284,
286, 287
기업집단법 160
기업특수자산(firm-specific asset) 221
기회 편취 145
기회주의 186
기획조정실 102, 172

ㄴ

내부 자금조달 114, 115
내부 자본시장 11, 66, 279
내부거래 12, 19, 41, 66~79, 105, 106,
142, 144, 151, 182, 187, 191, 192,
198
내부거래위원회 100, 105
내부자금 의존도 74
내부지분율 53, 54, 58, 86~88, 96, 97,
153, 209, 255, 262
네덜란드모델 230
노동시장 유연화 215, 230, 240
노동시장위원회 226
노동유연화(low road) 전략 250

노사 대타협   225, 235, 250
노사정위원회   238, 273, 286
누적투표제   109

ㄷ · ㄹ

다중대표소송   174
단기수익성   138, 250
단순대표소송(single derivative suit)   171
대규모 내부거래   142, 144
대리인 행동   13, 95, 96, 188
대중주의(populism)   125
대표소송권   109, 110, 112
독과점   22, 37, 121, 187
독약처방(poison pill)   130, 131
독점규제 및 공정거래에 관한
    법률(공정거래법)   45, 75, 106, 142,
    143, 146, 148, 149, 165~168, 172,
    174~176, 181, 203, 208, 209, 246, 264,
    269, 282
동아시아 발전모델   15
따라잡기(catch-up) 전략   275, 276
락업(lock-up)제도   263
렌 마이드너(Gösta Rehn-Rudolf
    Meidner)모델   230

ㅁ · ㅂ

마이너스 보고서(Myners' Report 2001)
    282
모태펀드   266

몰수(expropriation)   95
발전국가   99, 269
배당금   74, 116, 117, 131, 135, 249
배당성향   131, 134, 135
벤처 체제   254, 255, 263, 268, 278
벤처종합상사   264
벤처지주회사   259, 263, 264
벤처캐피털   257, 258, 263~267
복합집중   22
부당 내부거래   67, 74~77, 79, 182, 271,
    286
분산 소유구조(dispersed ownership)   94
분식회계   49, 106, 109, 245, 247, 280
불공정거래   76, 144
비관련 다각화   185
빅딜(big deal)   98, 185

ㅅ

사민주의적 경제모델   235, 236, 284, 285
사업 기회의 편취   195
사외이사   94, 96, 99~102, 104, 130, 143,
    152, 222, 236, 272
사외이사후보추천위원회   100
사회공헌기금   243, 249
사회공헌백서   243, 244
사회적 시장경제(social market economy)
    229, 235, 238, 284
사회적 시장경제모델   20, 229
사회적 합의   16, 230, 234, 237, 274, 277
사회책임경영   15, 240, 243, 245~248,
    249, 250, 268
사회책임투자(SRI)   240, 241

산별노조   238

산업별 연금제도   239

산업자본   78, 79, 83, 86, 88, 89, 121, 127,
      147, 148, 163, 167, 205, 208, 211, 280

산업자본과 금융자본의 분리   78, 167, 208

산업자본의 금융자본 지배   79, 208

산업집중도   30, 31, 33, 34, 36

살트셰바덴 협약(the Saltsjbaden agreement)
      226, 229

삼성 공화국   23, 269

상위 3개사 집중도(CR₃)   30, 31, 32, 147

상품 내부거래 비율   68, 69

상호지급보증   12, 144

상호출자   12, 19, 142, 143, 144

상호출자제한 기업집단   39, 46, 52, 54~56,
      58, 62, 84~88, 90, 106, 166, 195, 203

샤베인 옥슬리법(Sarbanes-Oxley Act, SOX)
      100, 284

서면투표제   100, 101, 146

선관주의의무(善管注意義務)   88, 124, 170

소수주주   96, 105, 108, 109, 168, 169,
      171, 216, 284

소수주주권   109, 110, 112, 139, 144

소액주주운동   108, 110~112, 134, 268

소유와 지배의 괴리   19, 41, 147, 163

소유지배 괴리도   41, 54~56, 58~60, 158,
      159, 195

소유지배구조   12, 19, 56, 62, 119, 128,
      145, 149, 153, 154, 171, 183, 210, 233,
      253, 254, 264, 280

소유지분(cash-flow rights)   63, 121, 126,
      131, 271

수직통합(vertical integration)   186

수탁자   17, 222

순자산액   43, 44, 155

순환출자   15, 19, 20, 45, 46, 49~51, 62,
      76, 78, 122, 160, 163~165, 172, 183,
      193, 195, 210, 271, 286

스웨덴모델   227, 229

시장 만능주의   10

시장개혁 3개년 로드맵   145, 146, 171

시장지배적 사업자   32, 33

시장집중   22, 23, 34, 142, 148, 161, 187

시장집중도   30, 31, 33, 34, 36

신경제(New Economy)   256

신용경색   129

신자유주의   10, 18, 150, 214, 223, 235,
      240, 275~278, 285

신주인수권부사채(BW)   245

실물경제 착시   39

ㅇ

아시아 지배구조백서   13

양극화   15, 24, 37, 131, 215, 237, 238,
      267, 269, 276, 278, 288

업무집행 지시자(de facto director)   102

연결재무제표   105, 143, 144

연대임금 정책   230, 238

연방준비제도이사회(FRB)   150

외국환거래법   132

외부 자금조달   95, 115

외부감사법   100, 101

외환관리법   132

외환금융위기   10, 12, 14, 15, 19, 20, 25,
      26, 29, 30, 32, 36~38, 68~70, 76, 82,
      96~100, 102, 105, 106, 109, 110,
      113~117, 119, 122, 123, 126~128, 132,

134, 142, 145, 150, 153, 163, 169, 171,
172, 174, 184, 185, 189, 214, 224, 236,
238, 254, 262, 263, 269, 270, 273, 275,
277, 279, 285
우리사주제도　138
우선의결권주(preferred shares)　233
위성 재벌　97, 184
위임된 정보생산자(delegated monitor)
　119
유연안정성
유연안정성(flexicurity)　234, 236, 238,
239, 274, 285
유한킴벌리모델(Y-K모델)　250, 251
유한회사형 펀드(LLC)　266
윤리경영　241, 243
은행 지배구조　119
은행지주회사　203
은행지주회사법(Bank Holding Company
Act)　150
의결권 대리행사　109
의결권 블록(voting block)　217
의결권 승수　49, 54~56, 58~60, 64, 65,
147, 177, 194, 195
의결권 제한　142~144, 149, 160,
166~168, 208, 209
의결지분(voting rights)　53, 63, 155, 167
의무공개매수제도　132
이사시차임기제　130
이중대표소송(double derivative suit)
152, 168~171, 272
이해 상충(conflicts of interest)　124, 127,
151, 194, 272, 283
이해당사자　12, 16, 18, 62, 67, 95, 111,
127, 138, 145, 147, 215, 218, 219, 220,
221, 223~225, 231, 232, 236~238,

240~242, 245, 247, 249, 268, 270, 274,
275, 279, 284~288
이해당사자 기업지배모델　16, 222
이해당사자 자본주의(stakeholder capitalism)
111, 220~222, 224, 236, 238, 270
임금자제　238
임노동자기금　226

ㅈ

자금대차　74
자사주　52, 116, 122, 130, 135~138, 168,
200, 214, 215
자산재평가　155
자회사　74, 89, 165, 170~172, 174~179,
181, 182, 184, 199~201, 203, 204, 210,
264
잔여청구권　219
장하성펀드　111
재벌 공화국　269
재벌 집중도　29, 30, 37
재벌 체제　10~12, 16, 19, 20, 111, 149,
171, 174, 182, 184, 186, 214, 235, 238,
254~256, 269, 271, 275, 278~280, 284
재벌개혁　10~14, 16, 19, 20, 67, 69, 103,
110, 142, 149, 150, 184, 185, 225, 248,
263, 270, 271, 277, 278
적극적 노동시장 정책　238
전문그룹화　184~187, 189, 192~194
전문회수시장(secondary market)　263
전자공시제도　106
전환사채(CB)　263
정보 비대칭　17, 186, 281

제2금융권   83, 122, 124, 202, 283

제도적 정합성   274, 277

조정시장경제 체제(coordinated market economies)   275, 277

종업원 주식소유제도   138, 139

종업원 지주제   284

주식신탁사무소(administratiekantoor)   233

주주 가치 경영   15, 20, 112, 116, 121, 122, 127, 132, 134, 135, 137, 138, 183, 188, 214, 216~219, 242, 249, 268, 277, 279, 281

주주 가치 극대화   13, 17, 135, 137, 214, 218, 219, 220, 240, 268, 281

주주대표소송   110, 112, 168, 170, 171

주주자본주의   17, 20, 99, 111, 127

주주자본주의(shareholder capitalism)   14, 183, 214~220, 224, 225, 235, 238, 240, 250, 269, 278, 281, 286, 287

주주총회   94, 109, 132, 139, 223, 231~233

주주행동주의(shareholder activism)   112, 113

주주환원 비율   136

주택담보대출   117

중립적 의결권 행사(shadow voting)   124

증권거래법   100, 105, 106, 110, 138, 146, 167

증권거래위원회(SEC)   282

증권관련집단소송법   109, 169

증권선물위원회   106

증권집단소송제도   132, 146

지급보증   96, 105

지급여력   79

지배적 구조(controlled structure: CS)   94

지배적 소수구조(controlling minority structure: CMS)   94

지배주주   41, 45, 63, 64, 67, 88, 89, 95, 96, 102, 104, 105, 108, 111, 122, 126, 133, 137, 145, 149, 151, 152, 159, 163, 164, 168, 172, 174, 177~182, 194, 200, 216, 227, 249, 254, 255, 262, 268, 271, 272, 278, 281, 284, 286

지배주주(controlling shareholder)   15

지배주주에 대한 부의 이전   15, 67

지배주주의 대리인 비용   145

지속가능보고서   243, 244, 249

지주회사   12, 20, 46, 49, 80, 142~144, 149, 150, 160, 166, 170~179, 181~184, 198~204, 210, 211, 263~265, 278, 280

직접 상호출자   45, 163, 280

직접금융   115, 202, 254, 255

집단소송(class action)   104, 168, 284

집중투표제   100, 143, 144, 152, 168

집중투표제(cumulative voting system)   101, 169, 272, 284

집행이사회   218

ㅊ · ㅋ

차등의결권   63, 94, 130, 131, 218, 225, 227, 284

채무보증   67, 142~144, 166, 174

채무지급보증   74, 97, 187

책임전문경영체제   187

총수 지배력   49, 75, 78, 138, 202, 218, 237, 271, 280, 288

총수지분율   53, 54

총자산수익률(ROA)   159
출자 비율   42, 44, 71, 155, 158~160, 280
출자여력   157, 158, 165
출자전환   98
출자총액제한 기업집단   24, 28, 39, 41~43,
    45, 52, 55, 56, 86, 131, 146, 156, 158,
    159, 164, 166, 194
출자총액제한제도   14, 19, 20, 42~44, 100,
    143, 146, 149, 152~156, 158~164, 166,
    271, 278, 286
충실의무   88, 170, 284
카드대란   180

ㅌ · ㅍ · ㅎ

통제된 호선원리(controlled co-option)
    232

통화감독청(OCC)   282
퇴직연금제도   239
투명경영   99, 241, 243
투자가자본주의(investor capitalism)   216
투하자본 대비 수익률(ROI)   159
특수관계인   75~77, 102, 120, 147, 200,
    209
포괄적 증여의제 과세제도   143, 144
포드주의 생산방식(Fordism)   253
폴더(Polder)모델   230
피터스위원회(Peters Committee)   234
한국기업지배구조펀드(Korea Corporate
    Governance Fund: KCG)   111
한국적 미시 코포라티즘   253
허쉬만-허핀달지수(HHI)   30, 34
회계장부 열람청구권   105, 109
후발 산업국가   11
1주1표주의   131, 269, 278